城市智能交通设计与实践技术丛书

CHENGSHI GONGGONG JIAOTONG YIKATONG JISHU YU YINGYONG

# 城市公共交通一卡通技术与应用

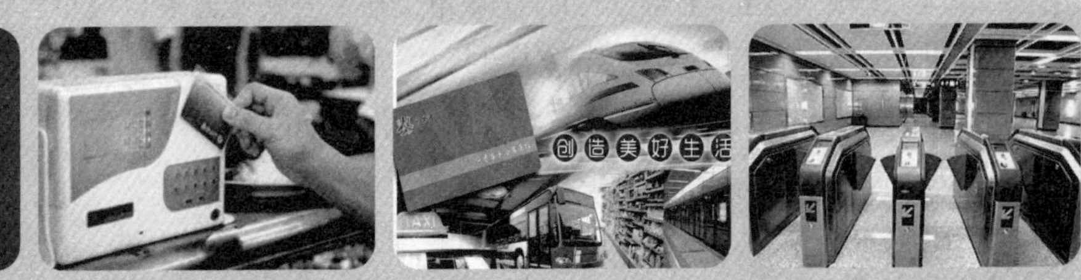


谢振东 方秋水 徐 锋 谭丹丹 吴金成 著

人民交通出版社
China Communications Press

## 内 容 提 要

本书介绍了城市公共交通一卡通的现状及发展趋势。主要从技术和应用两个方面详细论述了城市公共交通一卡通的概况和特点；涉及系统架构、终端技术、数据采集、安全机制、业务应用、产业形态和发展前景，内容丰富详实。

本书可作为一卡通领域科普性读物，也适合城市公共交通一卡通相关行业从业人员作为培训教材之用。

**图书在版编目(CIP)数据**

城市公共交通一卡通技术与应用/谢振东等著.—北京：人民交通出版社，2014.6

ISBN 978-7-114-11351-2

Ⅰ.①城… Ⅱ.①谢… Ⅲ.①城市交通－公共交通系统－IC卡－研究 Ⅳ.①U491 ②TN43

中国版本图书馆CIP数据核字(2014)第068517号

书　　名：城市公共交通一卡通技术与应用
著 作 者：谢振东　方秋水　徐　锋　谭丹丹　吴金成
责任编辑：刘永芬
出版发行：人民交通出版社
地　　址：(100011)北京市朝阳区安定门外外馆斜街3号
网　　址：http://www.ccpress.com.cn
销售电话：(010)59757973
总 经 销：人民交通出版社发行部
经　　销：各地新华书店
印　　刷：北京市密东印刷有限公司
开　　本：720×960　1/16
印　　张：14.75
字　　数：274千
版　　次：2014年6月　第1版
印　　次：2014年6月　第1次印刷
书　　号：ISBN 978-7-114-11351-2
定　　价：40.00元

# 前　言

公共交通，又称公共运输，是人们日常出行的主要方式。相对于自行车、摩托车、私人小汽车等个体交通，公共交通是供公众乘用的、经济方便的各种交通方式的总称，有广义和狭义两种解释。广义的公共交通包括民航、铁路、公路和水运等交通方式；而狭义的公共交通是指城市范围内定线运营的公共汽车及轨道交通、渡轮和索道等交通方式，其中轨道交通作为公共交通的一大支柱，它包括了地铁、轻轨、有轨电车和磁悬浮列车等，具有运载量大、速度快、安全准点、环保节能、占地少和搭乘舒适等特点[1]。

我国在公共交通行业管理上相对发达国家比较落后，与城市所要求的科学化、现代化和信息化的管理已经呈现出明显的差距。以最常见的公交公司为例：一是公交公司承载着一个城市最主要的公共交通，由于客流量大，且大部分采用人工收费方式，难免出现票款流失、假币无法判别等现象，由此造成企业运营损失。二是由于使用纸质月票，公交公司无法准确判别一个车组一天的运营量，就可能出现联合贪污票款的风险；同时大量使用纸质月票也不会形成较高的运营收入。三是公交线路繁杂密集，统计一天的客流量和交易量十分烦琐，造成调度不均。四是一台车至少要配备2～3名司售人员，行政管理人员的数量相应的也会增加，导致公交公司的管理成本加大。因此城市财政每年要给予公交公司大量的补贴[2]。

智能IC卡技术在公共交通行业中的应用恰恰可以弥补上述传统管理中存在的种种不足。从初期的试点直至现在，IC卡在我国城市公共交通领域已经应用将近20年，截至2012年10月，全国累计超过440多个城市建立了不同规模的IC卡系统，取得了宝贵的经验，给公交企业、运营商及相关设备厂商等一系列产业链带来了巨大商机，同时提升了城市的现代化管理水平和信息化水平，也给普通百姓出行带来了很大的方便，这是一个多赢的局面。

(1)城市公共交通一卡通特点

城市公共交通一卡通作为近年来在公共交通领域发展非常迅速的一种便捷的支付工具，得到了广泛的应用。它不仅给城市居民带来生活上或出行上的便利，而且随着一卡通市场的跨界融合和互联互通，有助于打破行政区域间隔离状态，促使城际间公共交通实现一体化，极大促进人们跨区域的经济和文化交流，进一步推动一卡通产业的发展，最终实现大区域交通融合。

①便捷性

这是城市公共交通一卡通的内在特征,也是城市公共交通一卡通为什么能够得到广泛使用和认可的重要原因。它的便捷性主要体现在使用上的方便。当市民需要乘坐交通工具时,只需将 IC 卡移至读卡器附近轻轻一刷,即可完成整个乘车支付过程,不需要任何额外的辅助或现金交易,非常方便;第二个便捷性还体现在充值过程,由于城市公共交通一卡通充值网点分布广泛,为持卡人充值带来了极大的便利,且充值过程耗费时间短,如果采用在线网充方式,更能省去排队等候的时间。

②跨域多应用

跨区域是城市公共交通一卡通未来发展的重点方向,也是现代公交系统正在努力部署的工作。相对于以往根据行政区域划分交通管理模式,目前城市公共交通一卡通的跨区域互联互通更能体现一卡通的本质特征。所谓跨区域,包含了两个方面:一是地理区域的互通,二是应用领域的延伸。一卡通不但要实现城际间、跨省甚至全国性的互联互通,还要突破交通领域,拓展至其他小额支付领域、商务领域等。

③公共性

所谓公共性,是指城市公共交通一卡通的应用不以盈利为目的,服务广大出行民众,目的是为出行人群提供一个舒适、快捷的通行环境。作为一项公共服务,理应由政府主力承担,进行规划、部署和建设。但为了保证工程质量,可以考虑鼓励市场竞争、引入民间资本的方式配合实施。现在大部分城市都采用政府指导、政策支持、企业实施的一卡通建设方案,力求既能保证城市公共交通一卡通项目的公益性,又能促进其快速并保质保量完成。

④安全性

城市公共交通一卡通的使用极大地减少了现金交易的麻烦,也降低了交易过程中可能出现假钞、残钞及伴随的一系列风险。另外,城市公共交通一卡通系统后台采用先进的加密技术,保证交易数据能及时、安全地保存,避免泄漏个人隐私信息,确保了持卡人的资金安全。

(2)城市公共交通一卡通发展意义

自 20 世纪 90 年代,国家启动城市 IC 卡应用工程以来,基于城市现有的一卡通发展在技术手段、平台搭建、安全体系建设以及运营模式、应用领域等方面已日趋成熟,已是真正意义的城市一通卡。公共交通一卡通历经十余年的发展,从单一的公交应用发展到目前跨行业的多元应用及跨区域的互联互通,已成为全国各大城市政府部门为百姓办实事的“民心工程”。所以,发展城市公共交通一卡通具有重要意义[3]。

①一卡通助力实现交通与环境的和谐

城市应当创建一个人性化的绿色交通环境,使人们的出行具有舒适性、愉悦性、可达性和安全性。城市公共交通一卡通工作,将大力提高市民出行效率,方便出行,增加公共交通的需求,从而缓解交通拥堵,促进公交优先战略的贯彻落实,实现节能减排,减少交通污染,使跨城区的出行更加通畅和便利。一卡通有助于提高公共交通工具吸引力,减少私家车出行,提高能效,减少污染。一卡通的快捷便利为消费者提供了优质的出行服务,促进公共交通的使用效率,从而有效地缓解交通拥堵。

②一卡通助力实现交通与资源的和谐

交通与资源的和谐就是以最有效的资源利用方式,建立便捷、安全、经济、舒适和高效的城市公共交通体系。这将促进公交需求,提高运输效率;促进资金回笼,减少人员消耗,提高企业管理效率;方便政府优化交通线路,合理配置运力;基于公交数据的消费行为分析,可以为政府决策提供支持。

③一卡通助力实现交通与社会的和谐

绿色交通的社会和谐性,主要体现为交通的安全性、公平性和以人为本。城市公共交通一卡通有效缓解了日益突出的"城市病"。交通拥堵问题一直是大城市的首要问题之一,如今更上升为典型的"大城市病"。该种城市病潜伏期较长,一般是20—30年,但一旦爆发就会迅速转移并形成"城市管理综合症",届时将会引发城市功能紊乱及城市决策的随意性和随机性。这种随意性和随机性决策反映在城市规划上,必然导致城市规划的现实利益和短期行为[4]。

公共交通一卡通平台具有充值、消费、查询等功能,可为公众出行提供更加便利、快捷的服务,从而提高消费者的消费质量,树立公众的绿色出行理念,提高公共交通的搭乘率。优先发展公共交通能有效缓解交通伤害危机和更多体现对弱势群体的关怀,通过一卡通平台,能鼓励公众采取绿色出行方式并提高公共交通工具的使用效率,减少私家车出行,降低交通伤害,为解决"城市病"提供有力的解决措施。

④一卡通助力交通与可持续发展的和谐

绿色交通的目标就是要追求经济的可持续性、社会的可持续性和环境的可持续性,一卡通可以助力这一目标的实现。一卡通能促进公共交通的发展,实现交通运输的低成本、高效率。一卡通促进公共交通的发展,以社会的公平为目标,最大限度地满足各个阶层用户的需求。通过城市公共交通一卡通项目的实施,鼓励和引导市民放弃私家车出行而转向公共交通,从而有效地减少石油燃料的消耗和尾气的排放,从而有利于改善城市环境和保障市民身心健康。

⑤一卡通助力交通产业生态的发展

我国城市公共交通一卡通产业发展还处于起步阶段,尚不成熟,在智能交通产业内部、一卡通关键互联系统之间、一卡通系统产品的开发和生产者与产品的使用者之间,还相互较为独立,信息无法充分共享。通过城市公共交通一卡通工程的建设,围绕公共交通系统大发展开展工作,结合一卡通先进技术、公众需求和市场需求,探索符合我国具体实际的城市公共交通一卡通发展产业化模式,为交通一卡通产业良好发展提供三大必要条件:第一,有具备被普遍接受的、能够创造商业价值的一系列产品;第二,有完整的产业链条和培育环境;第三,有可操作指导的行业标准。

本书作为“城市智能交通设计与实践技术丛书”之一,与其他各册形成了有机的整体,是对其他分册有益的补充。本书编著的重点集中在城市公共交通一卡通的技术与应用,并对未来的发展趋势进行了有益的探索。为了更好地组织编写和校对,在构思之初,我们便成立了由行业内相关专业人员组成的编著小组,该小组主要成员包括谢振东、方秋水、徐锋、谭丹丹、吴金成。另外,杨晓丽、龚惠琴、常振廷、方晓洪、陆涛、胡斌、刘强,张慧源、何建兵、余红玲等人员亦对本书提供了宝贵的意见和技术指导,在此表示衷心的感谢,同时也感谢广州羊城通有限公司等岭南通产业联盟成员单位的大力支持和帮助。

由于编写时间紧、任务重,作者在公共交通一卡通领域的研究还不够深入,因此,书中选材、论述、引用等可能存在不当或错误的地方,望广大读者能够多加理解,及时联系作者并共同修正,以期在后续出版中能加以完善。

编　者

**2014年5月20日**

# 目 录

# 第1章 绪　论

在我国,城市公共交通一卡通已得到了广泛的应用,现今我们的生活已经离不开“一卡通”。目前很常见的一种现象是:各式各样的IC卡片叠放在我们的口袋或者钱包中,这些卡片给我们的生活、工作、出行等带来很多的便捷和实惠。为了帮助读者更好、更全面地了解城市公共交通一卡通的相关内容,本章将对城市公共交通一卡通的定义、内涵及其应用情况作简要介绍。

## 1.1 什么是城市公共交通一卡通

何谓“一卡通”?

所谓“一卡通”,本质上是指一套由卡片、终端和管理系统所构成的特殊信息管理系统。其核心内容是利用卡片这种特定的物理媒介,实现从业务数据的生成、采集、传输到汇总分析的信息资源管理的规范化和自动化。

然而,何谓“城市公共交通一卡通”?

城市公共交通一卡通是以提高城市交通运转效率、方便市民、降低公交运营公司成本为目的而规划建设的IC卡系统,它以非接触智能卡(Contactless Smart Card,简称CSC)为车票载体,以计算机及各种电子收费终端(地铁、轻轨、公共汽车、出租车等运输工具上的自动收费终端和停车场、路桥收费站中的自动收费终端)为核心,以局域网和远程网络作为支撑,实现集中发卡管理和密钥管理,实现计费、收费、统计、汇总、预测、决策、分析以及中央清算等业务,实现乘客持一张IC卡乘坐各种交通工具、小额消费、车辆停车以及过路桥自动收费等全过程的电子化、自动化、网络化综合管理[5]。图1-1为一卡通的应用场合。

随着人们对一卡通需求的不断变化和一卡通应用领域的拓展,城市公共交通一卡通在应用领域上又可分为基础应用和增值应用。

### 1.1.1 城市公共交通一卡通的基础应用

城市公共交通一卡通基础应用,指的是仅仅服务于城市公共交通的一卡通系统。涉及的应用领域又分两种,第一种是城市内部的公共交通应用,包括:公交、地铁、轮渡、自行车租赁以及停车场等;第二种是城际间的公共交通接驳应用,包括:城际轨道、城际客运、农村客运和城乡多式联运等。由于这种一卡通系统仅服务于交通领域,因此该系统所收集的数据可专门用于交通领域的分析,打造成交通信息交流平台,并可提供原始的数据以作政府管理部门决策参考。

图 1-1　城市公共交通一卡通

### 1.1.2　城市公共交通一卡通的增值应用

城市公共交通一卡通的增值应用,指的是在城市公共交通一卡通基础应用上进行了应用领域和创新产品的拓展。城市公共交通一卡通的应用领域不仅包括公共交通,还包括商场、便利店、娱乐等小额消费领域、电子商务领域、创意文化领域等。另一方面,城市公共交通一卡通除包括公共交通领域外,还应包括从其他领域衍生而来的各种新型产品应用,其中有一卡通网充系统、手机一卡通、一卡通文化产品等。城市公共交通一卡通随着业务的不断创新与拓展,已经产生了多种跨界的应用,衍生出一条触及众多行业的巨大价值产业链,这也是未来城市公共交通一卡通发展壮大的必然过程,更是未来公共交通一卡通发展的趋势。

## 1.2　我国城市公共交通一卡通的发展概况

### 1.2.1　我国城市公共交通一卡通现状

随着改革开放的深入和人们生活水平的提高,跨区域的经济和文化交流变得日益频繁,长距离的跨区域往来使人们不得不依赖各种交通工具,尤其是大城市的这种资源相对集中的区域更是吸引来自各地的人大量涌入,交通工具的使用为这种人口流动提供了便捷的途径。然而现代化的交通工具和交通设施在为人们提供享受现代生活条件的同时,也给人们带来了不少交通出行的烦恼。迅速推进的城市化以及大城市人口的急剧膨胀使得城市交通需求与交通供给的矛盾日益突出,而且不少人选择私家车出行,这使得道路交通运输压力愈来愈大,“城市病”问题日益严重。交通拥堵,引发城市生存环境的持续恶化,成为阻碍城市发展的“城市顽疾”,同样也逐渐影响人们的出行效率。为缓解交通运输的压力,最大化地便民利民,公共交通担负着举足轻重的作用。图1-2为城市出租车和公交站的场景。

图1-2 出租车、BRT公交站

近年来,我国经济社会持续快速发展,城市公共交通日益发展庞大起来(表1-1~表1-3)。从运营车辆情况看,近年来全国以及各地区公共汽(电)车以及轨道交通车辆迅速增长,至2012年年末,全国公共交通营运车辆为432021辆,比2006年年末增长30%。其中,珠三角地区公共交通运营车辆数增长尤为迅猛,广东省2012年年末公共交通运营车辆数为53089辆,比2006年年末统计时数量翻番。从运营线路总长度情况看,全国公共交通运营路线长度快速增长,其中长三角地区江苏省2012年年末公共交通营运车辆比2006年年末增长3倍有余。从公共交通客运量情况来看,2012年年末全国公共交通客运总量7887914万人次,比2011年年末增长6%,比2006年年末增长69.3%。另一方面,从表1-1~表1-3中可以看出,城市轨道交通发展尤为突出,甚至一些城市发展轨道交通的速度赶超其他公共交通方式。(以上数据来自于《国家统计年鉴2006~2012》)

**部分地区城市公共交通车辆运营数发展状况(单位:辆)** 表1-1

| 地区 | 2012年年末 | | 2011年年末 | | 2010年年末 | | 2006年年末 | |
|---|---|---|---|---|---|---|---|---|
| | 公共汽车、电车运营数 | 轨道交通车辆运营数 | 公共汽车、电车运营数 | 轨道交通车辆运营数 | 公共汽车、电车运营数 | 轨道交通车辆运营数 | 公共汽车、电车运营数 | 轨道交通车辆运营数 |
| 全国 | 419410 | 12611 | 402645 | 9945 | 374876 | 8285 | 312812 | 2764 |
| 北京 | 22146 | 3685 | 21628 | 2850 | 21548 | 2463 | 19522 | 967 |
| 上海 | 16695 | 3130 | 16589 | 2899 | 17455 | 2842 | 17284 | 829 |
| 江苏 | 30380 | 576 | 29205 | 450 | 27195 | 366 | 22002 | 120 |
| 广东 | 50729 | 2360 | 49532 | 2204 | 40509 | 1424 | 23145 | 421 |

部分地区城市公共交通运营路线总长度发展状况(单位:公里)　　表 1-2

| 地区 | 2012 年年末 | | 2011 年年末 | | 2010 年年末 | | 2006 年年末 | |
|---|---|---|---|---|---|---|---|---|
| | 公共汽、电车运营线路长度 | 轨道交通车辆运营线路长度 | 公共汽、电车运营线路长度 | 轨道交通车辆运营线路长度 | 公共汽、电车运营线路长度 | 轨道交通车辆运营线路长度 | 公共汽、电车运营线路长度 | 轨道交通车辆运营线路长度 |
| 全国 | 549736 | 2058 | 519554 | 1699 | . 488812 | 1471 | 125236 | 621 |
| 北京 | 19547 | 442 | 19460 | 372 | 18743 | 336 | — | 114 |
| 上海 | 23190 | 468 | 22906 | 454 | 23130 | 453 | 6274 | 170 |
| 江苏 | 49793 | 110 | 47383 | 85 | 41266 | 85 | 12444 | 22 |
| 广东 | 87384 | 413 | 79085 | 413 | 69485 | 300 | 5012 | 112 |

部分地区城市公共交通客运总量发展状况(单位:万人次)　　表 1-3

| 地区 | 2012 年年末 | | 2011 年末 | | 2010 年年末 | | 2006 年年末 | |
|---|---|---|---|---|---|---|---|---|
| | 公共汽、电车客运总量 | 轨道交通客运总量 | 公共汽、电车客运总量 | 轨道交通客运总量 | 公共汽、电车客运总量 | 轨道交通客运总量 | 公共汽、电车客运总量 | 轨道交通客运总量 |
| 全国 | 7014989 | 872925 | 6725785 | 713400 | 6310720 | 556777 | 4477648 | 181599 |
| 北京 | 515416 | 246162 | 503272 | 219280 | 505144 | 184645 | 397919 | 70306 |
| 上海 | 280360 | 227573 | 281075 | 210105 | 280758 | 188407 | 274035 | 65569 |
| 江苏 | 427578 | 42655 | 408572 | 34370 | 377257 | 21459 | 304669 | 5789 |
| 广东 | 739359 | 263739 | 685606 | 198930 | 576764 | 134373 | 139989 | 27939 |

随着近年来城市化的快速发展及公共交通需求近乎爆发式的增长,城市交通拥堵问题日益突显,发展城市公共交通又一次被提到重要的议事日程,相关部门已在组织研究和部署推进公交都市建设,其中尤为关键的是信息化建设,它将对转型升级、优化调度、提升服务起决定性的因素。

交通信息化是智能城市建设的一个重要方面,预计在未来城市的现代化发展过程中将发挥正面促进作用。所谓交通信息化是指在大力推进智能公交和一卡通系统建设的基础上,进一步整合推进“全过程、一站式”的综合信息服务,并有机结合目前市域公交、出租、地铁、多式运输“一卡通”的方式,研究推进全省(市)乃至全国区域“一卡通”,这样不仅方便人们获取各类出行交通运输信息,而且也为百姓的出行提供良好的交通环境[6]。

国内城市公共交通一卡通系统起步于 20 世纪 90 年代末,1999 年 5 月 25 日上海公共交通卡股份有限公司正式成立,承担着上海市人民政府 1999 年十大实事工程之一的上海公共交通“一卡通”工程项目，随即上海便成为内地第一个全面实施交通一卡通的城市，覆盖包括地铁、公交、轮渡、出租车等领域。而成立于1994年香港八达通（原联俊达）有限公司在1997开发的八达通系统正式上线，成为了城市公共交通一卡通系统中最成功的应用和运营管理系统实例。八达通业务覆盖范围广泛，几乎渗透到日常生活中的方方面面，运营服务水平也属于目前世界上最优秀之列，从而也成为各个城市一卡通系统建设的榜样。

据人民网报道，截至2013年10月31日止，全国600多个城市中，已经有440多个城市建立了不同规模的IC卡收费系统（图1-3），而按照住房和城乡建设部（以下简称住建部）标准进行建设并申请使用统一密钥安全体系的城市已有160多个，包括4个直辖市，90%的省会城市和大部分地级市，涵盖了中国5.9亿人口，累计发卡量达到4亿张。由于这些城市的“一卡通”密钥体系相同，这将为以后加入异地刷卡及城市间互联互通打下技术基础。

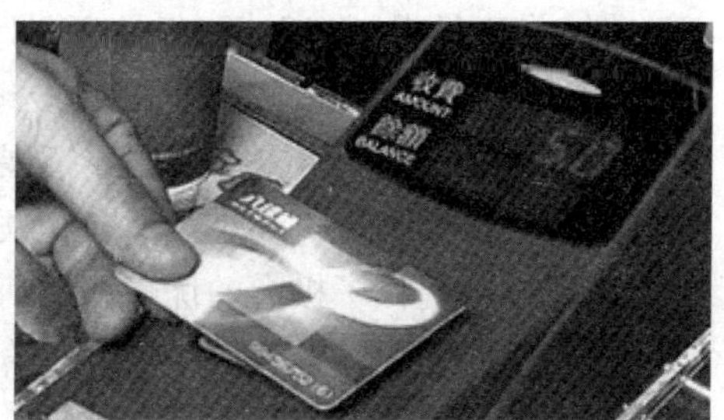


图1-3 IC卡、终端和消费行为（八达通）

1）北京

背景：北京市政交通一卡通（IC卡）应用系统是为贯彻落实“科技奥运”和“数字北京”的战略目标，提高城市信息化管理水平，促进首都城乡一体化发展，根据国家金卡办提出的“统一规划、统一标准、统一制造、统一发卡、统一管理”和住建部提出的“一卡多用、统一发卡”的原则建设实施的。该系统建设连续多年被列入政府为市民办实事之一，也是2008年北京奥运会的重点建设工程之一。

概况：北京市政交通一卡通系统于2006年5月10日正式建成运营，目标是实现整个公共交通系统及其他众多领域的“一卡通行”。通过一卡通（IC卡）及其应用核心平台，连接公交、地铁、停车场、出租车、高速公路等公共交通行业和公园景点、学校、超市、便利店、影院等其他行业，为市民、公共交通企业、市政部门以及其他商业组织提供方便快捷的支付、结算等服务，提高管理水平。卡片种类包括：普通卡、定值卡、纪念卡、个性化卡、学生卡和带有中信实业银行磁条的联名卡等类型[7]。

技术：市政交通一卡通系统采用非接触式IC卡，选择以MIFARE技术为基础，逻辑加密卡兼容CPU卡的技术系统方案，符合国家住建部IC卡应用管理领导小组办公室和北京市政府提出的"一卡通"建设要求，而且技术上先进，功能上易于扩展与兼容。系统建立了能够支持跨领域清算，兼具动态性和灵活性的清算网络系统。设计制定了标准化接口规范，不仅规定了一卡通系统清算所必需的数据域，还预留了对不同应用领域特殊管理数据要求的接口，并在接口规范的基础上设计了不同的通信方式。建立了完整有效的系统安全体系，采取了高效的密钥体系的关键技术措施，保证了系统的安全可靠运营，并且对密钥体系进行了大胆创新，针对非接触式智能卡的特点做到了"一卡一密，一扇区一密"。建立了安全、便捷的充值、发卡体系。系统的发卡体系和充值体系不仅具有足够的安全性，还具有足够的灵活性和多样性。在发卡的应用方面，系统可支持最多256种卡类型。在充值方面，设计了人工、自助等多种发卡充值方式，开发了针对便利店、公交售票点应用的微型充值机，拓展并开发了银行自助式圈存充值终端、手机移动充值等多种应用方式[7]。

据《北京日报》2013年10月22日报道，北京市政交通卡（图1-4）发行量达6000万张，应用范围基本覆盖北京市公交、地铁、出租车、停车场、市郊铁路和公共自行车等主要交通领域，并且已经拓展至公园景点、公用电话、燃气缴费、电影院线、体育健身、网络支付和小额消费等领域消费使用。市政交通一卡通卡为北京市广大市民出行提供了极大的优惠和便利（图1-5和图1-6）。

图1-4 北京市政交通一卡通卡

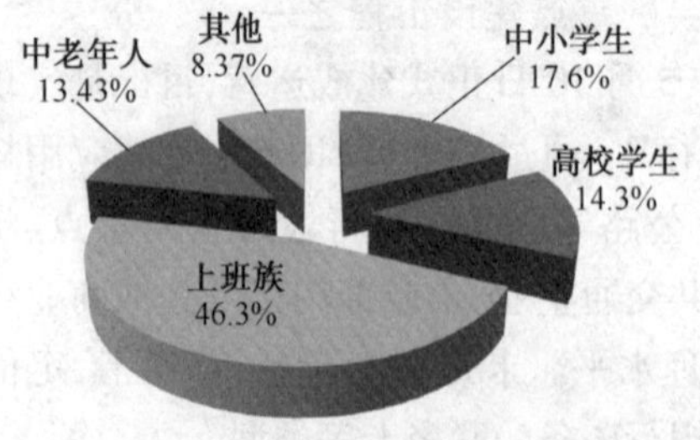


图1-5 北京市政交通一卡通使用人群分布
（数据来源：2011年市政一卡通官网）

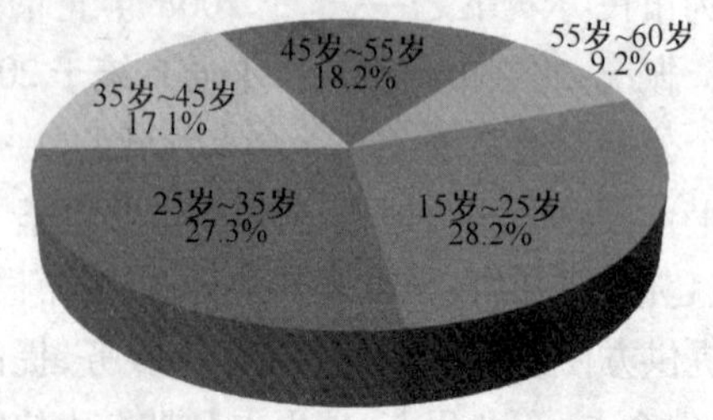


图1-6 北京市政交通一卡通使用人群年龄分布
（数据来源：2011市政一卡通官网）

2)上海

背景:上海公共交通卡股份有限公司是一家按照现代企业制度,由上海久事公司、上海地铁运营有限公司、上海巴士实业集团股份有限公司、上海市轮渡有限公司、上海强生集团有限公司等10家单位共同发起组建,于1999年5月25日正式成立的股份制企业,公司承担上海公共交通“一卡通”工程项目,负责公共交通卡的制作发售,以及公共交通卡系统的中央结算和清分等重要功能。

概况:据新华网2012年10月31日报道,上海公共交通卡已累计发行4000多万张,其中普通卡2900多万张,支付服务覆盖了公交、地铁、轻轨、轮渡和出租车等10多个主要城市公共交通行业。交通卡有绿、红、黄、蓝、紫5种颜色,其中绿、红、黄色卡片可以在无锡、昆山、常熟、安徽阜阳、淮南、苏州的公交车上使用,还可以在杭州部分出租汽车、南宁海博出租汽车和江苏大丰出租汽车上使用;紫色卡片可在宁波、绍兴、湖州、台州和常熟5个城市的公交车上,以及常熟的出租汽车上实现异地消费,逐步实现刷遍长三角。

技术:上海公共交通卡是上海公共交通“一卡通”工程项日的组成部分,采用了具有自主知识产权的芯片,速度极快,每笔交易不超过300毫秒。从2009年开始,所发行的交通卡升级为内含智能芯片(CPU)的IC卡,在信息安全方面,采用加密算法,采用“一卡一密”,卡上“一扇区一密”的安全体系,确保用户信息的安全。上海公共交通卡(图1-7)目前多用于公交、地铁、轻轨、轮渡和出租车等城市公共交通领域,并向多级票价公交线路、加油站收费系统及长途客运票务系统等拓展。

正面

反面

图1-7 上海公共交通卡

3)广州

背景:广州羊城通有限公司(原名:广州交通电子收费营运有限公司)成立于1999年,是一家直属广州市交通委员会管理的国有独资企业。公司秉承“轻松嘀卡,便利生活”的服务理念,一直致力于为广大市民提供方便快捷的电子付费服务。

概况:2001 年 12 月 30 日,酝酿已久的“羊城通”正式投入试运行,标志着常住人口最多的城市正式迈入智能交通新天地。自成立以来,羊城通公司一直致力于为市民提供方便快捷的电子付费服务,目前羊城通的应用面覆盖广州市内所有的公交汽(电)车、轮渡、地铁各站以及部分电信业务,同时还拓展到连锁便利店、菜市场、电影院以及饼屋等商务小额消费领域,应用区域从广州市十区两市扩展到佛山,成为集“公交通、电信通、商务通”等功能于一体的多功能电子支付媒介。

图 1-8　广州羊城通卡

据《广州日报》2013 年 10 月 30 日报道,广州羊城通卡(图 1-8)的发行总量已突破 3000 万张,发行规模位居全国第三、华南地区第一,日均使用量已超过 800 万人次,日交易量超过 800 万笔,月交易量近 2.5 亿笔。系统内消费设备装机超过 30000 台,充值点超过 4000 个,合作运营商近 1000 家。羊城通系统已成为国内运营较为成功的城市一卡通系统之一,赢得了社会的普遍认可。

在区域拓展方面,2003 年 12 月,羊城通公司与佛山市南海区合作通过直接应用羊城通系统,采取当地项目建设权、运营权、发卡充值利益归当地项目公司所有的模式,取得成功,并于 2006 年 11 月进一步将该模式成功推广至整个佛山地区,从而实现了广佛互联互通,两地公交“一卡在手,通行无忧”的目标。目前,佛山地区的广佛通系统已发行 160 多万张,其经营规模在广东省城市公交一卡通系统中位列第三。(源自羊城通官网)

4)香港

背景:在 1979 年,当时的地铁公司(现称香港铁路有限公司)已经采用全自动车票收费系统。为进一步便利乘客,地铁公司在 1993 年构思下一代收费系统发展策略,认定非接触式智能卡技术最适合用作收费系统平台。香港五大公共交通运输机构,包括地铁、九广铁路、九巴、城巴和香港小轮(HYF)携手合作,于 1994 年成立了联俊达有限公司(于 2002 年改名为八达通卡有限公司),负责开发和推行非接触式智能卡技术。(源自八达通官网)

概况:香港的八达通卡(图 1-9)可以说是“城市一卡通”领域的“楷模”。从

1997 年开始,八达通卡就首次在香港亮相。目前,香港已经发行了超过 1400 万张八达通卡,这相当于在香港每人平均有两张八达通卡,每日使用八达通卡的交易次数也已经超过了 800 万次。八达通卡除了可用于香港绝大部分的公共交通支付及 460 家服务供应商使用外,其支付范围还包括停车场、快餐店、便利店、超级市场、个人护理商店、自动售卖机、公共电话、影印机、影院、康乐设施的预订以及学校缴付杂费等领域。只要看见“八达通”的标志,即可享有“一触即可”的消费便利。八达通卡的发展状况,向内地的“城市一卡通”展示了良好的发展前景,八达通卡的发展模式,更是为内地的“城市一卡通”发展提供了学习的样板[8]。

图 1-9 香港八达通卡

据新京报 2013 年 10 月 18 日报道,香港八达通卡已发行 2300 万张,超过 5900 家来自各行各业的服务提供商可接受八达通的支付,共安装了超过 67000 部终端消费机。另外,八达通公司已在深圳大快活(港资快餐店)和澳门部分零售商业网点开通了应用功能。近年来,八达通业务已迈向国际,以其独特经验和科技优势,为世界各地的机构提供顾问服务。

技术:八达通系统是由总部位于澳大利亚珀斯的 ERG 有限公司(Energy Resources Group)发明的 Smart Card Transit Systems 技术设计。整个技术系统的设计、建造、运营及维修等工作,都是由 ERG 负责。八达通系统使用了 Sony 的13.56MHz FeliCa RFID 晶片及其他相关技术。

### 1.2.2 我国城市公共交通一卡通发展历程

1)城市公共交通支付方式的发展

公共交通支付方式的发展经历过纸币时代、月票时代、投币时代和 IC 卡时代,最终进入到一卡通(电子支付)时代。每个时代的支付方式并不是孤立存在的,而是呈现多种方式并存的状态。

(1)人工售票时代

公共交通发展伊始，主要采用纸币付费方式。这种付费方式主要是售票员向乘客售票(图1-10)，按段收费，根据不同的上车地点与目的地收取不同的费用。当时公共交通普及程度还不高，选择公共交通出行的市民相对较少，售票员售票、乘客用纸币支付的方式已经满足当时的需求。图1-11和图1-12所示为车票示例。

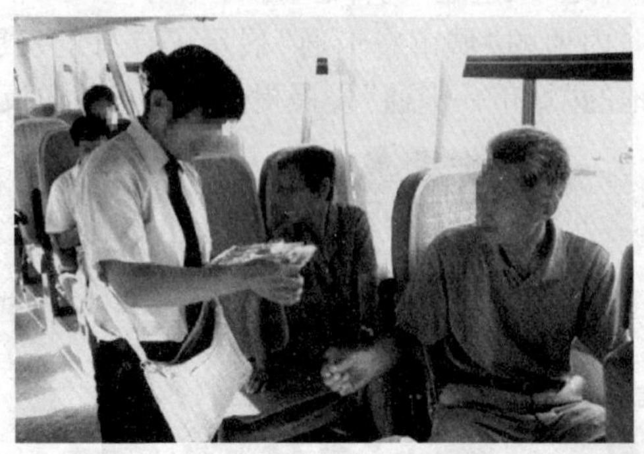

图1-10　售票员为乘客服务

图1-11　1960年10月广州市无轨电车庆祝通车典礼纪念车票

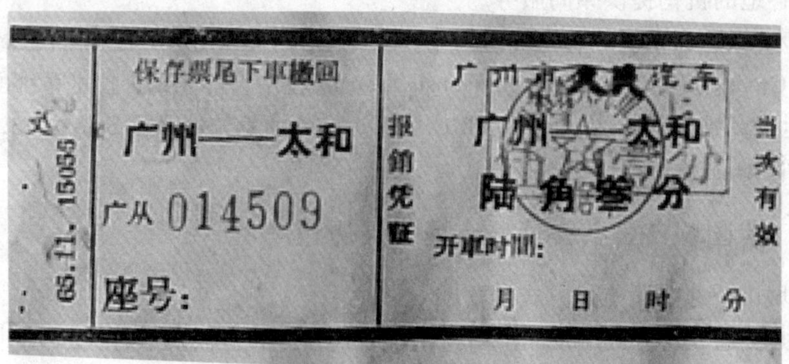


图1-12　1965年广州远郊定站车票

随着乘搭公交的乘客越来越多，售票员的票务工作越来越繁重，交易过程变得异常耗时，同时也避免不了找零、点票等额外工作，以纸币为主的付费方式逐渐被新的付费方式代替。

(2)月票时代

月票付费方式，是指一次性交完一个月的费用，根据各地的不同乘客可以有限次或无限次地乘坐指定的公交车或地铁等公用交通设施。学生、老人、残疾人等特殊人群可以享受半价或免费服务。在全国不同的城市，月票并不是同时出现，也不是同时停止使用的。

上海公共交通月票的历史可追溯到 1908 年，当时英商电车公司（简称“英电”）在《字林西报》上刊登了发售月票的广告，每张成人月票售价 8 元，相当于当时 156 市斤大米的价格，而且售票对象只限于外国人。一直到 1909 年 7 月，华人才能购买月票，每张价格为 5 银元。月票的出现使上海公交慢慢开始出现亏损，到 1995 年亏损已经高达 8 亿元。为了从根本上解决亏损及“乘车难”等问题，1995 年上海公交实施以体制、机制、票制为主要内容的“三制”改革。其中，票制上，取消月票。1996 年元旦，为了使市场机制融入公交行业，月票在上海正式退出历史舞台[9]。图 1-13 所示为上海市公交月票。

根据广州公共汽车发展史记载，在民国二十六年（即 1937 年）3 月，广州市公共交通开始使用月票，当时因管理问题和时局紧张，月票使用不到一年便夭折。1958 年 11 月，广州市第一张不限次的硬卡月票出现，这是广州公交月票的鼻祖。图 1-14 所示为广州公交限次打孔月票。

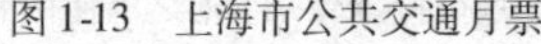
图 1-13 上海市公共交通月票

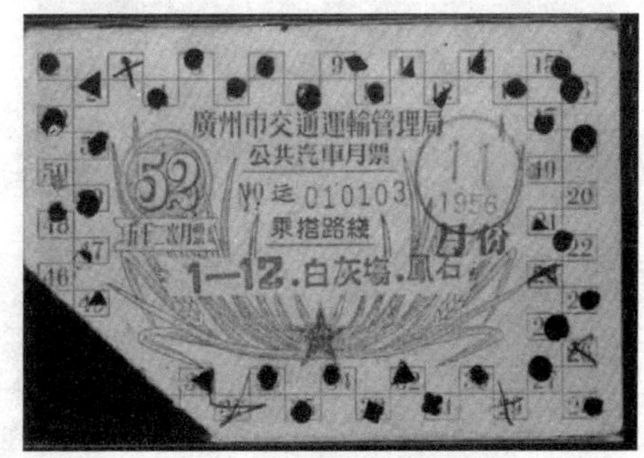


图 1-14 1956 年广州公交限次打孔月票

随着公共交通走上市场化轨道，政府财政补贴逐年下调，这么多年来的月票价格已经逐渐弥补不了高昂的运营成本，经济效益随之衰减。月票因时代需求而来，同样，在 2004 年，也因时代需要而退出了广州[10]。图 1-15 和图 1-16 所示为广州公交学生月票和普通月票。

图 1-15　2003 年广州公交的学生月票证明

图 1-16　2004 年广州公交普通月票

北京市是最后一个取消月票的城市。根据《北京志·公共交通志》记载，民国十四年(1925 年)4 月 1 日，当时的北平电车股份有限公司首次发行了普通月票和普通季票，那个时候的公交月票只有达官贵人才坐得起。1946 年，北京有了中小学生通学月票。每天上下学可以用 4 次，价格为中学生 2 元 7 角、小学生 1 元 2 角。2006 年 5 月 1 日，纸质月票改为一卡通 IC 卡式月票，这成为了取消月票进程中的过渡手段，月票的纸质形态消失了，并且从原先的不限次数改为限制刷卡 140 次。2007 年 1 月 1 日，取消了公交成人月票卡、学生月票卡和公交地铁联合月票卡，改为刷卡乘车，普通卡 4 折、学生卡 2 折，公交月票退出历史舞台。[11] 图 1-17 和图 1-18 所示为北京两种公交月票。

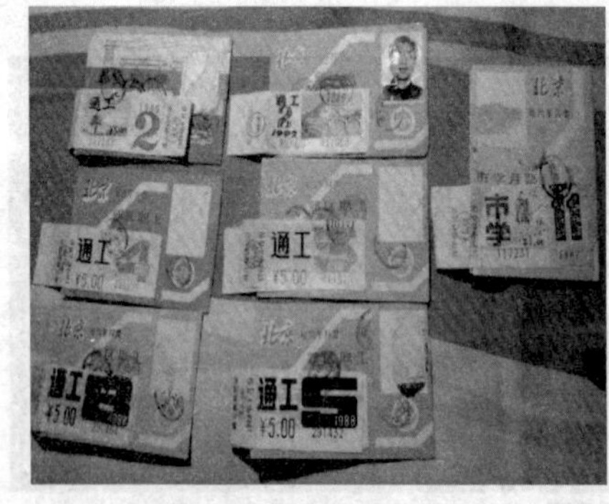


图 1-17　20 世纪 80 年代北京公交电、汽车月票

图 1-18　北京推行公交一卡通之前使用的纸质月票

(3)无人售票时代

由投币时代开始，公共交通进入无人售票时期，由司机负责监票和对乘客的服务，报站则主要靠司机操作的报站器来完成。投币时代无人售票，车票基本为报销凭证。图 1-19 所示为公交投币机。图 1-20 所示为报销用的车票。

在投币时代，因为无人售票，乘客上车前需要自备零钱。投币机的出现虽然为乘客带来方便并节省时间，但是也带来了上车前找零麻烦的问题，而且还可能出现假币、残币的不可控风险。在清结算时还需要大量人力来统计营收账目，人力成本较高。

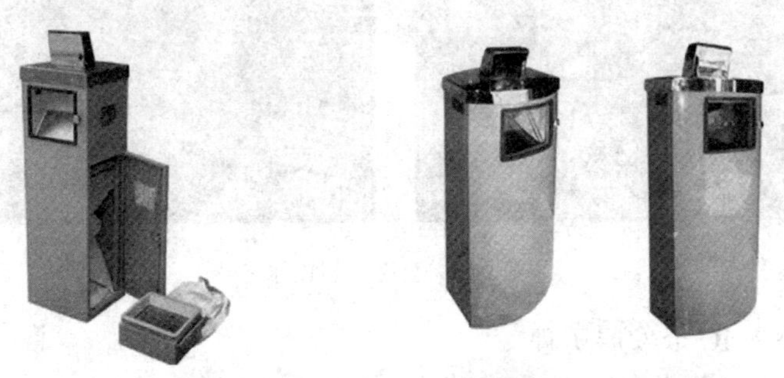

图 1-19　公交投币机

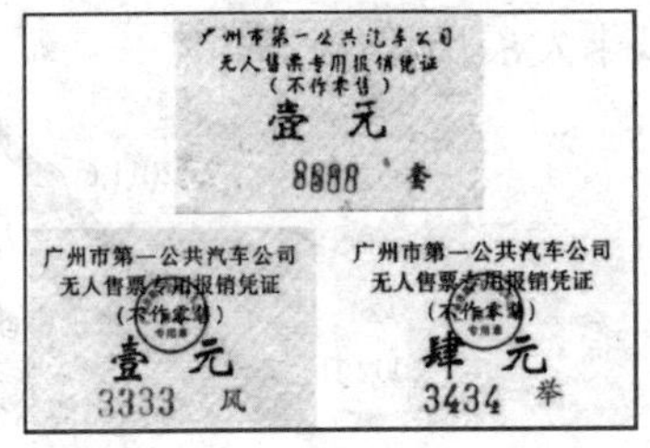

广州市第一公共汽车公司
无人售票专用报销凭证
（不作零售）
壹元
8888

广州市第一公共汽车公司
无人售票专用报销凭证
（不作零售）
壹元
3333　风

广州市第一公共汽车公司
无人售票专用报销凭证
（不作零售）
肆元
3434　举

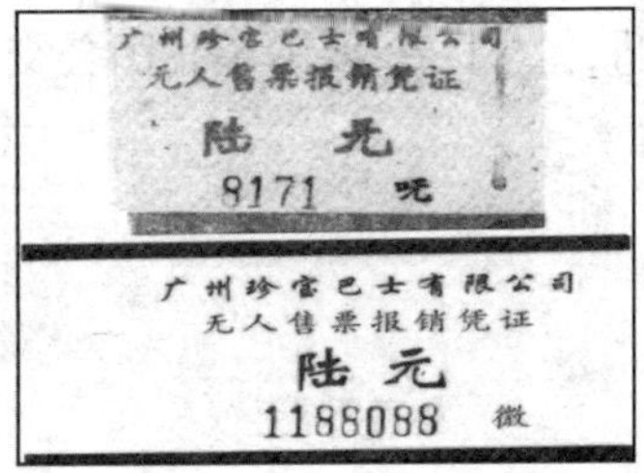

广州珍宝巴士有限公司
无人售票报销凭证
陆元
8171

广州珍宝巴士有限公司
无人售票报销凭证
陆元
1188088　微

图 1-20　投币时代作报销用的车票

虽然公交无人售票存在种种不便，但这种方式还会一直存在下去，因为它确实能够方便一部分没有购买或忘记携带公交卡的乘客和在某个地区作短暂停留的旅客，所以，投币形式不会落伍，而是公交支付发展的一种重要组成部分。

(4)电子支付时代

随着电子信息技术的迅速发展和普及应用，IC 卡作为一种新兴的电子支付工具(图 1-21)，具有安全性高、不易损坏、可以一卡多用和支持脱机消费等特点。用 IC 卡代替各种车月票，既方便了用户，也便于降低运营商的运营成本，提高运营商的管理水平，还可以强化行业管理。随着 IC 卡的推广，基本上每个城市都有自己的公交 IC 卡，并逐渐形成城市区域的一卡通系统。

IC 卡是城市公交信息化发展的有力载体，它提供的不仅仅是支付方式的转变，还承载着很多重要的数据，将在未来城市发展中发挥着重要的作用。事实证明，实施 IC 卡后，市民乘车时不再为没带零钱而烦恼，减少直接接触纸币的次数，减少了疾病的传播流行，每次上车的时间缩短了 3 秒钟，大大减少了车辆停靠的时间。而且公交IC卡属于高科技产品,有利于杜绝假冒、伪造和过期使用,避免了现金交易,进而减少假币、残币等现象的发生。

图1-21 公交电子IC卡

2)我国公交IC卡发展历程

在我国,IC卡在公交领域的应用起源于20世纪90年代,公交IC卡的出现,使公交车付费方式在经历了“纸币时代”、“月票时代”、“投币时代”之后,逐步向“IC卡时代”迈进。图1-22展示了我国公交IC卡发展历程。

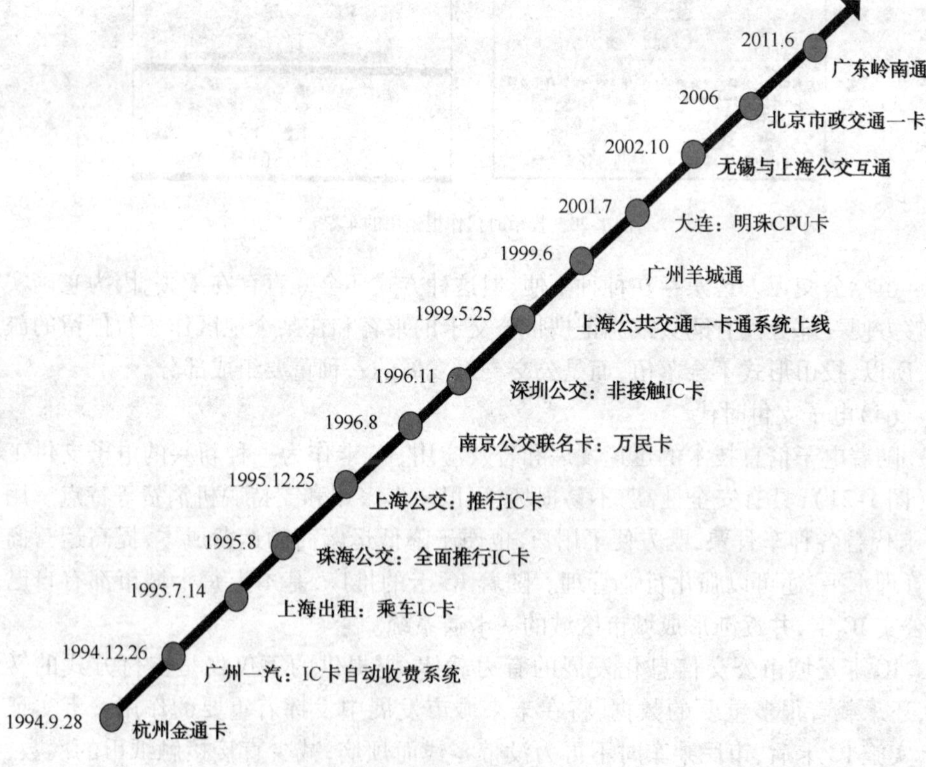


图1-22 IC卡公交支付系统发展历程

1994 年 9 月 28 日,杭州市公共交通总公司在珠海亿达科技电子工业有限公司的支持下,成功开发了国内第一张接触式公交 IC 卡——金通卡。1995 年 1 月 29 日,在杭州大华饭店召开了“金通卡正式试用暨首次发售新闻发布会”,并于 1995 年 2 月 1 日起在公交 16 路上试用。

在这期间,广州市第一公共汽车公司与邮电部广州通信设备厂共同开发的接触式公共汽车 IC 卡于 1994 年 12 月 26 日首发,并开始在公共汽车 13 路实施 IC 卡自动收费系统的试运行,该公交 IC 卡成为国内最早在运行线路上试用的公交 IC 卡。

1995 年 8 月,珠海亿达科技在珠海公共汽车上实行接触式 IC 卡自动收费系统,使珠海成为全国第一个全面推行接触式公交 IC 卡的城市。

1995 年 7 月 14 日,上海的强生出租汽车公司发行了国内第一张出租汽车乘车卡。1995 年 12 月 25 日上海发行了公交 IC 卡的首发卡。国内其他城市也相继发行了接触式公交 IC 卡,如湖北的十堰市和武汉市、辽宁的大连市、山东的青岛市等。

值得一提的是,1996 年 8 月,南京公交公司与农业银行联合发行了一种“万民卡”联名卡。它是一张信用卡那样大的塑料卡,在上面镶嵌着一个像纽扣电池一般的芯片(该芯片称为 TM 卡,美国 DALLAS 公司的专利产品),乘客只要把 TM 卡上带金属的表面朝车上读写机的接触头上轻轻一碰,短短 0.2 秒钟的时间内,验卡付费的手续就完成了。同样的形式也出现在早期的贵阳公交上。1997 年 12 月 1 日,TM 卡电子收费系统在贵阳公交市区全部线路上推广使用。

但由于接触式公交 IC 卡刷卡时须将公交 IC 卡插入读写器,读写完毕,卡片自动弹出,或人为抽出,刷卡速度较慢,效率不高,且接触式 IC 卡的触点暴露在外面,容易被污染,来自触点的静电可能会破坏数据。卡上触点与读写设备频繁的机械接触会造成两者的磨损,常常形成接触不良。而 TM 卡也因需对准读写头碰撞才能正确收费,操作过程较长,乘客乘车刷卡觉得不是很方便。随着非接触读写技术的出现使得在公共交通领域应用非接触式智能卡技术成为可能。

1996 年 11 月,深圳市公交集团成功地在深圳全市所有无人售票公共大巴线上推行非接触式 IC 卡储值票系统,使得深圳公交集团成为全国首家大面积推行公共汽车非接触式 IC 卡的公交企业。

随着非接触式 IC 卡在公交领域的推广应用,全国各地大中城镇相继开通使用了非接触式 IC 卡。1999 年 5 月,上海交通一卡通工程开通。现在上海交通一卡通系统已经在公交、地铁、出租车、轮渡和轻轨等领域应用,发卡量达 700 万张,是全国建设事业领域发卡量最大的城市,也是第一个全面实现交通一卡通的城市。2001 年 7 月,大连发行公交“明珠卡”,是国内第一家采用双界面 CPU 卡的城市。

大连明珠卡的发行标志着处于领先技术的 CPU 卡已进入交通领域。2002 年 10 月 1 日,无锡市公共交通卡和上海市公共交通卡实现城际互通,在全国率先实施公共交通卡的异地互通、本地充值和异地消费的全新理念。2002 年 11 月,杭州完成交通 IC 卡的系统改造,成为全国第一个按照建设部《建设事业 IC 卡应用技术》标准改造的城市交通 IC 卡系统。对全国大多数省市而言,交通一卡通已成为主流,城际和区域交通一卡通正在部署,并且初步形成了较为完整的一卡通产业,"一卡多用"已经成为城市公共交通服务发展的必然趋势[12]。

随着经济的发展和不同区域间经济的贸易频繁,城市"一卡通"已经满足不了现代快节奏的生活方式,城市"一卡通"正在向城市间和经济区域一卡通发展。据西安市交通门户网 2008 年 1 月 23 日报道,北京、天津为配合奥运会的举办,开发部署京津一卡通,并最终于 2008 年底实现环渤海地区一卡通;上海、无锡、常熟、苏州长三角地区以及安徽阜阳已经实现了交通卡的一卡通行;宁波、绍兴、台州、舟山四市市长在浙东市长联席会议上签署协议,在 2006 年实现甬、绍、台三市公交一卡通的基础上,启动了四市公交一卡通工程。

作为改革前沿阵地,广东在跨域公交一卡通建设方面也走在了全国前列。根据国务院颁布的《珠江三角洲地区改革发展规划纲要》要求,广东省政府批复同意《全省公交一卡通工作实施方案》(粤交运[2010]1240 号),在广东省委督办、广东省交通运输厅统一部署下,2011 年 8 月 4 日,由多家企业合作,正式成立了广东岭南通股份有限公司,以落实推进全省公交一卡通工作。截至 2013 年 7 月底,岭南通卡累计发卡量逾 3300 万张。消费终端近 7 万台,充值点超过 5000 个,合作运营商家已超过 1200 家,累计消费交易量 158 亿笔,消费金额约 269 亿元,跨区域消费笔数 5 亿笔,跨区域消费额 11.1 亿元,日刷卡量超过 1000 万人次,跨区域日刷卡量超过 50 万人次,已成为中国规模最大的区域交通一卡通系统。

我国城市经济的迅速发展对城市交通的主体——公共客运交通提出了更高的要求,也为这个行业的发展提供了很大的机遇。20 世纪 90 年代中期以来,在经历了长期的停滞与萎缩以后,城市公共交通业取得了显著的发展和进步,公共汽电车、出租汽车的运力、客运量明显增加,车辆和服务设施大大改善,快速轨道交通建设的速度也明显加快。由于现代化企业管理模式的逐步推行和企业内部改革的不断深入,许多公交企业的经营状况已经开始进入了良性循环的轨道。

为了在外部经营环境日趋严峻的条件下保持可持续发展的势头,近年来城市公共交通企业在应用现代科技手段促进行业发展方面做了很大的努力。IC 卡在这个行业的迅速推广和应用就是一个例证。IC 卡的应用在不少城市取得了成功,市民、政府和公交企业都满意,但也和其他科技项目的推广过程一样,无例外地经历过曲折和反复。有成功的经验，也有值得吸取的教训[13]。

### 1.2.3 我国城市公共交通一卡通产业概况

随着智能 IC 卡技术在世界各国得到越来越广泛的应用，在国内，自 20 世纪 90 年代随着国家“金卡工程”应用的推广以及各大城市开始启动 IC 卡应用以来，基于城市现有的一卡通发展在技术手段、平台搭建、安全体系建设以及运营模式、应用领域等方面已日趋成熟，正在一步步走向真正意义上的“一卡通”。随着国内一卡通行业的快速发展，一卡通行业也基本形成了完整的产业链，包括芯片设计、制造模块封装、卡片封装到机具的生产、系统集成及应用服务商的应用等环节[14]。

据资策会产业情报研究所(MIC)分析师顾馨统计，中国芯片市场庞大，本土 IC 设计业逐渐崛起，2012 年中国 IC 设计产业全球占比将达 13.61%、产值达到人民币 680 亿元，年增 8.98%。据 GSA(全球半导体联盟)调查，2012 年中国 IC 设计产业占全球 IC 设计产业的 13.61%。虽然整体规模仍然相对较小，但长期来看中国庞大的内需市场以及拥有大量工程人才的潜力已备受全球瞩目。未来一卡通跨地区互联互通和一卡多用(应用领域的拓展)的趋势将会大大促进城市公共交通一卡通产业的发展。“数字城市”和“智慧城市”的打造以及物联网的发展必将带动城市公共交通一卡通的产业发展。

但是一卡通产业快速发展过程中也出现了很多问题，可以说一卡通的应用空前广泛，但并不是十分繁荣。目前，国内规模较大的一卡通企业屈指可数；由于行业间缺乏整合，一卡通系统标准化建设速度较慢，造成一卡通系统的重复建设，造成资源的浪费；IC 卡产品和软件的开发生产能力不强，应尽快提高其开发能力并组织大批量生产，满足行业发展的需求，促进产业化发展；行业从业人员素质普遍不高，一卡通卡应用涉及电子、计算机、网络通信、数据库等技术，为保证建设事业 IC 卡应用的顺利进行，要加强专业队伍的建设；一系列的产业发展的问题亟待解决[15]。

## 1.3 国内外公共交通一卡通标准化概况

为了更好规范 IC 卡的生产和应用，由国际标准化组织(ISO)和国际电工委员会(IEC)共同制定了关于 IC 卡的相关标准和规范，对 IC 的物理特性、射频功能、信号接口和传输协议等方面进行了约束和规定。IC 卡根据其通信方式的不同又可分为接触式 IC 卡和非接触式 IC 卡，并分别制定了相应的标准和规范[16]。

### 1.3.1 国外公共交通 IC 卡相关标准现状

城市公共交通 IC 卡应用发展较好的国家或地区，均有统一的技术标准，如欧美和中东的 Calypso、新加坡 CEPAS2.0、意大利 MIT、韩国 T - Money、中国香港八达通等[17]。

1) Calypso

作为欧洲交通卡应用标准，Calypso 于 2000 年正式定名，通行于全欧洲并被美洲、中东等地区广泛采用，据 2012 年的数据，该标准的 IC 卡已应用于 23 个国家的 90 多个城市，发卡量超过 3000 万张，交易终端 30 万台，是世界最大的国际通用一卡通标准。

Calypso 定义了卡片与终端之间的安全交互方式及非现金支付的应用流程，其前身是由欧洲的几个城市交通运营商于 1990 年基于 ISO/IEC14443、ISO/IEC7816 等国际规范研究制定的开放技术标准，这几个城市包括比利时的布鲁塞尔、葡萄牙的里斯本、德国的康斯坦茨、法国的巴黎和意大利的威尼斯。在 INNOVATRON 公司的推动下，经过 10 年的研究和实践，成功发展为适用于公共交通应用的智能卡技术标准，为便于记忆，于 2000 年将该技术标准定名为 Calypso。芯片、卡片及终端等的检测及许可认证由位于巴黎的 INNOVATRON 公司负责。

2) CEPAS

CEPAS 是新加坡关于非接触电子钱包应用的国家标准，于 2006 年初正式发布，基于新加坡标准《SS 468:1999 储值卡应用技术要求》发展而来，兼容 ISO/IEC 7816、ISO/IEC 14443 等国际标准。

新加坡的城市公共交通一卡通由新加坡陆路交通管理局(LTA, Land Transport Authority)主管，EZ - Link 公司负责运营，其发行的 EZ - link 卡完全遵循 CEPAS 标准，可用于地铁、公交、出租车和便利店等场所的刷卡支付，2012 年发卡量超过 1000 万张。EZ - Link 与银行、城市道路收费(ERP)等均有合作。

国内相关标准与国外基本上同步发展，国外的应用和管理模式与国内不同，数据结构定义与国内应用需求不符。因此，国外的相关标准均不能直接用于中国。

### 1.3.2 国内城市公交 IC 卡相关标准现状

目前，国内城市公共交通 IC 卡应用尚没有一致遵循的标准，各地采用的技术标准主要包括 JR0009—1998 中国金融集成电路(IC)卡规范、CJ/T 166—2002 建设事业 IC 卡应用技术、JR/T 0025 中国金融集成电路(IC)卡规范、CJ/T 304—2008 建设事业 CPU 卡操作系统技术要求，以及各城市自定义的应用标准。

1) JR0009—1998 中国金融集成电路(IC)卡规范

即 PBOC1.0，由中国人民银行于 1998 年发布，兼容 ISO/IEC7816、ISO/IEC14443，定义了基于 CPU 卡电子钱包应用的详细要求，是公共交通 IC 卡应用最初的参考依据，对分段计费、分时计费的支持有一些欠缺，已在后续版本补充。

2)CJ/T 166—2002 建设事业 IC 卡应用技术

由建设部于 2002 年 6 月发布的开放标准,主要定义了基于逻辑加密卡的应用规范,同时参考 PBOC1.0,规定了基于 CPU 卡的应用规范,但无法满足一卡通应用不断发展的需求。部分城市的公交 IC 卡应用将该标准作为从 M1 向 CPU 卡升级的依据。

3)JR/T 0025 中国金融集成电路(IC)卡规范

即 PBOC2.0,由中国人民银行于 2005 年发布,于 2010 年修订。兼容 ISO/IEC7816、ISO/IEC14443 和 PBOC1.0,更好地支持分段计费和分时计费应用,是目前较为权威的开放标准。也是国内交通运输行业非现金支付标准所参考的主要标准,具有广泛的应用基础。

4)CJ/T 304—2008 建设事业 CPU 卡操作系统技术要求

由住建部于 2008 年 12 月发布。与目前被参考最为广泛的 PBOC 标准不兼容,且与前一个版本即 CJ/T166 -2002 不兼容。这使得很多城市困惑不已,尤其是那些已经或正准备依照 CJ/T166 开展升级的城市。

5)各城市自行定义的应用标准

由于种种原因,很多城市无法严格按照上述标准之一进行开发,于是自行定义了详细的应用标准,有着各种差异。绝大多数城市之间或多或少都有差异。

6)住建部公共交通 IC 卡相关标准

2010 年 4 月 20 日,住建部发布公告,正式批准《城市公用事业互联互通卡密钥及安全技术要求》为城镇建设行业产品标准,标准号:CJ/T 333—2010,自 2010 年 10 月 1 日起实施。住建部 IC 卡的国家标准见表 1-4。

**住建部 IC 卡的国家标准** 表 1-4

| 标准号 | 标准名称 |
|---|---|
| GB/T 14916 | 识别卡物理特性 |
| GB/T 16649 | 识别卡带触点的集成电路卡 |
| GB/T 17554 | 识别卡测试方法 |
| GB/T 18239 | 集成电路(IC)卡读写机通用规范 |
| GB/T 18336 | 信息技术安全性评估准则 |

7)交通运输部公共交通 IC 卡相关标准

2012 年 12 月,交通运输部就《公共交通 IC 卡技术要求》和《公共交通 IC 卡读写终端技术要求》两项技术标准面向社会公开征求意见。标准规定了用于城市公共交通非现金支付的 IC 卡(包含 CPU 用户卡和 PSAM 卡)的技术要求及基本交易流程和测试方法,车载 IC 卡读写终端的通用性要求、硬件技术要求、基本功能要求以及终端交易流程和试验方法等。

### 1.3.3 全国公共交通 IC 卡标准统一的意义

1)统一规划,优化资源

按照“统一规划、分步实施”的原则,已建设公共交通 IC 卡系统的城市可在原有设备和系统基础上进行升级改造,能够最大限度节省前期投资;尚未建设公共交通 IC 卡系统的城市,可避免未来出现重复建设和资源浪费的情况。通过统一配置的原则,可达到优化资源的目的。

2)加快推进城市公共交通信息化发展

建立统一技术标准,搭建互联互通平台,不仅有助于清除市内和各城市之间的支付障碍,还可以通过该平台实现公交信息的共享和利用。一卡通技术标准的统一将公交信息的交换和融合变得更为智能,信息的流动变得更畅通,进一步加快推进城市间公共交通信息化的发展。

3)提升公众搭乘体验

公共交通 IC 卡实现互联互通之后,出行乘客在各城市刷卡乘坐公共交通工具,可享受当地的优惠服务,感觉就像在本市一样,体现了“以人为本”和“用户至上”的管理理念。提高服务水平,提升用户感受,是构建和谐社会的重要措施。

4)推动公共交通行业持续发展

制定开放的城市公共交通 IC 卡系统技术要求,让行业主体有明确的依据,促进公共交通系统信息化建设的健康发展。通过制定和完善关键产品的标准、检测体系,形成公正、公开、透明的市场环境,有利于城市公共交通 IC 卡行业应用的健康和持续发展,也有利于城市一卡通产业形态的构建。

5)促进综合运输体系建设

作为加强城市客运管理的必要手段,实施公共交通 IC 卡互联互通之后,可进一步将一卡通的服务范围扩展至长途客运、城际列车、高速铁路、水路、航空等交通方式,实现城市间基础交通设施互通服务的无缝衔接,利用交通信息化手段促进综合运输体系的建设。

## 1.4 城市公共交通一卡通系统未来发展趋势

我国 IC 卡市场经过十几年的发展,目前进入到发展的调整阶段,虽然存在着一些问题,但总体发展趋势已经在朝着良好的局面前进。展望未来几年我国的 IC 卡市场状况,前景将更加美好。具体将体现在以下几个方面[18]:

(1)扩展至公共服务领域。公交 IC 卡除了对公共交通出行链的全覆盖外,随着业务创新和拓展,未来 IC 卡将会广泛应用于公共服务领域的各行各业,成为人们出行、消费、缴费等项目必备的电子支付工具。

(2)拓展至互联互通领域。为了适应人们日益频繁的跨区域出行需求,未来的公交一卡通将突破行政区域的限制,实现城际一卡通系统之间的融通对接,消费结算互认,逐步统一至全国一卡通平台,异地公交消费无缝连接。

(3)与手机终端结合。手机普及和便携的特点与公交 IC 的公共属性的结合无疑是 IC 卡未来发展的新方向。手机既可以作为消费的终端,也可以成为充值、转账及查询设备,实时监测 IC 的交易状态,为公交 IC 使用者带来前所未有的消费体验。

(4)与银行卡融合。公交 IC 卡与银行卡的融合有效地解决了充值网点少的问题,减少管理费用;同时也为公交卡进入其他支付领域创造条件;并且可以减少大量的发卡成本,节约费用。无论对于公交行业抑或银行机构都是一个新的业务增长点。

(5)校(企)一卡通。信息化、数字化管理将是未来校(企)发展的必然方向。校(企)数字化是校(企)信息化的高级阶段,是网络经济时代校(企)运作的重要特征。IC 卡系统是校(企)信息化、数字化建设中有机的、重要的组成部分,可以为校(企)数字化管理提供更全面的数据采集平台;结合校(企)的信息管理系统和网络,为校(企)管理人员提供具有开放性、灵活性的应用服务管理平台;并且为校(企)全体职工带来一种全新的、方便的现代化工作方式。

(6)应用于政府机构、企业身份识别和存取管理等方面。这种卡是在信息和信息化基础设施共享的同时,保证系统和信息安全的重要措施。它基于 PKI 技术,满足信息的真实性、完整性和不可否认性的要求,保证系统和信息安全,以求不同身份的用户共享信息,各取所需。

(7)信息增值服务。从各个终端收集而来的数据在中心系统存储集合,通过智能化设备模块对这些大数据进行分析和挖掘,为政府部门制定决策、公交企业完善管理提供了数据支持。推进 IC 卡应用的目的在于推进国民经济与社会信息化,提高行业管理水平,方便持卡人。因此,应面向市场,充分利用 IC 卡信息管理系统的信息资源,向社会各界提供各种信息增值服务。

# 第2章　城市公共交通一卡通系统体系架构

城市公共交通一卡通系统综合了计算机技术、现代通信技术、网络技术、自动控制技术、非接触式IC卡技术、机电一体化技术、大型数据库技术、传感技术、模式识别技术以及精密机械技术等多项高新技术以及已经在全国各城市有不同程度的应用。城市公共交通一卡通系统实现了购票、检票、计费、收费和统计的全过程自动化。

在公共交通一卡通系统的总体设计上，应充分考虑城市公共交通一卡通发展的现状以及未来系统扩展的需求，采用多接口、开放式框架设计。根据公共交通一卡通的实际应用情况，从可靠性、可管理性、可扩充性、开发性和安全性等角度出发，再结合系统实现过程中可能会涉及的各种配套系统，整体设计架构多采用客户/服务器的体系结构，用以方便解决界面复杂、保密性、安全性等需要，以及数据库修改操作等需求，其次还可以根据用户要求定义数据库。

在系统软件规划方面，进行应用程序的设计和开发时，多采用站点与构件的组合方式，以期实现不同的业务对应不同的功能模块。并且，每个操作人员和用户在访问某一个系统时，站点上仅出现其权限范围内的应用和相关处理数据。再通过系统的定制功能，可以提高系统的友好性和安全性[19]。

图2-1和图2-2分别为系统的网络拓扑图和结构图。

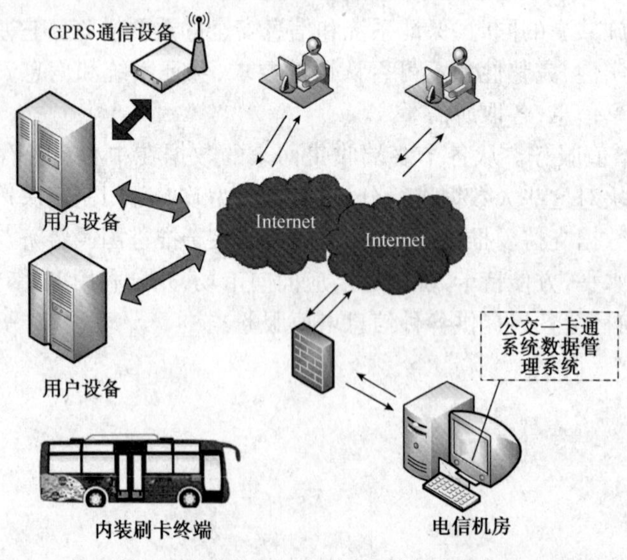


图2-1　城市公共交通一卡通系统网络拓扑图

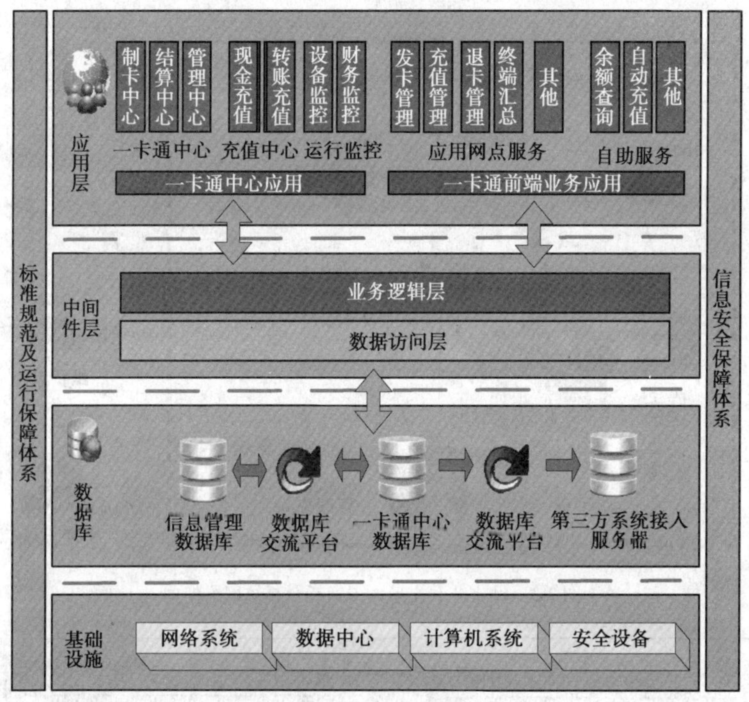


图 2-2 城市公共交通一卡通系统结构图

## 2.1 概述

一般来说,城市公共交通一卡通后台系统是由发卡系统、充值系统、消费系统、客服系统、清算系统、结算系统、密钥管理系统和测试维护八大部分组成(图 2-3、图 2-4),各个部分的功能简单介绍如下。

(1)发卡系统:对空白票卡进行初始化,使空白卡变为可用的公交 IC 卡。

(2)充值系统:联机模式,负责对公交票卡进行充值。

(3)消费系统:消费终端及子系统管理平台。

(4)客服系统:提供票卡充值、退卡和故障卡换新卡等客户服务功能。

(5)清算系统:对客服、充值、消费和票卡发行等各类公交卡数据进行检查,对有效数据按区域进行清分。

(6)结算系统:提供各合作单位各类业务的结算、对账业务及报表。

(7)密钥管理系统:密钥系统主要是进行 PSAM 卡、ISAM 卡及其他密钥相关的管理卡的发行及管理。

(8)测试维护系统:包含各个系统及设备的监控、测试和维护。

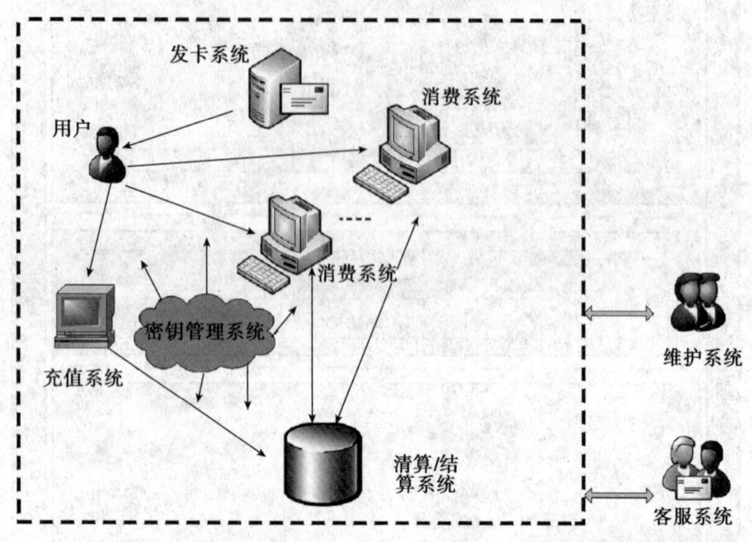


图 2-3　城市公共交通一卡通后台系统网络架构

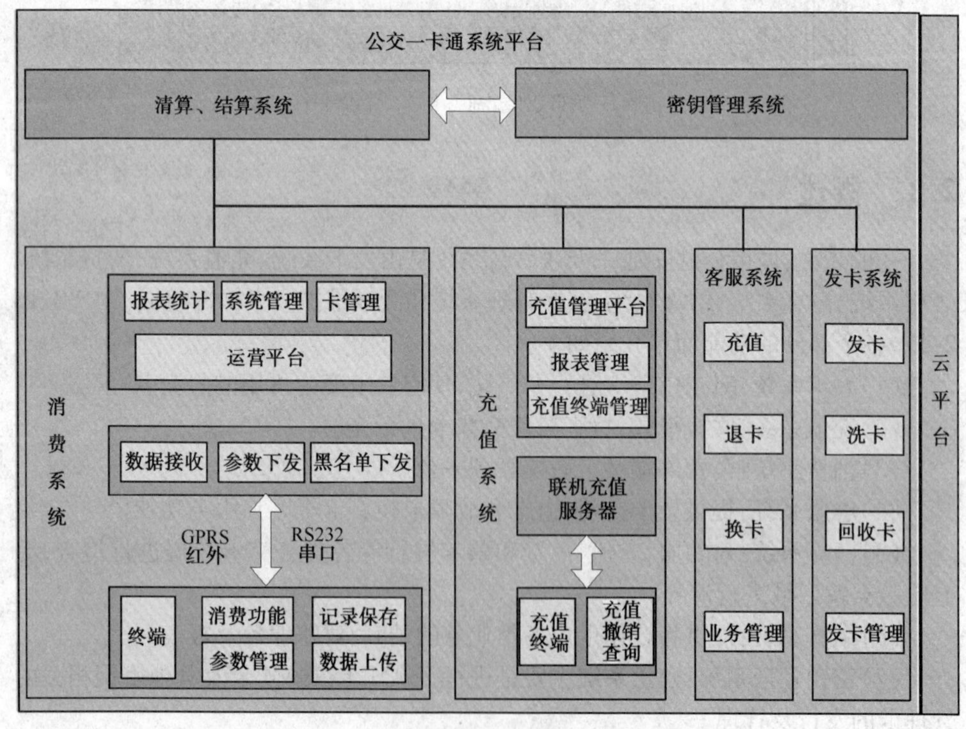


图 2-4　城市公共交通一卡通系统功能平台

## 2.2 城市公共交通一卡通发卡系统

### 2.2.1 发卡系统的功能与架构(图2-5~图2-7)

IC卡发卡系统主要完成IC卡的发行以及管理,是公共交通一卡通系统的重要组成部分。IC卡发行主要包括IC卡的制造和IC卡的初始化/个人化。IC卡发卡系统要尽量使发卡的流程简化,提高发卡速度,增强发卡的安全机制。

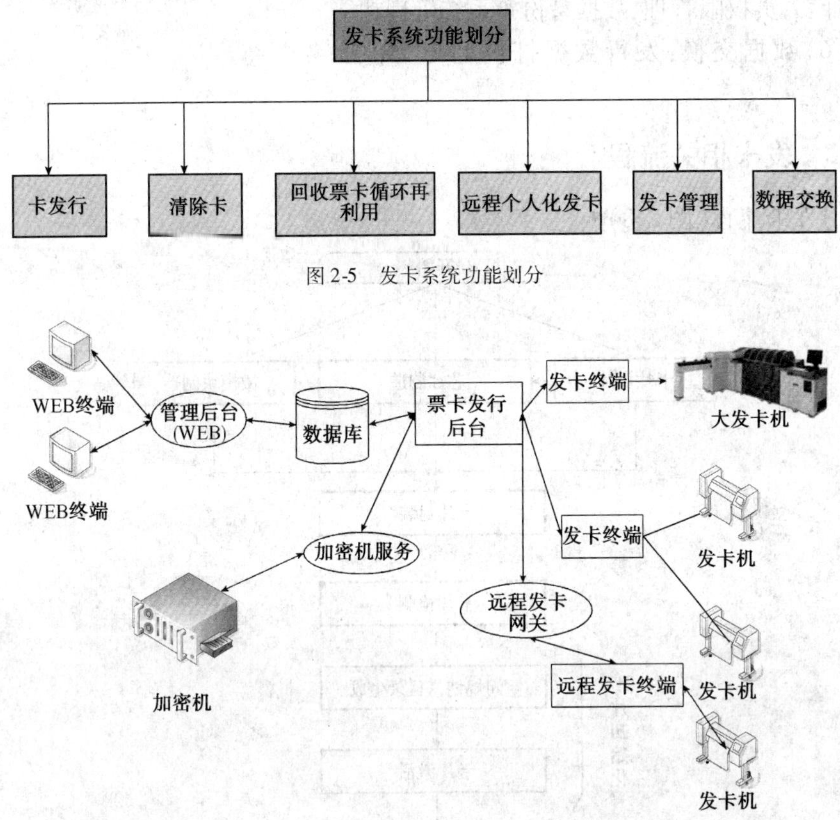


图2-5 发卡系统功能划分

图2-6 发卡系统架构

主要功能描述:

(1)票卡(即IC卡)发行:可为各地市发行各种类型用户卡:普通票卡、员工卡、老人卡、学生卡、残疾人卡等。

(2)清除票卡:主要用于向卡厂商退卡时,清除票卡上要删除的所有写入的数据,变成空白卡。

(3)回收票卡循环再利用:对无质量问题、卡面整洁完好并且通过客户服务系统做了相应退卡操作的票卡进行洗卡、再次发行。

(4)远程个人化发卡:发卡系统提供远程发卡的接口,为各地区提供个性化的发卡服务,为制卡商提供远程发卡功能。

(5)发卡管理:票卡发行计划管理、发行情况查询、发行统计、人员权限管理、数据备份等系统管理功能。

(6)数据交换:发行数据打包上传文件服务器待清算。

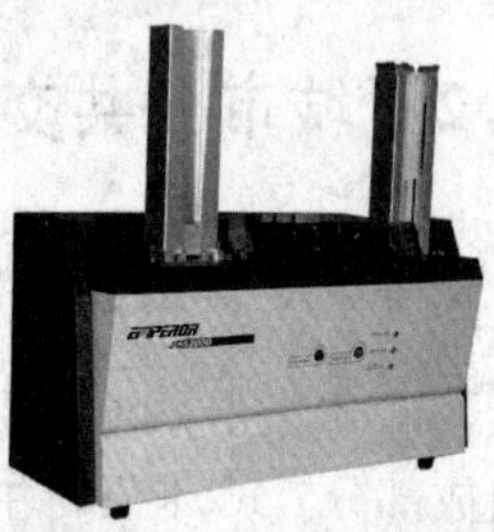

图 2-7 高速非接触式 IC 卡发卡机

## 2.2.2 发卡相关流程

1)发卡流程(图 2-8)

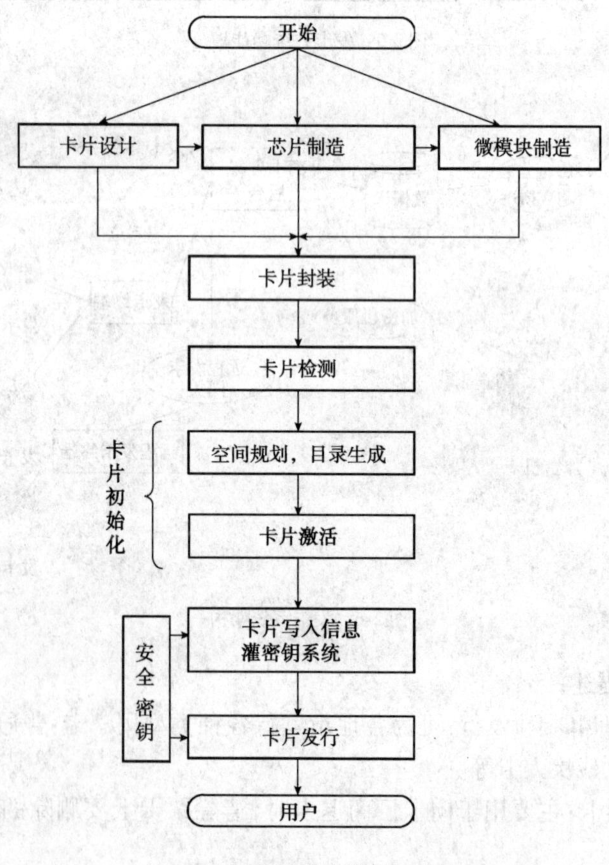


图 2-8 发卡流程

如图 2-8 所示,发卡流程一般可以分为 7 个部分,包括卡片设计、芯片制造、微模块制造、卡片封装、卡片检测、卡片初始化及卡片发行等。以下将就发卡过程的每个部分进行介绍。[20]

(1)卡片设计

卡片设计包括以下四个方面:卡内系统的设计、卡内智能卡模块电路的设计、相对应的应用软件系统的设计和卡面形象设计。其中前三个部分和模块电路系统是整个 IC 卡应用系统的核心。智能卡要想达到功能和发行应用,前三个部分系统的设计是必不可少的,属于核心功能模块,而卡面设计则体现发行方宣传和市场的需求并结合当地文化特征。

(2)芯片制造

IC 卡内部芯片是一块圆片,它是这个芯片制作的重心。圆片大小的确定和内部模块电路的设计都是芯片制作的重要过程。分为圆片制作、圆片电路制作、测试和完善圆片等过程。

(3)微模块制造

微模块是 IC 卡系统内部的小模块的简称,制作微模块时将预先制作好的芯片嵌入印刷电路板中,与多个微模块组成一个完整的 IC 卡芯片应用系统。微模块属于独立的功能模块,可自由裁剪组合,一般用于芯片的功能扩展,非常灵活地与芯片组合在一起,发挥特殊的功能。

(4)卡片封装

将多个微模块嵌入印刷电路板并封装成完整卡片,就完成了整个卡内的物理结构。

(5)卡片检测

利用带测试程序的计算机控制探头测试圆片上的每个芯片。在有缺陷的芯片上做标记,在测试合格的芯片中写入制造厂代号等信息。运输码也可在此时写入。运输码是为了防止卡片从制造厂运输到发行商的途中被窃而采取的防卫措施,是仅为制造厂和发行商所用的密码。发行商接收到卡片后要首先核对运输码,如核对不正确,卡将自锁,烧断熔丝。

(6)卡片初始化

IC 卡物理结构完成后,还算不上真正的 IC 卡,要完成内部系统的安装和卡片信息初始化才算完成制作。在这一过程中,包括了卡片空间规划和目录结构的生成,并通过 IC 卡读写器或者读卡器完成对卡片内部信息的读写,激活 IC 卡的系统应用。

IC 卡的初始化过程:先核对运输码。若 IC 卡为逻辑加密卡,运输码可由制造厂写入用户密码区,发行商核对正确后改写成用户密码,在此时可进行写入密码、密钥、建立文件等操作。操作完毕后,将熔丝烧断。此后该卡片进入用户模式,而且永远也不能回到以前的工作方式,这样做也是为了保证卡片的安全。

在IC卡消费过程中,IC卡内部数据的安全性至关重要,一般IC卡采用读写密钥来控制IC卡内部数据的读写权限。也就是说,要保证IC卡密码的应用安全,就必须有一个安全可靠的密钥管理来进行IC卡的安全初始化。[21]

(7)卡片发行

IC卡完成激活后,发行商通过特殊的读写设备对其进行个人化处理,根据应用要求写入一些信息。完成以上这些过程的卡,就成为一张能唯一标识用户的卡,即可交给用户使用。

2)制卡流程(图2-9)

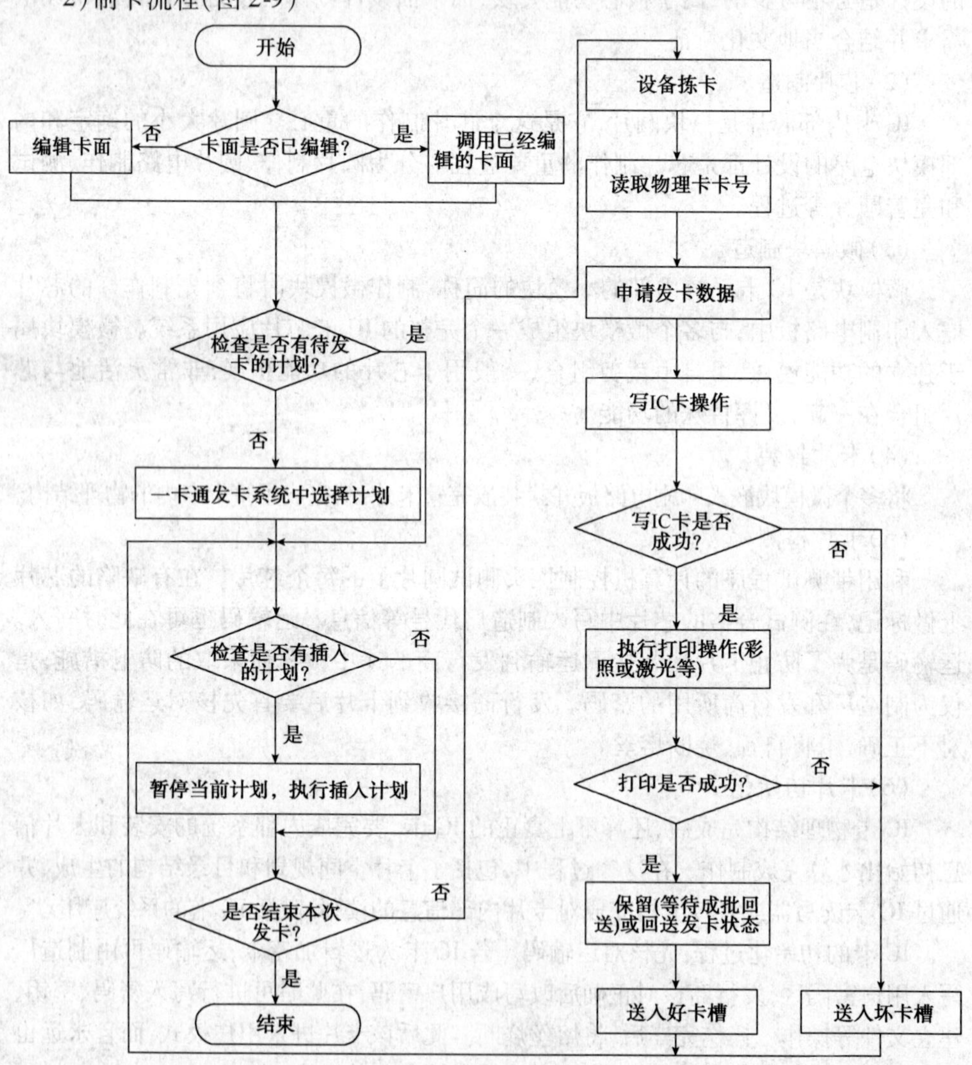


图2-9 IC卡制卡流程

3）卡初始化流程（图2-10）

4）消费卡的初始化（图2-11）

消费卡的初始化应用密钥的分散生成机制。用户卡的读写应用维护密钥，是根据母密钥对用户卡上的序列号进行分散生成，由于每张卡的序列号是唯一的，因此能够做到“一卡一密”。

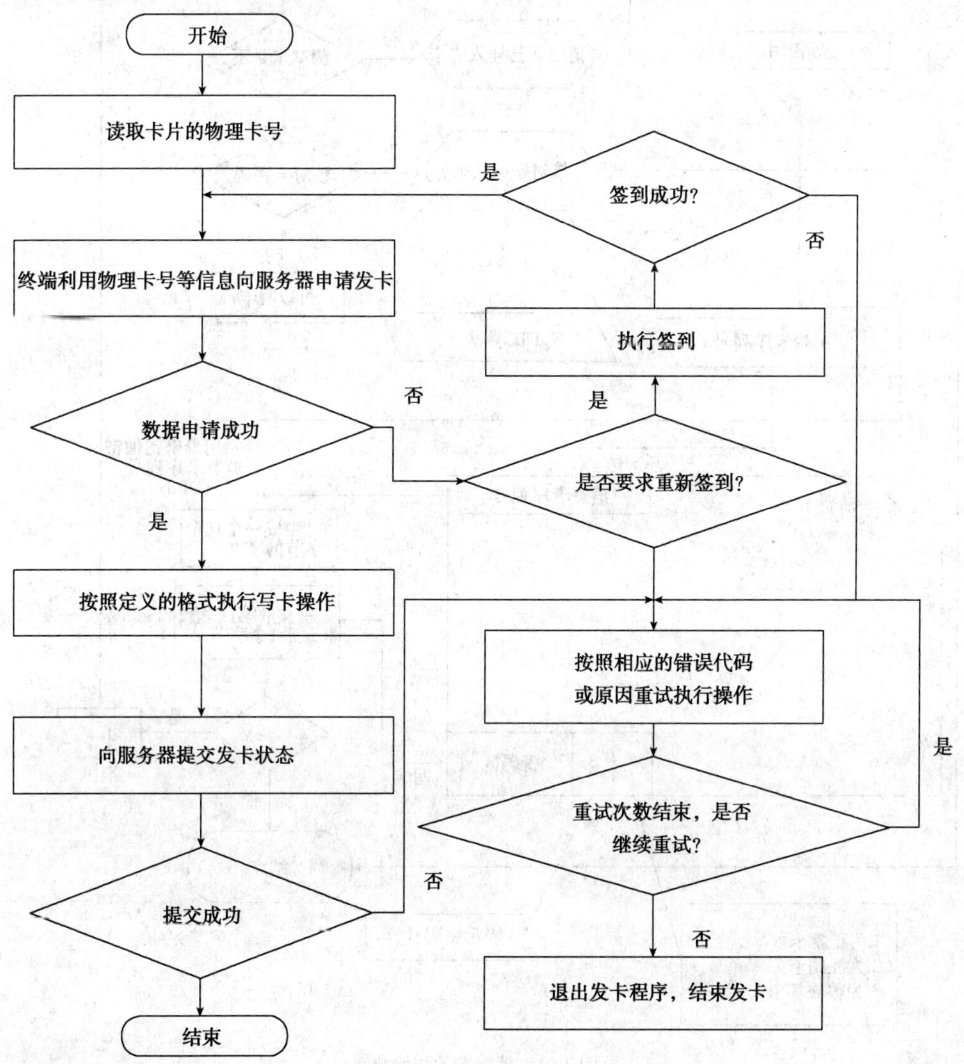


图2-10　IC卡初始化/个人化的流程

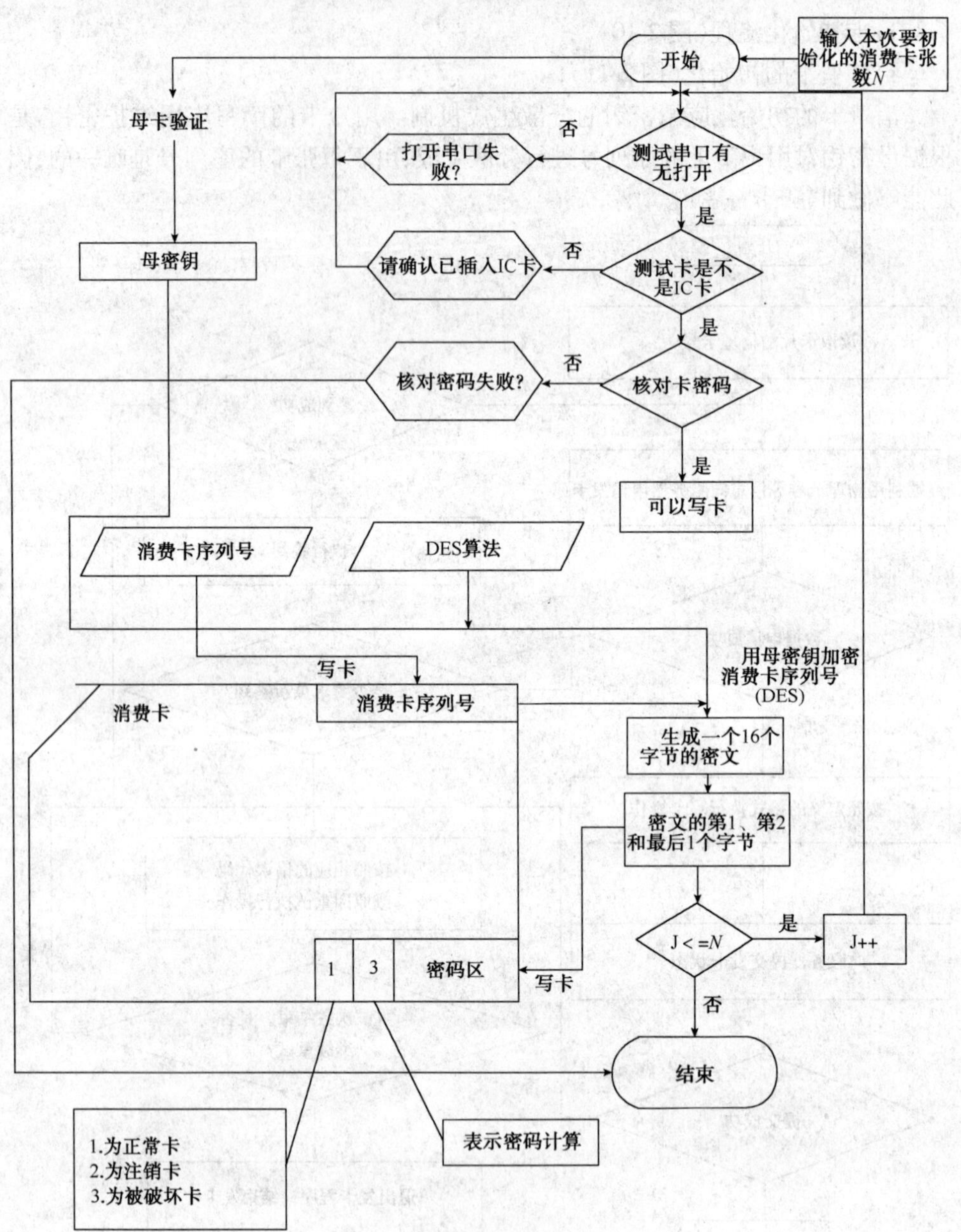


图 2-11　消费卡的初始化

## 2.3 城市公共交通一卡通充值系统

充值系统是城市公共交通一卡通系统的重要组成部分，主要功能是实现持卡用户为智能卡充值、查询功能。为了更好地适应用户的多样性需求和方便用户实现便捷操作，相应推出不同的充值方式，分别有联机充值、自动充值和网上充值（图2-12）等。

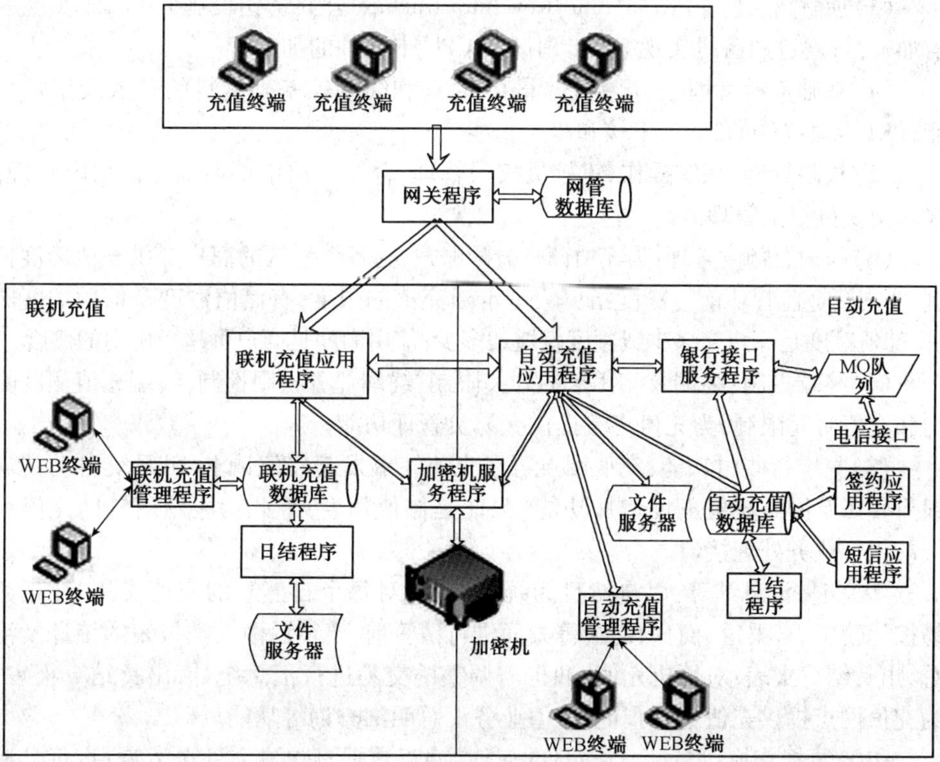

图2-12 联机/自助充值系统总体架构

### 2.3.1 联机充值系统（图2-13）

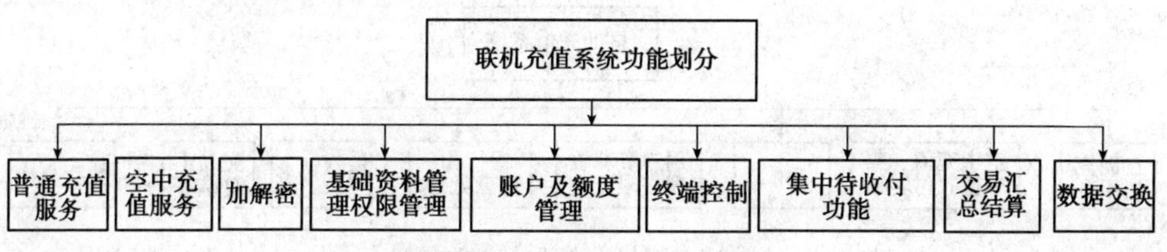


图2-13 联机充值系统功能框架

系统功能描述

(1)普通充值服务:为用户卡提供充值和信息查询服务(为终端设备的充值提供完整的交易服务流程,实现对终端设备的身份认证、终端监控、票卡密钥计算、充值业务管理等功能,是面向服务,实现现场控制的最终表现)。

(2)空中充值服务:为电信、移动和联通等合作运营商与一卡通联名卡用户提供便利的手机菜单充值功能。

(3)加解密:通过 PKI(Public Key Infrastructure 公共密钥设施)卡认证实现通信加解密;通过加密机实现 M1 卡扇区和 CPU 卡文件的加解密。

(4)基础资料管理:运营中心、渠道、商户和终端等基础资料的录入及审核功能;PKI 卡对终端的绑定、审核和启用功能。

(5)权限管理:系统操作、审核员权限管理;合作单位申请系统查询权限管理;终端交易员权限管理。

(6)账户及额度管理:为充值商户分配账户,为各个地区的商户提供充值额度控制,实现资金监管功能。额度指可为一卡通充值的限度,有储值额度及信用额度两种:储值额度是商户交多少钱额度就增加多少;信用额度是商户可超额使用的额度。

(7)终端控制:终端及 PKI 卡的开关限制,终端业务权限控制,终端充值额度限制和充值时间限制,为充值终端提供交易员管理功能。

(8)集中待收付功能:充值网点可在充值终端发起授值请求,由系统自动实现银行转账及网点充值额度增加功能(只能是储值额度)。此功能调用自助充值系统的银行业务处理接口。

(9)交易汇总结算:以自然日为统计单位,对每个自然日的充值交易、冲正交易按运营中心、渠道、商户、终端等方面进行清算前、清算后两大类报表的统计及汇总,出具结算报表;对历史充值、冲正需调整的交易进行汇总统计,出具结算报表。为充值网点提供充值记录查询、充值业务汇总明细查询等功能。

(10)数据交换:将每个自然日的充值、冲正数据打包成文件送清算;将每日清算返回的文件入库,比对核查每笔交易的清算情况。

### 2.3.2 自助充值系统(图 2-14)

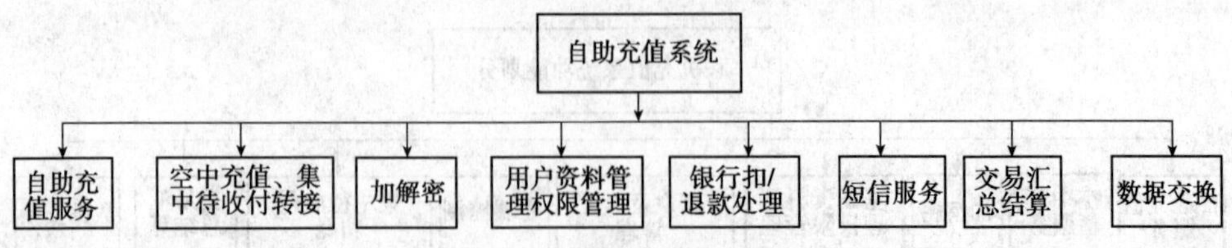


图 2-14 自助充值系统功能框架

系统功能描述

(1)自助充值服务:通过用户银行卡和一卡通的绑定,用户在自助充值终端为一卡通卡片做自助充值服务时,不需操作银行卡。

(2)空中充值、集中待收付转接:为联机充值系统提供空中充值、集中待收付的银行接口。

(3)加解密:通过 PKI 卡认证实现通信加解密;通过加密机或后台 ISAM 卡实现 M1 卡扇区、CPU 卡文件的加解密。

(4)用户资料管理:处理银行接口提供的用户签约、解约服务;用户卡暂停、恢复服务;用户卡激活服务。

(5)权限管理:系统操作、审核员权限管理。

(6)银行扣/退款处理:用户充值时,根据相关的业务规则进行用户签约账户扣款(通过银行接口);充值不成功或其他业务需要时退款给用户的签约账户(通过银行接口)。

(7)短信服务:通过短信接口向用户或其他人员发送手机短信。

(8)交易汇总结算:以自然日为统计单位,对每个自然日的充值交易、冲正交易按银行进行清算前、清算后两大类报表的统计及汇总,出具银行结算对账报表。

(9)数据交换:将每个自然日的充值、冲正数据打包成文件送清算;将每日清算返回的文件入库,比对核查每笔交易的清算情况。

### 2.3.3　互联网充值系统

互联网充值系统整体依托互联网络组建业务环境(图 2-15),采用 TCP/IP 面向连接的通信方式实现网上支付系统与家用计算机的连接。该一卡通持卡人通过使用充值设备,与计算机或手机等网络终端连接,登录网充系统,便可以依托全国各大银行网银支付等资金合作方为一卡通卡充值、查询余额,并完成与账户、终端、发卡机构的资金清分结算等功能。

个人计算机增加即插即用接口提供与 IC 卡交互的能力,而网充终端提供 IC 卡应用的安全控制。家用计算机通过浏览器,借助即插即用终端与网上支付系统的 Web 服务器进行交互实现一卡通业务。

即插即用终端是实现一卡通电子钱包网上支付的必要实体介质。即插即用终端具有读写一卡通电子钱包的能力,即插即用终端捆绑在线账户。在线账户是实名制,即插即用终端也是实名制。每个个人或企业实体可以凭借有效证件申请即插即用终端,并开设与即插即用终端关联的在线支付账户。用户也可以先开设在线账户,单独使用在线账户的网上支付功能,随后再申请即插即用终端,做在线账户和机具的关联[22]。

互联网充值流程(图 2-16):

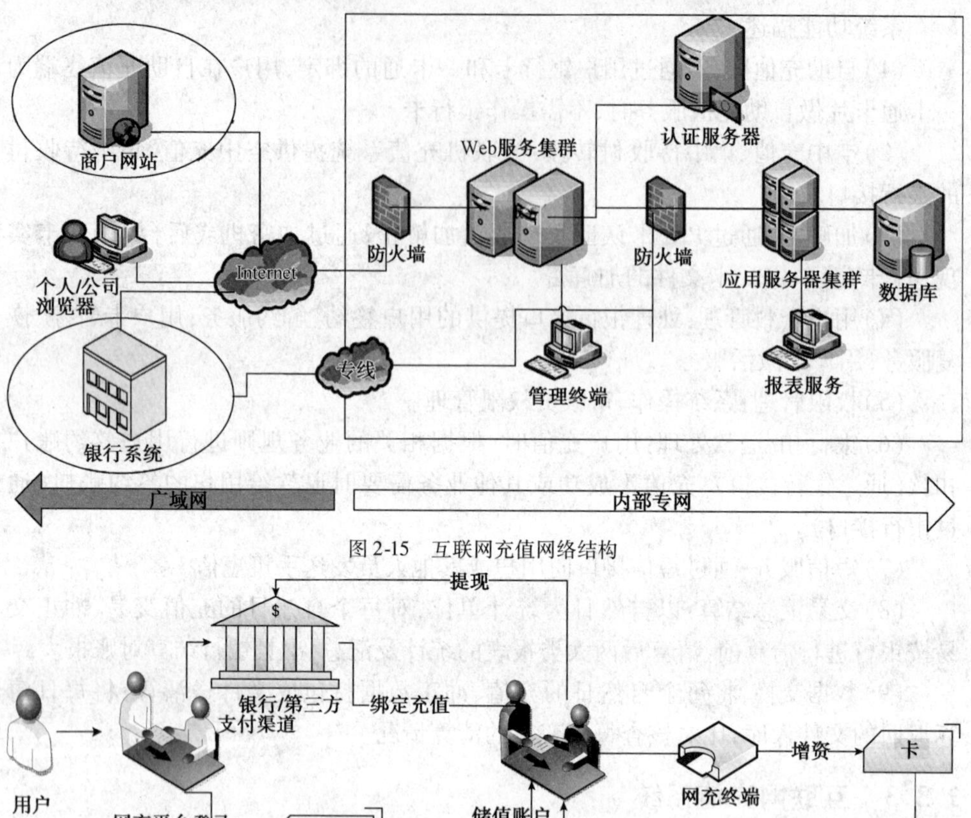


图 2-15　互联网充值网络结构

图 2-16　互联网充值流程图

（1）用户根据账户类型，登录网充平台；

（2）用户通过银行或第三方支付渠道、充值卡等形式，为储值账户进行储值，完成储值账户支付密码的设置、一卡通卡绑定和终端设置等功能。

（3）用户通过储值账户对终端进行识别设置，输入充值信息，并完成卡的充值和账户的减资。步骤如下：

①接入终端，进行终端识别设置确认；

②用户通过充值终端读取卡信息，下达充值指令，输入账户支付密码，向储值账户发出减资指令；

③充值终端收到确认储值账户减资完成后，向卡写入充值金额，完成充值。

（4）提现。储值账户提供用户提现功能，提供将储值账户款向绑定银行账户（或第三方支付账户）转款服务，并按提现金额向用户收取一定手续费，步骤如图 2-17 所示。

①用户通过银行网银、充值卡或第三方支付渠道，向一卡通储值账户进行储值；

②用户使用储值账户的金额为卡充值,同时储值账户的额度进行扣减;

③一卡通公司对充值金按充值卡的发卡公司进行统一清算;

④一卡通公司清算后金额,从储值账户往各发行公司账户进行充值金划账结算。

储值
(T+1)
储值账户
(开户地1)
储值账户减资，划账入地市账户
第三方支付渠道
实现充值
清算
T+1
充值金清算
结算T+N
(不低于T+3)
发卡公司结算账户
用户
储值
(T+1)
储值账户
(开户地2)
储值账户减资，划账入地市账户
银行
(结算中心)

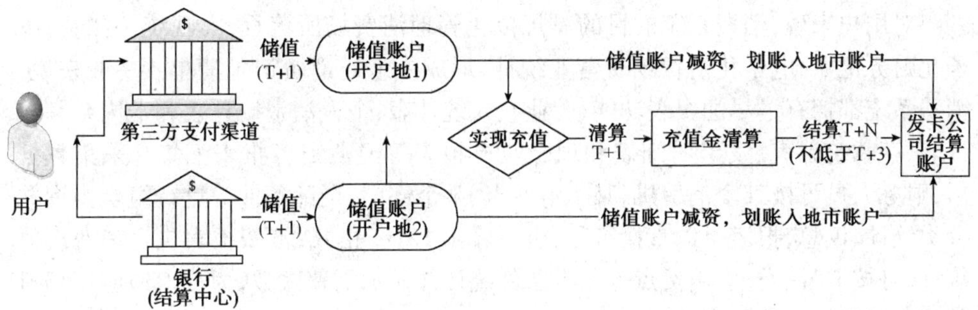

图 2-17 充值金作业流程

## 2.3.4 充值相关流程

1)联机充值通信会话流程(图 2-18)。

2)顾客充值流程(图 2-19)

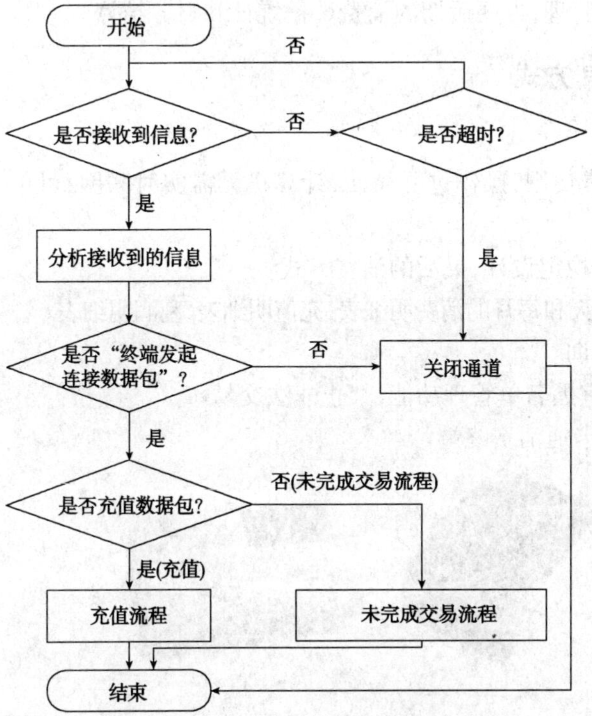

开始
否
是否接收到信息?
否
是否超时?
是
分析接收到的信息
是
是否"终端发起连接数据包"?
否
关闭通道
是
否(未完成交易流程)
是否充值数据包?
是(充值)
充值流程
未完成交易流程
结束

图 2-18 联机交易处理子系统流程图

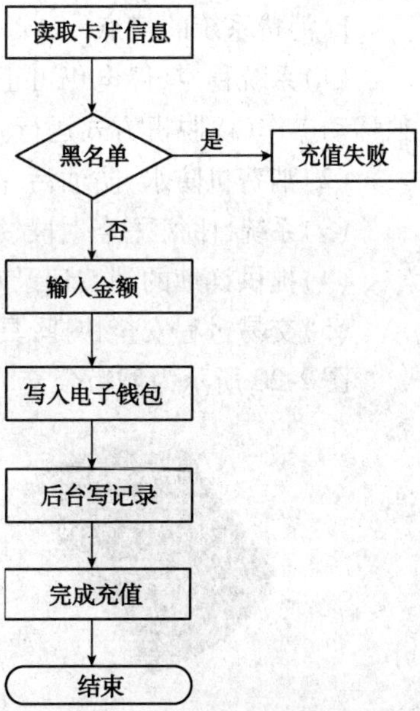

读取卡片信息
黑名单
是
充值失败
否
输入金额
写入电子钱包
后台写记录
完成充值
结束

图 2-19 顾客充值流程

## 2.4 城市公共交通一卡通消费系统

对用户来说,消费系统的目的是规范化管理消费场所流程,实现统一扣费、电子化财务记账、电子化消费场所营业统计,形成一卡通消费记录清单。一般来说,消费系统都拥有详尽的报表功能,营业收入统计表、个人消费统计表和卡内余额统计表、存款统计表、发卡明细表和现金收支报表等经典财务报表汇集。采集数据后,财务人员可按某个消费机、某个消费点、某个部门、全部条件等进行组合查询并分类统计、汇总,报表可以直接打印,也可输出 Excel 格式;消费报表包含消费次数统计,可按卡号、类型、消费点等分类条件统计并显示消费次数,为一卡通应用场所数据分析提供决策依据[23]。

消费系统采用非接触式智能卡系统实现公交、停车场、轮渡、出租车、商场及便利店等收费功能的一卡通综合管理系统。当消费时,只需出示已充值的 IC 卡在收费机感应区的有效距离内,便可完成消费支付。消除了传统的消费支付方式中可能发生的种种弊端,即加快了交易速度,改善了消费方式,提高了用户体验,加强了系统的安全性,又有利于智能化管理,方便后期的消费数据统计和财务结算。

### 2.4.1 消费系统的特点及其方式

1)消费系统的特点

(1)系统稳定,停电仍可正常使用,操作过程简便,计算机无需实时联网,可单独移动操作(以脱机方式运行)。[24]

(2)消费机防水、防油污、高稳定设计,灵活的消费方式。

(3)系统自助汇总各时段、每天和每月的消费明细表,充值明细表,利润明细表。

(4)提供详细的消费记录查询。

(5)交易过程安全快捷,具有黑名单管理功能,禁止非法交易。

图 2-20 所示为城市公交一卡通消费终端。

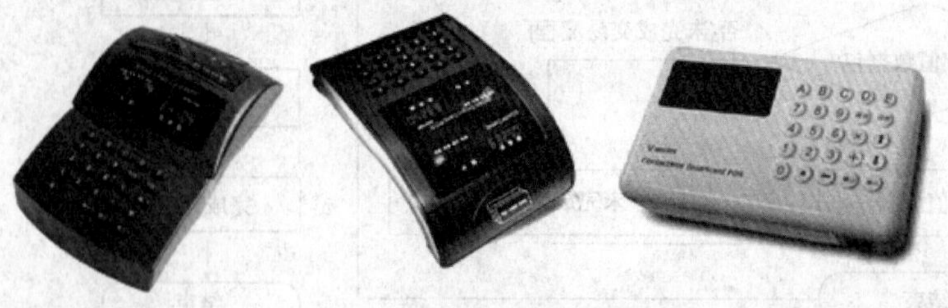

图 2-20 城市公共交通一卡通消费终端

2)消费方式

(1)单价方式消费

输入单价相应的数字键,如按“确认”键,听到连续“嘀”声后,在感应区的有效距离内出示用户卡,当听到“嘀”声停止,收费完毕,此时余额显示屏显示扣除本次消费金额后卡内的余额,消费额显示屏显示本次消费金额。

(2)编号消费方式

先设定相应的数字键,消费时操作员只需按下相对应的数字按键即可(例如1号键代表是1.8元/份,2号键是2.6元/份,4号键是5元/份等,可设定10组单价数值)。消费编号输入结束后,按“确认”键,听到连续“嘀”声后,在感应区的有效距离内出示卡,当听到“嘀”声停止,收费完毕,此时余额显示屏显示扣除本次消费金额后卡内的余额,消费额显示屏显示本次消费金额。

(3)定值消费方式

在消费机上设定一个窗口的固定消费金额。用户直接刷卡,操作员无需按任何键,消费机自动扣减本次消费额,此时余额显示屏显示扣除本次消费金额后卡内的余额,消费额显示屏显示本次消费金额,这种方式多用于城市公共交通工具的支付项目上。

(4)记次分时段消费方式

一天可分为若干个时段,每时段只能消费一次,时段可通过上位软件来设定。重复刷卡消费,消费机显示屏显示错误代码,提示已超出该时段刷卡次数。不在消费的时段刷卡时,余额显示屏有提示信息。此记次消费的方式广泛用于企业、工厂、行政单位等补贴性消费。

图2-21所示为消费系统架构。

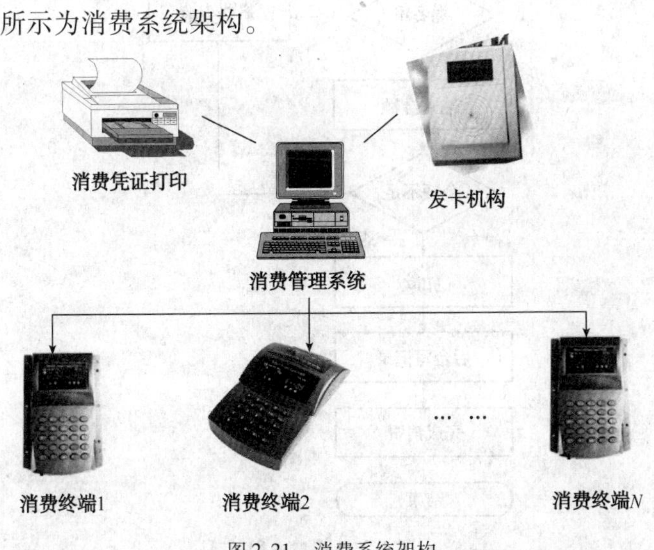


图2-21 消费系统架构

### 2.4.2 消费系统的架构与功能(图 2-22)

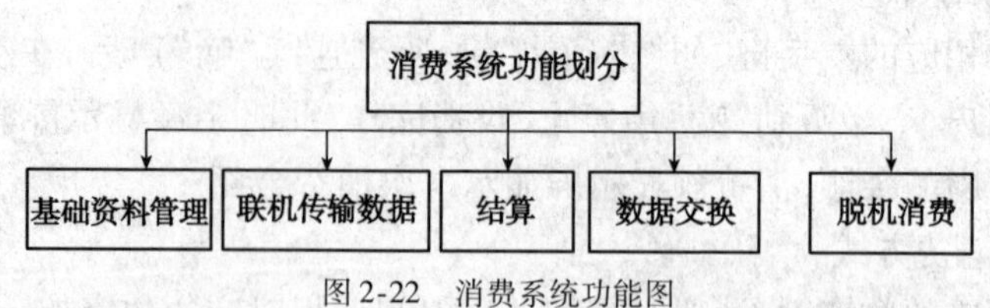


图 2-22 消费系统功能图

功能描述

(1)基础资料管理:商户、终端、合同、PSAM 卡等资料管理。

(2)联机传输数据:脱机交易批上送、获取黑名单、上传捕获黑名单。

(3)交易汇总结算:以自然日为统计单位,对每个自然日的消费数据按商户等资料进行清算前、清算后数据比对,并出具统计及汇总报表;汇总出具结算单、服务费单、划款单和支付单等。

(4)数据交换:将每个自然日的消费数据打包成文件送清算;将每日清算返回的文件入库,比对核查每笔交易的清算情况。

(5)脱机消费(消费终端):一卡通卡消费及查询。

### 2.4.3 消费流程(图 2-23)

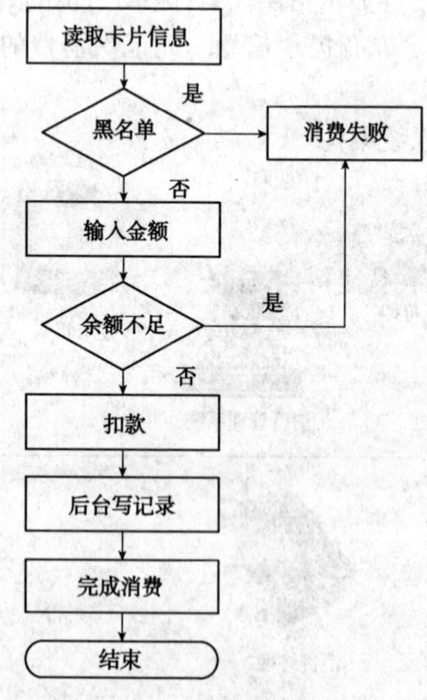


图 2-23 消费流程

## 2.5 城市公共交通一卡通清分/结算系统

清结算中心是整个系统的管理中心,也是系统的最高层次环节,主要完成系统的数据转换和清算等功能。它负责系统的统一规划、统一建设、统一标准、统一管理、统一发卡、统一清算、统一维护和统一监控,实现电子支付数据的传输、收集、认证、拆分、结算和划拨等环节。为了适应一卡通系统的要求,清结算系统一般要具有良好的自动化处理能力和服务能力。[25]

清算系统对于一卡通系统的总体有着极为重要的作用,在传统收费模式中,各交通应用和运营部门可以完全自主掌握运营的全部收入,在部署公交一卡通系统后,有相当一部分收入可通过一卡通清算中心结算的结果获得,因此有效实现清算的及时性、公正性和合理性;由于不同公共交通工具在运营和管理上具备鲜明的特征,对于清算系统而言,不仅需要解决正常交易过程中的及时清算和结账,同时特别需要通过有效的技术手段保证清算的安全、及时,解决因各种不可控因素产生的非正常交易、不完整交易及错误交易等问题。

1)清算系统的处理能力[26]

(1)非正常交易的处理

卡片在A交通工具的逃票在B交易工具上处理后的合理分账,入口/出口数据不符、特殊交易方式的分账等,需要在技术上分析非正常交易的各种原因并分别予以处理,同时兼顾考虑总体清算和管理规则。

(2)交易数据的审计和重复交易数据的甄别

清算系统不仅要求对交易数据进行结算,还需要按顺序对原始交易数据进行审计,如重复判定、TAC检验、交易逻辑判定、卡合法及账户判定、交易金额判定等,对一卡通系统而言,由于各交易运行系统的实时差异,如何有效识别交易数据是否重复成为清算系统的重要内容之一。

(3)清算业主账户和公交卡账户的协同管理

在一卡通系统发卡达到一定规模后,将会出现一人购买或使用多张卡的情况,要求清算中心可以实现有效的管理。

清算系统对于行业应用需求的充分适应,如在地铁应用中,可能出现正常交易模式、紧急交易模式、大客流交易模式等不同情况,而这些交易必须在清算系统中及时正确地予以区分处理。

非正常交易数据/非正常资金数据的处理:所谓非正常资金数据是指电子交易与实际资金数据不符。由于系统交易数据传输和资金数据传输的时间差,需要确定当交易数据不完整(或不匹配)时的处理,同时要求清算中心予以明确。

清算系统中适应系统管理、清算规则和业主要求的变化而建立起版本管理和版本生效机制。

(4)突发事件的应急处理

除上述所列明的关键问题及技术解决方案外，公共交通一卡通系统还需要对不同应用需求和用户需求建立合理的系统网络结构和服务结构，特别需要满足在系统不断增长和用户不断发展的条件下的系统适应能力。

2)清算系统的结构、功能和流程

(1)系统框架和结构

清算系统整体功能框架如图 2-24 所示，系统架构如图 2-25 所示，图 2-26 为系统网络拓扑结构。

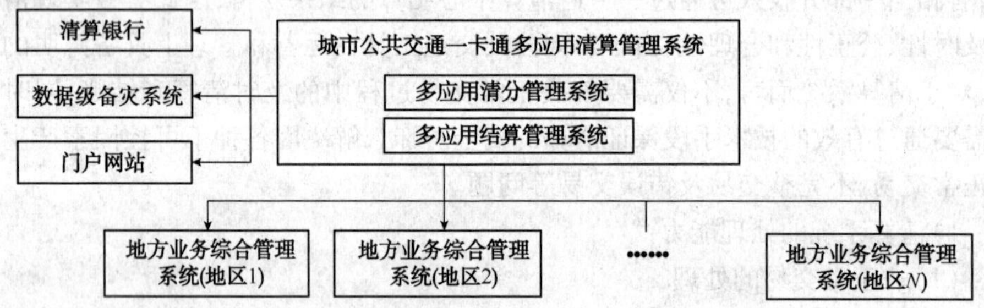


图 2-24 跨区域多应用的公共交通一卡通清算系统整体功能架构

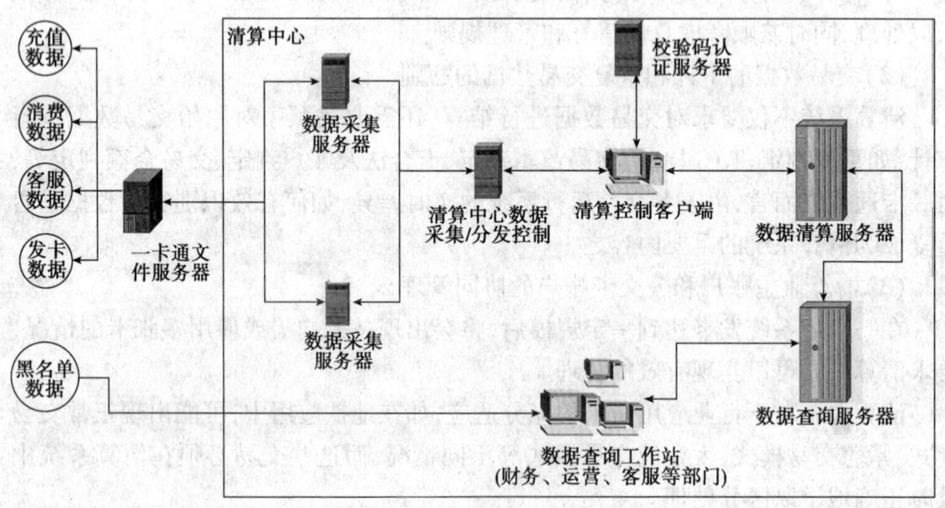


图 2-25 清算系统架构图

(2)整体功能

清结算系统整体功能结构如图 2-27 所示。

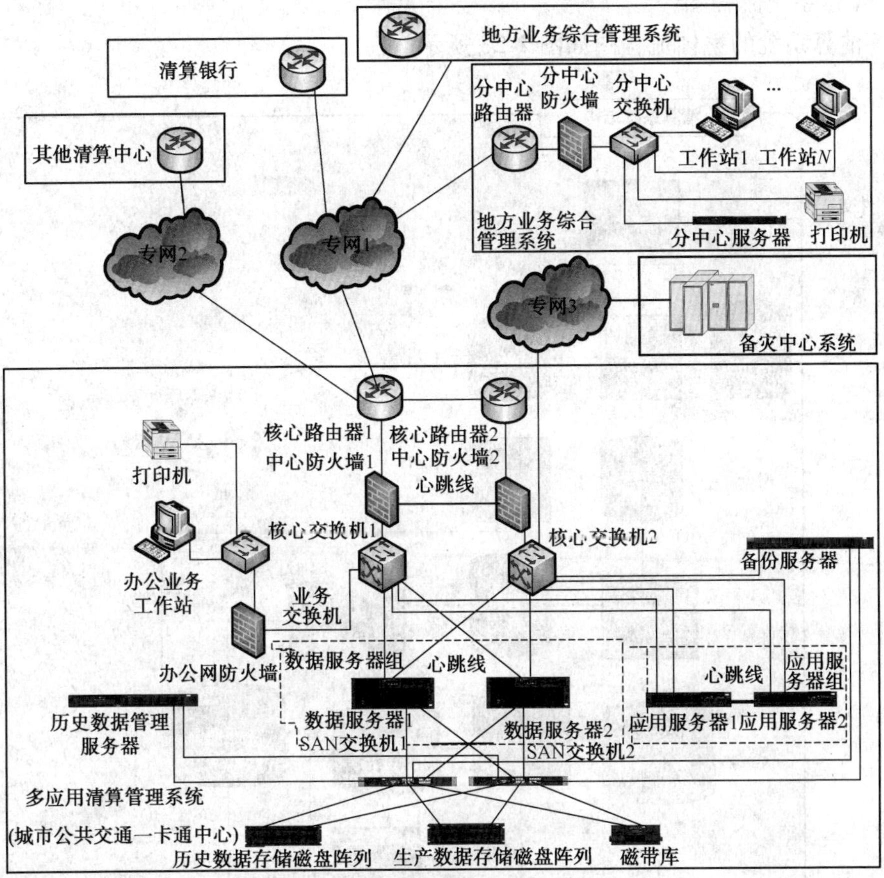

地方业务综合管理系统
清算银行
其他清算中心
分中心路由器
分中心防火墙
分中心交换机
工作站1
工作站N
地方业务综合管理系统
分中心服务器
打印机
专网2
专网1
专网3
备灾中心系统
核心路由器1
核心路由器2
中心防火墙1
中心防火墙2
心跳线
打印机
核心交换机1
核心交换机2
备份服务器
办公业务工作站
业务交换机
办公网防火墙
数据服务器组
心跳线
心跳线
应用服务器组
历史数据管理服务器
数据服务器1
数据服务器2
应用服务器1
应用服务器2
SAN交换机1
SAN交换机2
多应用清算管理系统
(城市公共交通一卡通中心)
历史数据存储磁盘阵列
生产数据存储磁盘阵列
磁带库

图 2-26 网络拓扑结构图

数据存储
数据传输
终端配置
地方业务综合管理系统数据传输模块
跨区域公共交通一卡通清算系统
多应用清分系统
多应用结算系统
数据传输
数据收集
安全认证
清分处理
结算处理
划拨处理
数据管理
系统监控
报表查询
运营管理
系统管理

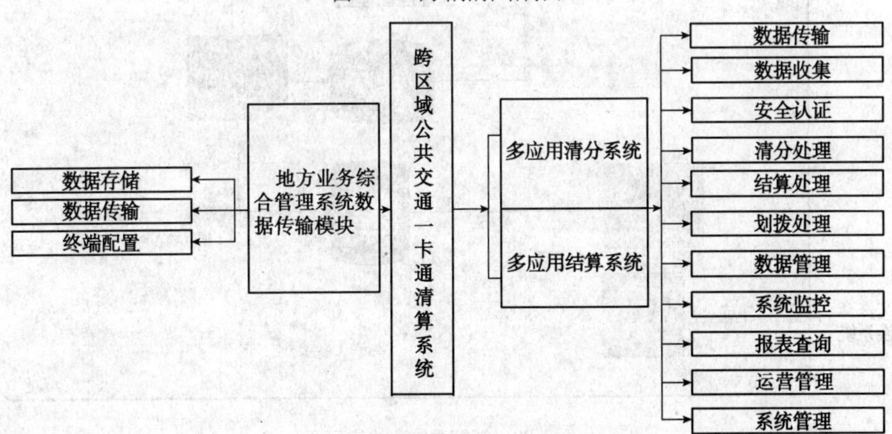

图 2-27 清算系统整体功能结构图

（3）系统流程图

清算系统的整体流程图如图 2-28 所示。

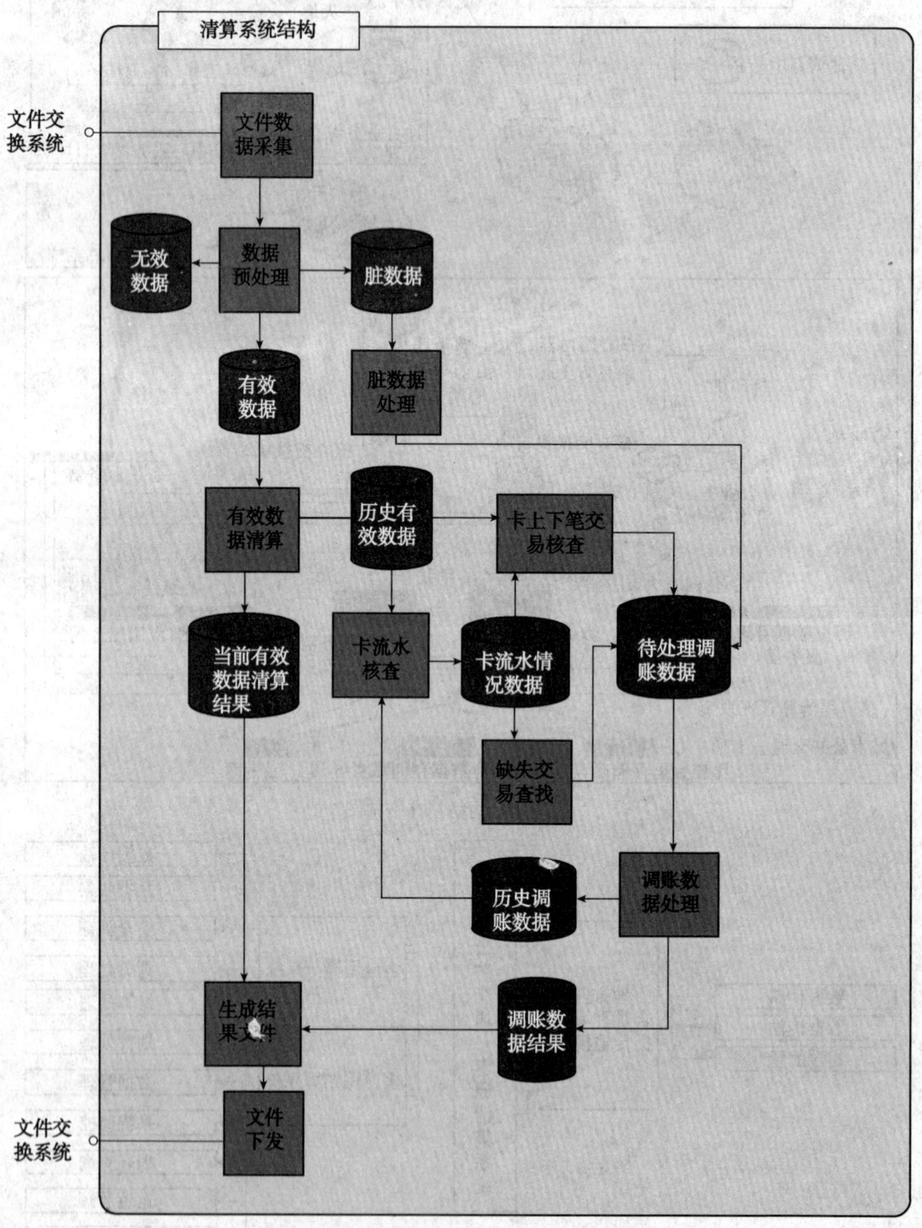


图 2-28　清算系统整体流程

### 2.5.1 清分系统

清分系统对客服、充值、消费和票卡发行等各类一卡通数据进行检查、集中备份，提供数据文件接入及分发功能，提供黑名单管理功能，对有效数据按区域进行分账、出具报表。其功能划分（图 2-29）如下：

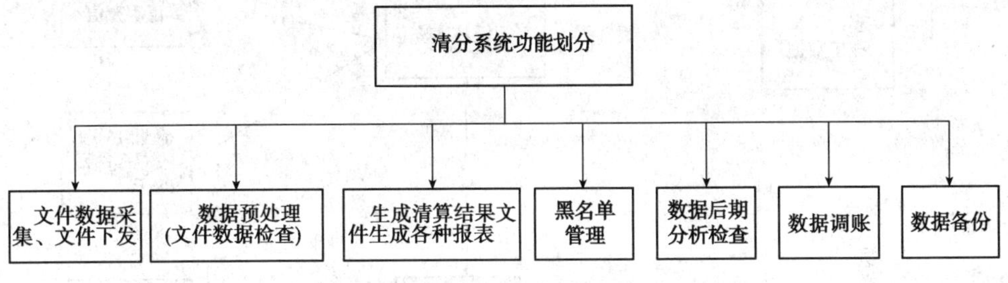


图 2-29 清算系统功能划分图

（1）文件数据采集

根据文件传输控制的文件包数据，取得需处理的文件到清算系统中，如果有需要，则进行重新命名和修改。

（2）数据预处理

完成文件命名规范和文件包完整性检查、文件内容格式检查、交易金额合计检查、关键字段检查、SAM 卡合法性检查、TAC 码校验检查、重复数据检查和联机充值当天清算数据上下笔核查等。

（3）脏数据处理

对脏数据进行上下笔交易比对、与历史调账数据重复性检查。对 TAC 码错误的脏数据进行上下笔交易校验，如果该笔脏数据跟上下笔的交易都满足金额关系（交易前余额 = 上笔交易余额，余额 = 下笔交易前余额），则把该笔脏数据作为有效数据。

（4）有效数据清算

对当天的有效数据进行清分。包括对服务商、SAM 卡和清算文件的数据进行计算或汇总。

（5）票卡流水检查和资金检查

对已清算数据的票卡流水和资金情况进行核查，生成卡资金流水结果表。支持对删除交易的处理。

（6）票卡上下笔交易核查

依据票卡资金流水结果情况，根据票卡资金变化确定某条历史数据是否合法，支持人工核查处理。两笔交易，其票卡交易计数相同或者连续（若票卡交易计数重复则按交易时间排序)，并且交易前余额相等，发行批次相同，则认为前一笔交易无效。票卡上下笔交易核查方案如图2-30所示。

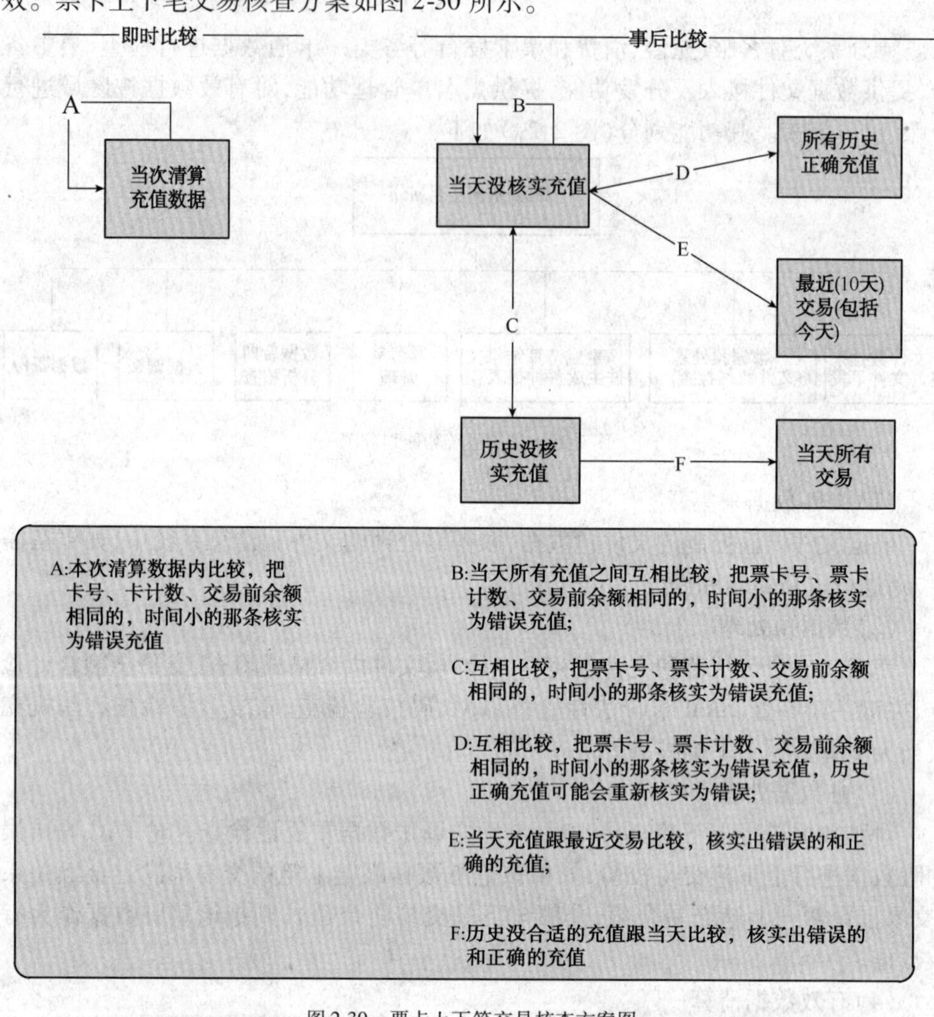


图2-30 票卡上下笔交易核查方案图

(7)缺失交易查找

根据票卡流水情况表，查找下笔交易时间小于规定天数的、票卡流水号断开的一笔交易和上一笔和下一笔之间缺失交易的票卡缺失记录。根据上下笔交易查找出票卡交易计数、SAM卡号、交易时间、交易金额、余额，上次交易SAM卡号和上次交易时间，并且间接找出其票卡物理卡号、交易类型、票卡交易计数、SAM卡号、交易时间、交易金额、余额、上次交易SAM卡号和上次交易时间，并且间接找出其票卡物理卡号、交易类型，并把交易数据明细写入缺失交易表。

(8)调账数据处理

对待调账数据中增加的数据进行查重(只有脏数据出来的部分需要),然后进行清分处理。生成结果便是数据表和历史调账数据。

(9)生成结果文件

综合有效数据清算结果、调账数据清算结果、当天无效数据、当天脏数据为每一个服务商生成下发文件。

(10)文件下发

对已经生成的结果文件,生成文件(包)信息,并把结果通知文件传输控制系统。

## 2.5.2 清分相关流程

1)业务流程(图2-31)

2)清分的流程(图2-32)

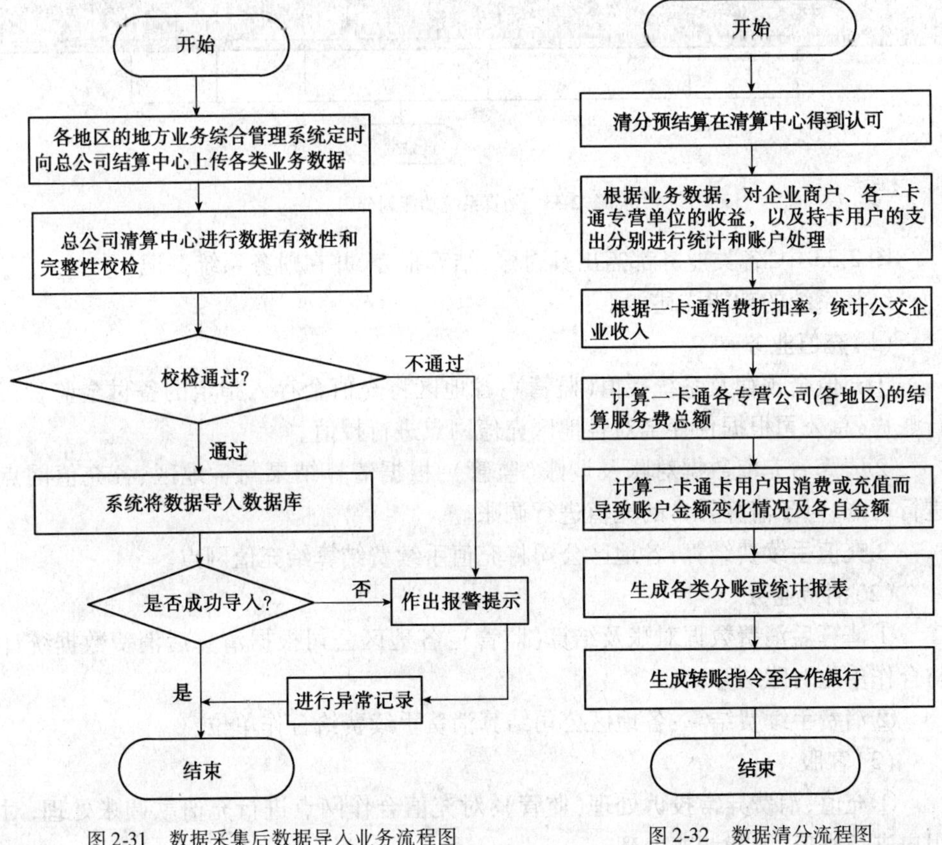


图2-31 数据采集后数据导入业务流程图

图2-32 数据清分流程图

### 2.5.3 结算系统

结算主要提供准确和及时的支付结算服务。结算服务主要分为三类：各地区充值资金对账与结算、消费对账与结算和跨区交易资金对账和结算。

结算系统功能（图2-33）：

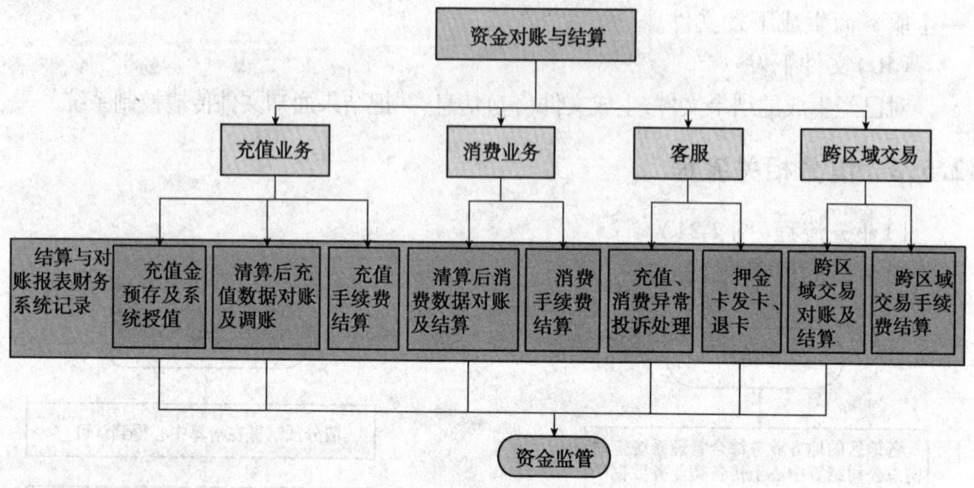


图2-33 结算系统功能划分图

图2-33中，各类业务都需出具对账、结算报表，并在财务系统登记。

结算系统的功能详述如下：

（1）充值业务

①充值金预存及系统授值（监管）：各地区将充值金存入指定的备付金监管银行账户，总公司根据预存金对各地区充值网点进行授值。

②清算后充值数据对账及调账（监管）：根据清算结果与各地区、各充值网点进行对账，对于清算异常的充值进行调账。

③充值手续费结算：各地区公司将充值手续费结算给充值网点。

（2）消费业务

①清算后消费数据对账及结算（监管）：各地区公司根据清算后消费数据统计与合作单位对账结算。

②消费手续费结算：各地区公司结算消费手续费给合作单位。

（3）客服

①充值、消费异常投诉处理（监管）：对充值合作网点进行充值款调账处理，对用户进行充值、消费调账处理。

②发卡、退卡的押金处理(监管):各地区发卡时将押金存到指定的押金监管银行账户;用户退卡时将押金从监管账户转出。

(4)跨区域交易

①跨区域交易对账及结算(监管):由总公司通过轧差方式统一对各地区进行跨区域结算,包括异地卡当地充值、异地卡当地消费、当地卡异地充值和当地卡异地消费。

②跨区域交易手续费结算:总公司与地区公司结算跨区域交易手续费。

### 2.5.4　结算相关流程

资金结算流程图如图2-34所示。

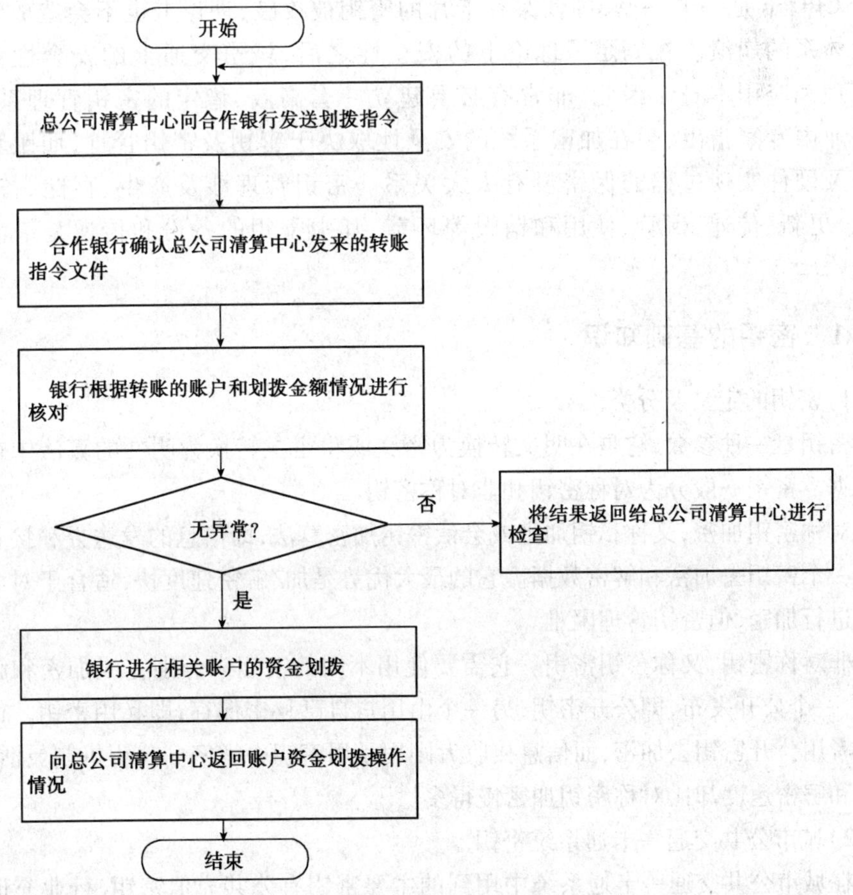


图2-34　资金结算流程图

## 2.6 城市公共交通一卡通密钥管理系统

密钥管理系统简称 KMS,是城市交通卡项目安全的核心。如何进行密钥的安全管理贯穿着 IC 卡应用的整个生命周期。

密钥管理体系直接关系到整个系统的安全控制,通过密钥本身的安全机制和标准加密算法,来保证系统的安全性能。密钥体系是贯穿整个城市公共交通一卡通工程各个环节的重要保护机制,密钥管理是密码技术的重要环节。

由于现代密码学中加密方法都是公开的,因此密钥就成了所有加密系统的关键。现在的城市交通卡系统理论上都具有很高的安全性,尤其是 CPU 卡。由于 CPU 卡是一卡一密,即使某种卡片的密钥被攻破,理论上也不会造成整个密钥体系的崩溃。在满足了理论上的安全性之后,城市交通卡的安全性依赖于管理和应用本身。因此,非常有必要建立一套高效、稳定的密钥管理系统。很多业内专家指出,现在加密系统的安全性取决于密钥及密钥管理,而跟算法本身及硬件实现过程的保密没有太大关系。密钥管理涉及产生、存储、备份、分配、更新、传递、保管、使用和销毁等环节,其中密钥的备份和传递是最大的难题[27]。

### 2.6.1 密钥的基础知识

1)密钥的定义及分类

密钥是一种参数,它是在明文转换为密文或将密文转换为明文的算法中输入的数据。密钥一般分为对称密钥和非对称密钥。

对称密钥加密,又称私钥加密或会话密钥加密算法,即信息的发送方和接收方用同一个密钥去加密和解密数据。它的最大优势是加/解密速度快,适合于对大数据量进行加密,但密钥管理困难。

非对称密钥,又称公钥密钥。它需要使用不同的密钥来分别完成加密和解密操作,一个公开发布,即公开密钥,另一个由用户自己秘密保存,即私用密钥。信息发送者用公开密钥去加密,而信息接收者则用私用密钥去解密。公钥机制灵活,但加密和解密速度却比对称密钥加密慢得多[28]。

2)城市公共交通一卡通系统密钥

在城市公共交通一卡通系统中用到的主要密钥有公共充值密钥、行业充值密钥、PIN 解锁主密钥、PIN 重装主密钥、线路维护密钥、公共消费密钥、行业消费密钥和 PIN 密钥等。

城市公共交通一卡通密钥分类 表 2-1

| 分 类 | 用 途 | 适用范围 |
|---|---|---|
| 卡主控密钥 | 卡片主控密钥是卡片的控制密钥,由卡片生产商写入,由发卡方替换为发卡方的卡片主控密钥。卡片主控密钥的更新在自身的控制下进行 | 1. 创建卡片 MF 区域的文件;<br>2. 装载卡片维护密钥、应用主控密钥;<br>3. 更新卡片主控密钥、卡片维护密钥 |
| 卡维护密钥 | 主维护密钥用于卡片 MF 区域的应用维护,在主控密钥的控制下装载和更新 | 1. 安全更新记录文件;<br>2. 安全更新二进制文件 |
| 应用主控密钥 | 应用主控密钥是应用的控制密钥,在卡片主控密钥控制下写入 | 1. 装载应用维护密钥、应用主工作密钥;<br>2. 更新应用主控密钥、应用维护密钥 |
| 应用维护密钥 | 应用维护密钥用于卡片 ADF 区域的应用维护,在应用主控密钥的控制下装载和更新 | 1. 安全更新记录文件;<br>2. 安全更新二进制文件;<br>3. 进行应用解锁 |
| 应用主工作密钥 | 应用主工作密钥用于卡片的交易,在应用主控密钥的控制下装载 | 1. PSAM 在其内部用 GMPK(全国消费主密钥)对试点城市标识分散,得到二级消费主密钥 BMPK;<br>2. PSAM 在其内部用 BMPK 对成员行标识分散,得到成员行消费主密钥 MPK<br>3. PSAM 在其内部用 MPK 对卡片应用序列号分散,得到卡片消费子密钥 DPK<br>4. PSAM 在其内部用 DPK 对卡片传来的伪随机数、脱机交易序号、终端交易序号加密,得到过程密钥 SESPK,作为临时密钥存放在卡中 |

3)密钥的生成与发行

密钥采用集中方式生成,即由项目最高管理机构生成相应的各种主密钥组,其他密钥由该组密钥分散生成。

密钥生成采用两种基本方法:[29]

加密密钥采用不重复的密钥生成方式,随机生成密钥值作为加密即解密密钥,直接写入传输卡中,以后发密钥卡及用户卡时,直接利用其密钥值进行加/解密操作;

密钥的发行采用阶梯生成和下发方式。即由上一级生成下一级所需的各种子密钥,并以卡片的形式传递给下一级。发行方式也可以用硬件设备代替卡片进行传递,如加密机和加密卡。

为保证密钥的安全和防止密钥的泄漏，在密钥生成时，采取以下措施：

(1)密钥生成采用多人生成结合硬件加密(加密机)的方式。

(2)保证密钥生成的环境应保证绝对的安全。

(3)对参加密钥生成的特殊人员进行安全管理。

(4)密钥生成过程按照严格的操作规程进行。

不需重复生成的密钥采用随机产生的办法生成，由系统随机产生这些密钥，写入安全存取模块中保存，可重复生成的密钥采用密钥交换或密钥衍生的办法生成，确保密钥变换或密钥衍生的过程绝对安全。

密钥管理机制(图2-35)能够保障IC卡的应用安全。密钥管理包括密钥的生成、装入、传递、存储、回复和销毁等内容。IC卡应用的主密钥称为根密钥，由输入三个8字节种子码经3DES数据加密算法按照一定规则多次加密并截取得到，存储在系统唯一的根卡上。IC卡上的每个应用对应一个母密钥，母密钥由根密钥加密8位随机整数得到，随机数加密存储在根卡上，母密钥加密持卡人密码可以制作母卡，一个母密钥可以发放多张母卡，母卡与根卡都通过持卡人输入的Pin码进行验证访问，这样保证密码存储的安全性。

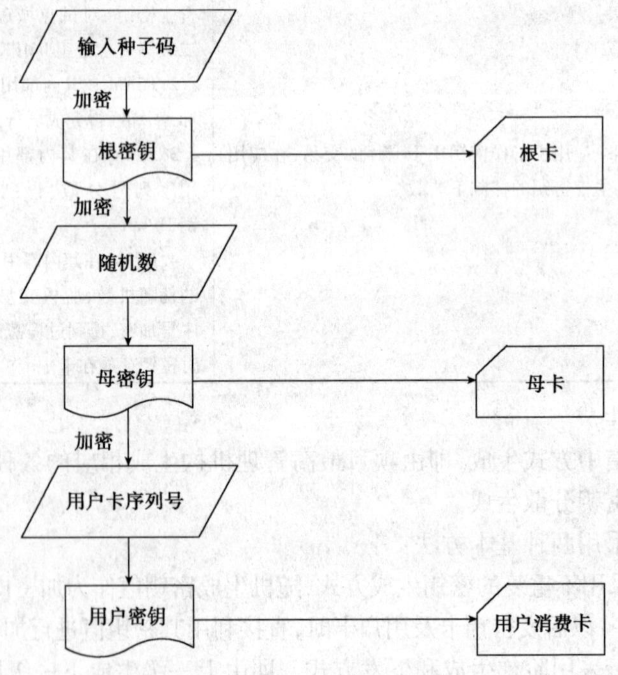


图2-35　IC卡密钥管理机制

## 2.6.2　密钥系统的结构及其功能

按照IC卡的应用管理标准和规范，遵循卡片统一管理和统一发售的原则，IC卡密钥统一管理是系统安全和统一的重要保证。

1）密钥系统结构及其子系统架构

图2-36～图2-39分别示出密钥系统的架构、硬件、数据元、组成和功能。

密钥卡是一卡通密钥系统核心，关键密钥数据都放在密钥卡上，密钥卡一般分三类，第一类是母卡，第二类是传输卡，第三类是工作卡。

所谓母卡就是发行工作卡和其他卡的种子卡，传输卡就是负责母卡安全性的卡，工作卡就是PSAM卡，ISAM卡，管理卡等，各卡的关系如图2-41所示。

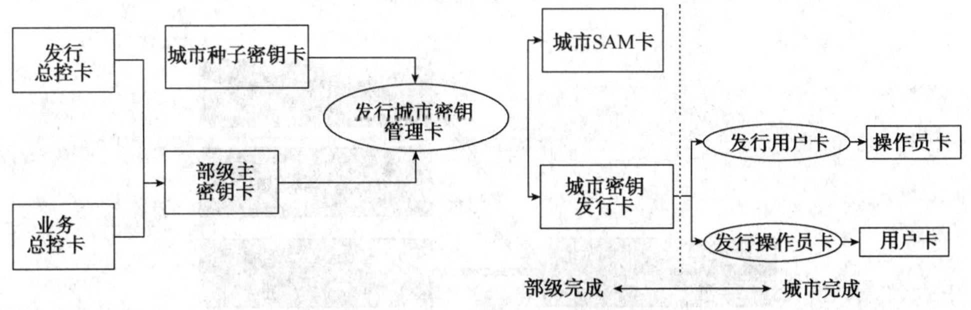


图2-36　密钥管理系统架构图

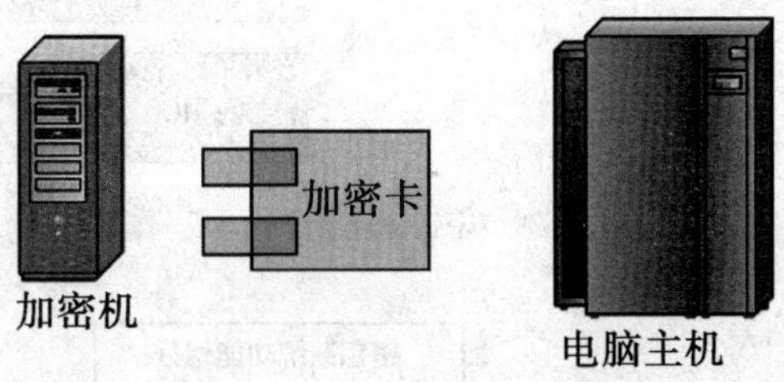


图2-37　密钥管理系统主要硬件组成

2）密钥卡功能分类

以下就一卡通密钥系统的架构功能作简要介绍。

（1）部级密钥卡

①发行总控卡

部级领导在绝对安全的环境下输入自己的密码而产生本系统的总控密钥，存放在发行总控卡中，可以一次性生成多张具有相同信息的发行总控卡，分别存放保管。卡片由部级主管领导掌握。

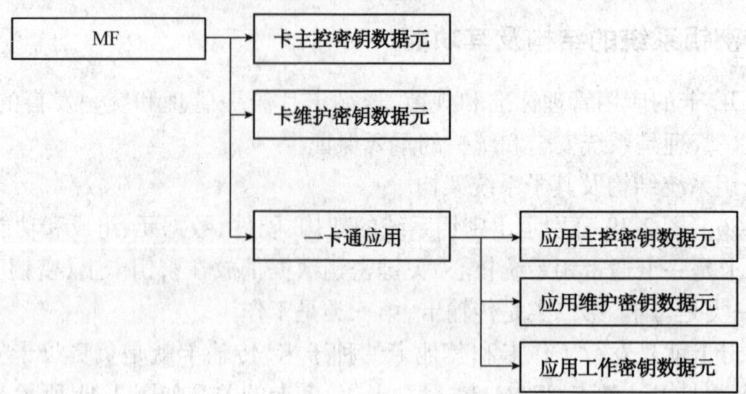


图 2-38 卡密钥数据元

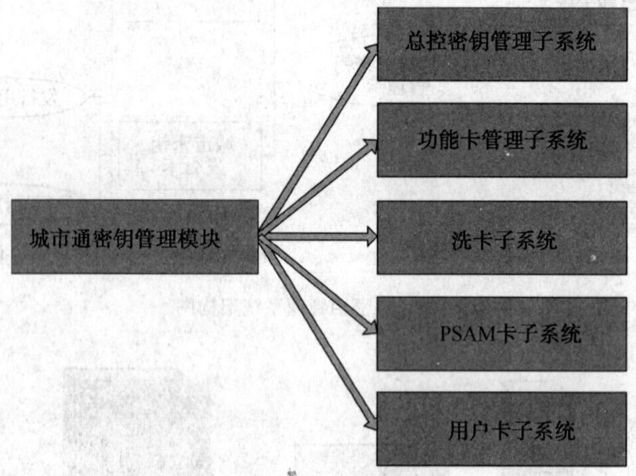


图 2-39 密钥管理系统的组成

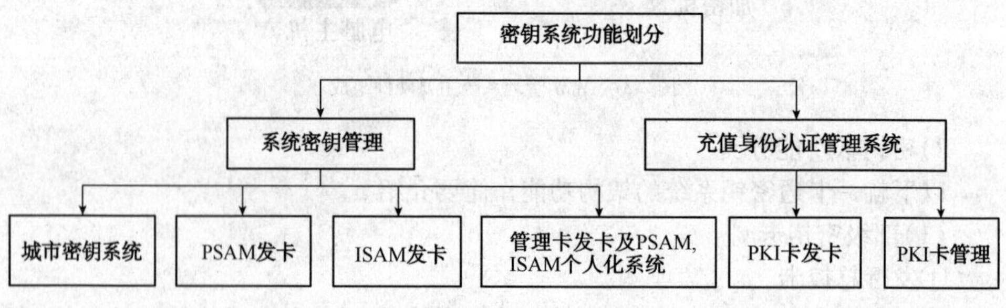


图 2-40 密钥管理系统功能划分图

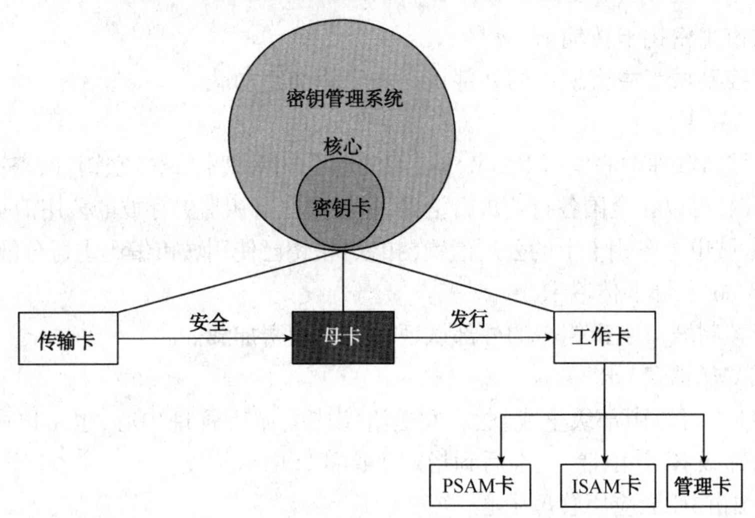


图 2-41 密钥卡结构组成图

②业务总控卡

由部级 IC 卡应用领导办公室产生一组业务总控密钥,存放在业务总控卡中,可以一次性生成多张具有相同信息的业务总控卡,分别存放保管。卡片由部级 IC 卡应用领导办公室掌握。

③部级主密钥卡

由发行总控卡和业务总控卡共同生成一组部级业务主密钥,存放在部级主密钥卡上,由部级 IC 卡应用领导办公室掌握,用于发行某城市的密钥管理卡。

④城市种子密钥卡

按照部级有关规定和国家有关标准对全国范围内的每个城市进行城市编码,并将该编码存入城市种子密钥卡中,该卡由部级 IC 卡应用领导办公室发放和管理,用于发行某城市的密钥管理卡。

⑤SAM 卡制造主密钥卡

由部级 IC 卡管理中心生成 SAM 卡制造主密钥,存放在制造主密钥卡中,该卡供部级授权的卡片封装厂使用,用于产生卡片出厂前安装的制造主密钥。

⑥用户卡制造主密钥卡

由部级 IC 卡管理中心生成用户卡制造主密钥,存放在制造主密钥卡中,该卡供部级授权的卡片封装厂使用,用于产生卡片出厂前安装的制造主密钥。

⑦城市主密钥卡

由部级主密钥和城市种子密钥卡分散生成一组城市业务主密钥,存放在城市主密钥卡上,该卡由城市 IC 卡应用管理中心掌握,用于城市发行用户卡和终端 SAM 卡。

⑧城市主密钥卡传输卡

用于控制城市主密钥卡的外部认证和密钥加密加载。

⑨PSAM 卡母卡

用于城市管理中心发行 PSAM 卡。只安装公用消费(扣款)密钥,该密钥安装时不进行分散,可以在全国各行业进行消费,和城市主密钥卡上存放的公用消费(扣款)密钥不同,城市主密钥卡上的公用消费(扣款)密钥已使用城市编码进行分散。

⑩PSAM 卡母卡传输卡

用于控制城市主密钥卡的外部认证和密钥加密加载。

⑪PSAM(消费)卡

PSAM 卡可以由部级生成,然后发送给相应的城市管理中心,也可以由城市管理中心向部级 IC 办申请,批准后到指定生产商领取卡片发行。

(2)城市 IC 卡应用管理中心

①PSAM(消费)卡

存放业务主密钥和城市种子密钥卡中的城市编码,用于认证本市或其他城市发行的用户卡的消费交易。

②ISAM(充值)卡

存放城市自己产生的充值主密钥,用于认证本市发行的用户卡的充值交易。

③用户卡

由城市主密钥卡发行,通过 PSAM 卡认证后可以进行消费交易,通过 ISAM 卡认证后可以进行充值交易。

3)总控密钥管理子系统(图 2-42)

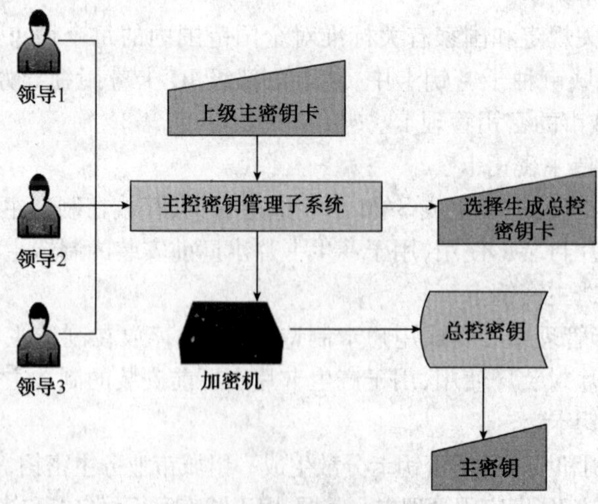


图 2-42　总控密钥管理子系统

密钥管理的目的是实现根密钥生成与保存。由总控密钥生成软件、加密卡(机)和卡片组成,功能是生成总控主密钥。根据授权参数的不同,总控密钥生成软件可以配置为是否需要导入上级主密钥卡。如果不需要导入上级主密钥卡,则需要支持业务代码功能,总控主密钥与业务代码分散生成一组主密钥。

4)功能卡管理子系统(图2-43)

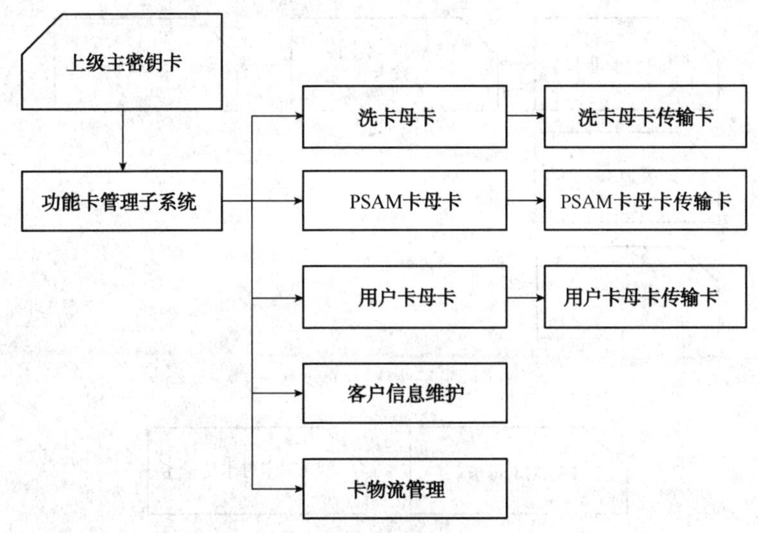


图2-43 管理卡管理子系统

功能卡管理子系统必须导入上级主密钥卡,使用主密钥卡内的主控密钥生成所有卡片的主控密钥。客户信息维护是指录入客户信息,根据客户信息分散生成功能卡。如果制作功能卡软件下放给具体客户使用,客户信息仅自己的有效,输入别人的信息不能产生不同密钥的其他功能卡。

(1)PSAM 卡子系统

PSAM 卡子系统(图2-45)只支持 PSAM 卡,可以单独授权给客户使用。

(2)用户卡子系统

根据用户卡的母卡发用户卡,由制卡中心统一发行。

(3)洗卡子系统(图2-46)

洗卡子系统用于对卡厂采购的卡片初始化,提供给制卡中心制作用户卡。洗卡由洗卡软件实现,洗卡时需要导入洗卡母卡,洗卡母卡保存白卡的传输密钥与客户的主密钥中间密钥,只有经过洗卡之后才能在制卡中心生成用户卡。

洗卡时创建卡文件结构,更新卡主控密钥与卡维护密钥。应用的所有密钥为中间密钥,在发卡的时候需更新应用密钥。

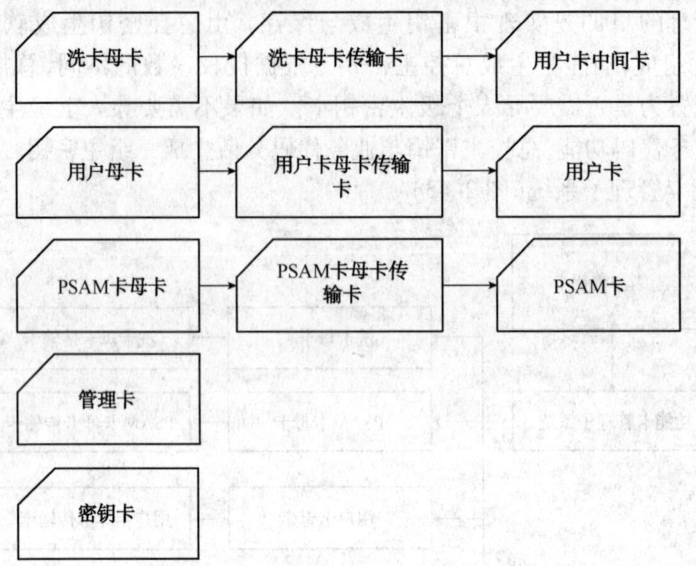


图 2-44　密钥卡的分类

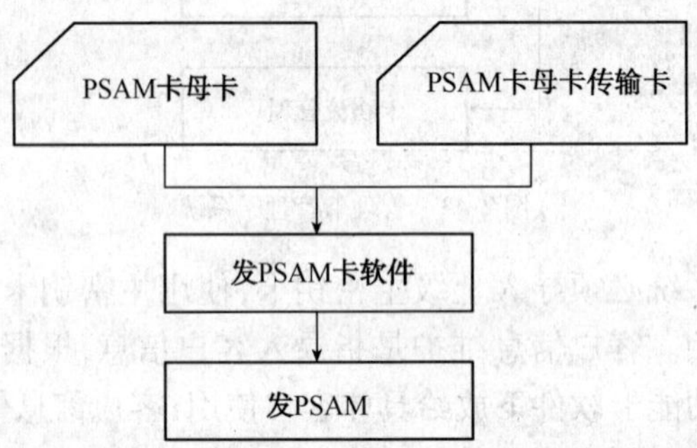


图 2-45　PSAM 卡子系统

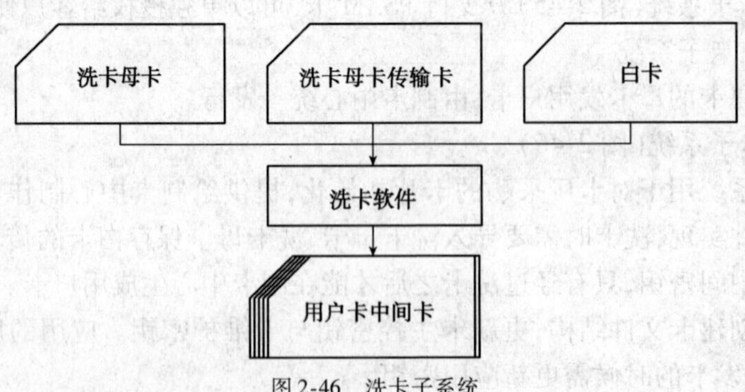


图 2-46　洗卡子系统

### 2.6.3 密钥管理流程(图 2-47)

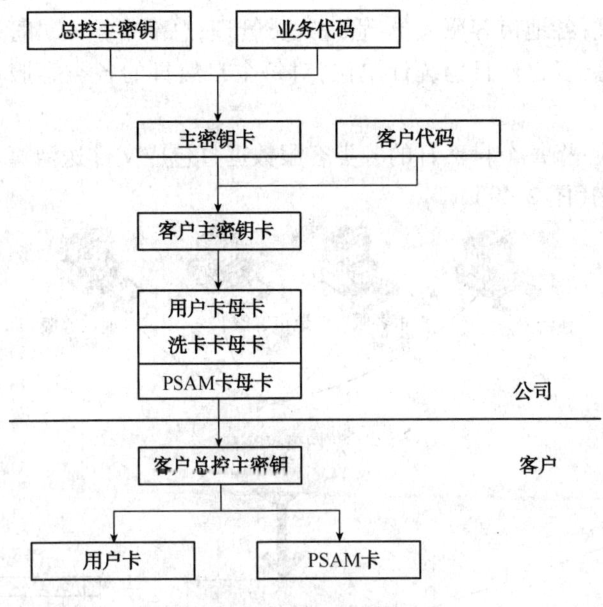


图 2-47 密钥发放流程

每一张卡片的主控密钥都由上级总控主密钥分散生成,PSAM 卡与用户卡采用两个不同的流程发卡,每个用户的主控密钥不相同。

## 2.7 城市公共交通一卡通客服系统

### 2.7.1 客服系统的构架与功能(图 2-48)

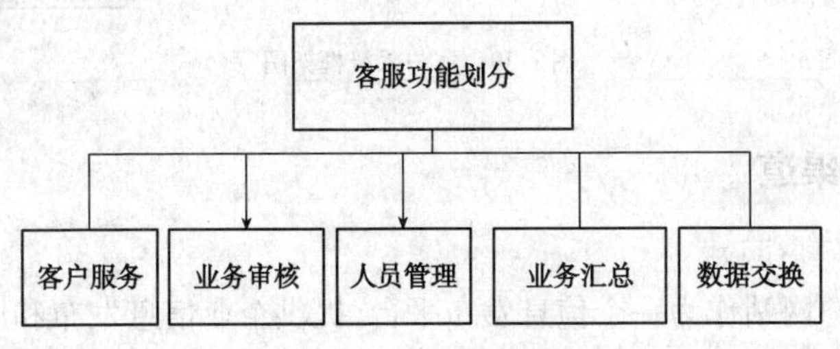


图 2-48 客户系统功能规划图

1)功能描述

①客户服务:票卡信息查询、交易历史查询;售卡;故障卡处理;充值、消费异常

投诉处理;地市特色客服功能。

②业务审核:对各地市涉及消费、充值金额投诉及调整的业务进行审核。

③人员管理:各地市客服人员、管理人员管理;总部审核人员管理。

④业务汇总:以自然日为统计单位,对每个自然日的各类客服业务进行汇总,出具统计报表。

⑤数据交换:将每个自然日的各类客服数据打包成文件送清算。

2)系统架构(图 2-49)

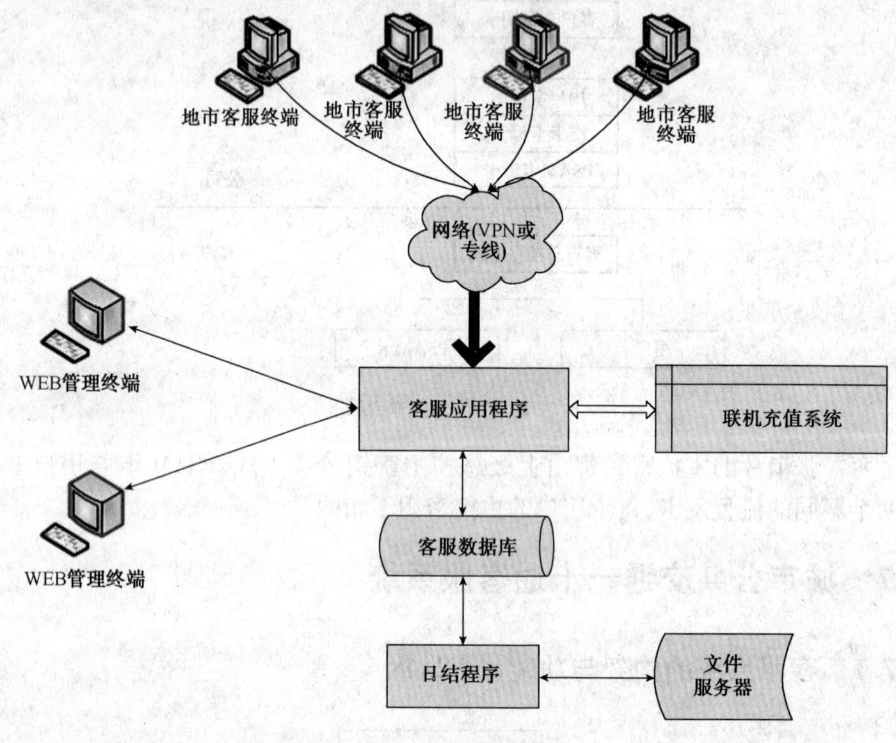


图 2-49　客户系统框架图

## 2.7.2　客服渠道

1)一卡通门户网站

市民卡门户网站作为一个信息发布平台,提供企业信息发布和服务宣传,为市民提供公共服务信息查询,同时可作为网上交易平台,提供电子商务、网上消费支付等功能,支付交易将通过数据交换平台进入一卡通清算系统进行处理。作为一个客户关系管理平台,完成市民卡信息及个人信息管理,并利用市民论坛和网络实时调查引擎建立客户沟通渠道。

图 2-50 所示为门户网站一例。

图 2-50　广州羊城通门户网站

2）一卡通 Call Center[30]

CallCenter 系统为一卡通用户提供咨询和卡片相关服务（图 2-51）。主要内容包括：一卡通普通业务咨询、新业务查询、特约消费商户信息查询、消费账单查询并有发送电邮、短信或传真服务、市民卡挂失登记以及余额查询等。相关业务处理请求（如挂失登记）将通过数据交换平台进入清算系统实时处理。

语音客户服务平台作为一种能充分利用现代通信手段和计算机技术的全新现代化服务方式，已引起越来越多人的关注，已被广大企业领导者和专家所认识，不仅在电信，而且在银行、铁路、航运、保险和旅游等各行各业获得广泛应用。现代语音服务平台基于 CTI 技术（计算机电信集成技术），充分利用计算机和电信通信网的先进功能，集成并与企业连为一体，是一个完整的综合信息服务系统，它能有效、高速地为所有市民提供多种服务。

"语音服务平台"把传统的柜台业务用电话自动查询方式代替。"语音服务平台"能够每天 24 小时不间断地随时提供服务，并且有比柜台服务更及时的服务效率，市民不必跑到营业处，只要通过电话就能迅速获得信息，方便、快捷地解决问题，从而增加对企业服务的满意度。语音服务平台不仅仅为外部用户，也为整个企业内部的管理、服务、调度、增值起到非常重要的统一协调作用。

## 2.7.3　客服系统处理流程

1）网上客服（图 2-52）

图 2-51　Call Center 客服人员

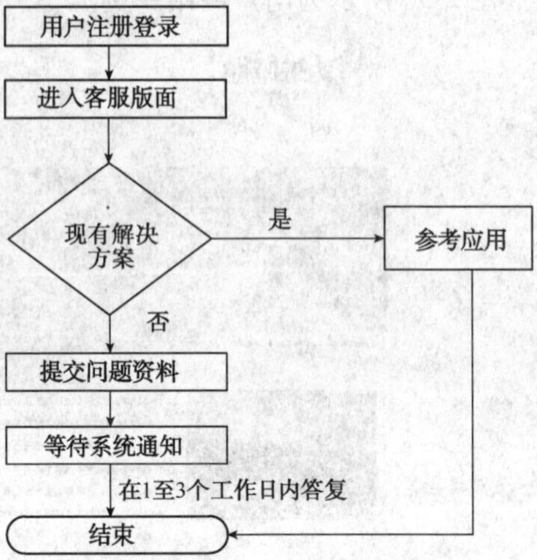

图 2-52　在线客服流程图

2）电话客服（图 2-53）

3）现场客服（图 2-54）

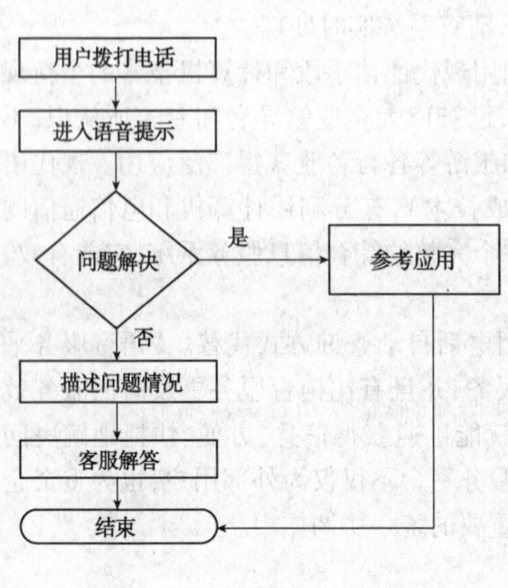



图 2-53　电话客服流程

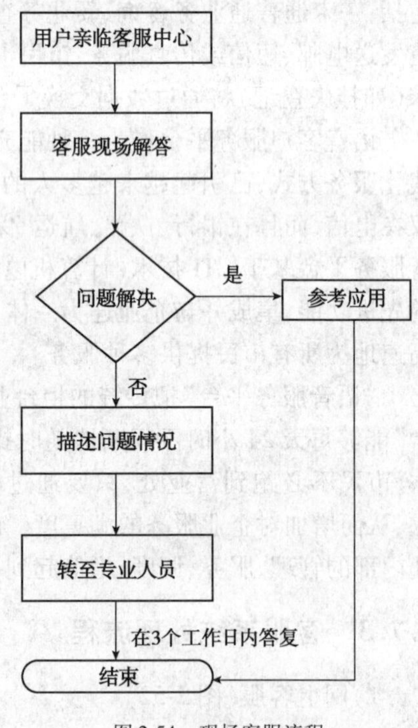



图 2-54　现场客服流程

# 2.8 城市公共交通一卡通系统测试与维护

## 2.8.1 系统测试(图2-55)

测试工作主要是针对各个即将投入使用的一卡通系统和设备进行测试。包括公司内部研发的充值、消费、客服等系统及设备,包括厂家提供的地区平台系统及消费设备。也包括其他公司提供的清算系统、消费系统等。

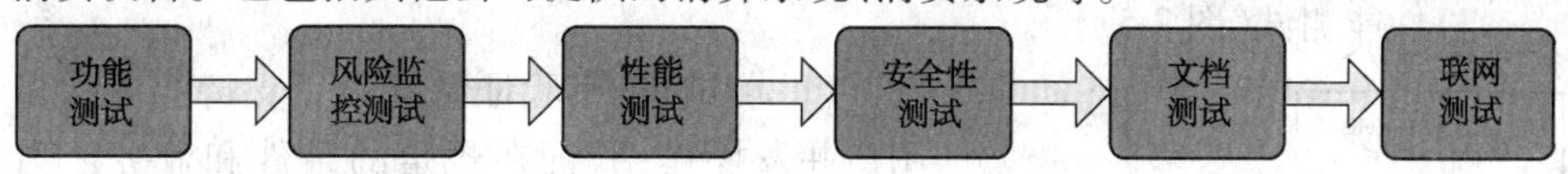


图2-55 测试流程

1)功能测试(图2-56)

(1)测试目的:验证发卡系统的业务功能是否正确实现,测试系统业务处理的准确性。

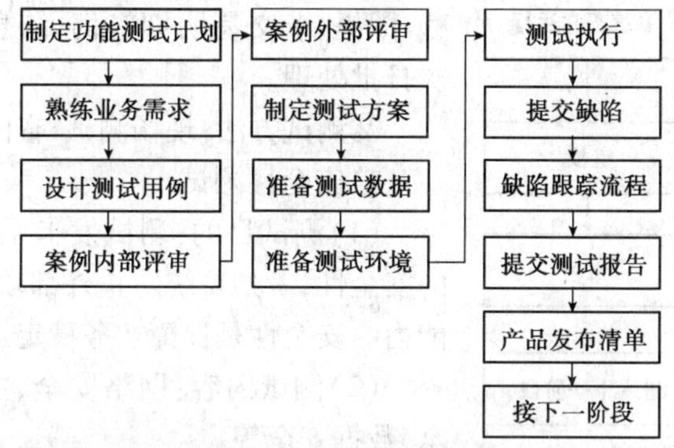


图2-56 功能测试流程图

(2)测试内容:

①账户管理:开户、账户信息查询、销户。

②密钥和证书管理:IC卡相关密钥管理情况(验证密钥管理系统中的功能)。

③卡片管理:制卡、开卡、交易明细查询、挂失、冻结。

④密码功能:密码多次错误锁卡,异常卡修改密码。

⑤交易处理:充值、消费、异常卡交易。

⑥账务处理:财务报表、账单生成。

⑦测试方法:现场测试、查阅文档。

另外,测试既包括正常卡交易同时也涵盖(挂失卡、冻结卡、销户销卡、销卡未销户、不动户卡)异常卡交易。

2)风险监控测试

(1)功能:验证发卡系统的账户及交易风险。

(2)测试内容:

①交易欺诈监控规则。

②风险管理:密码错误、账户止付、重复报文等交易请求的处理。

③一卡通受理终端管理。

④测试方法:查阅文档、现场测试。

3)性能测试(图2-57)

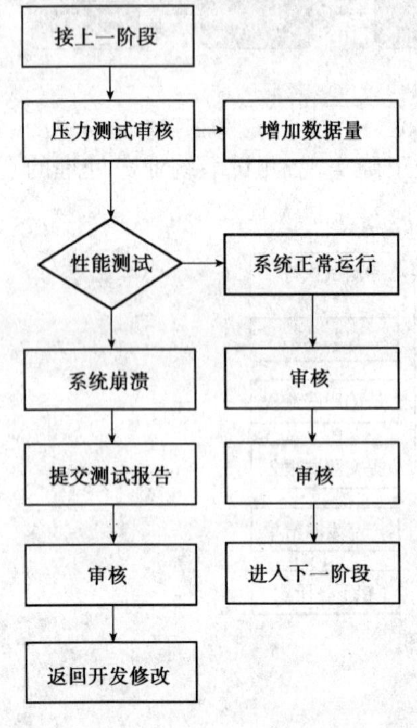


图2-57　性能测试流程图

(1)测试目的:验证系统是否支持业务的多用户并发操作;验证在规定的条件和业务压力下,考核系统是否满足性能需求和压力解除后系统自恢复能力;测试系统性能极限。

(2)测试内容:

①一卡通卡:余额查询、存款、取款、消费、圈存、圈提、卡交易明细查询、结息日批处理/结息次日批处理。

②测试方法:现场测试、查阅文档。

4)安全性测试

(1)测试目的:测试发卡系统交易运行环境的安全性,考察系统防止外部攻击和内部攻击的能力。安全性是保障业务稳定运行的重要因素。

(2)测试内容:网络安全、主机安全、应用安全、数据安全等。

(3)测试方法:查阅文档、现场访谈、人工评估、工具评估。

5)文档测试

(1)测试目的:对发卡系统的用户文档、开发文档、管理文档的完备性、可维护性、可管理性进行检查,并检查它们是否符合行业标准,是否遵从更新控制和配置管理的要求。

(2)测试内容:用户手册、操作手册、需求说明书、需求分析文档、总体设计方案、数据库设计文档、概要设计文档、详细设计文档、工程实施方案、测试报告、系统运维手册、系统应急手册、运维管理制度、安全管理制度和安全审计报告。

(3)测试方法:查阅文档、现场访谈。

6)联网测试

(1)测试目的:测试系统信息接口是否符合相关规范要求。

(2)测试内容:

①交易处理检测:取现、消费、余额查询、冲正等。

②报文、文件接口规范检测。

③数据安全传输控制规范检测。

(3)测试方法:查阅文档、现场检查。

### 2.8.2 系统维护

维护工作主要对一卡通项目投入使用的各系统及设备进行维护,目前主要是各系统后台的维护及监控、清算情况的监控。

1)一卡通设备设施可分 A、B、C 三类

A 类:监视系统设备,配电房各屏柜,控制中心设备,消防报警系统及其他。

B 类:排风设备,水箱(池),灭火器材,排污泵及其他。

C 类:一卡通机房本体照明设施、室内外插座、各式灯具、排水设施、道路及其他。

2)设备的运行管理

(1)对 A 类设备,根据一卡通系统运行的要求和服务方案,维护人员以巡回方式对设备进行管理。

(2)维护人员必须经过专业培训,熟悉所管理设备的性能、特点和操作规程,考核合格后上岗操作。

(3)维护人员按岗位职责及运行操作规程,对设备进行操作和检查,认真做好运行记录。

(4)维护人员根据运行管理有关制度,每月检查监督设备运行操作人员岗位职责履行情况,检查设备运行状态,注意设备运行安全性、合理性、经济性,检查运行、维护保养记录。检查后在有关记录上签字,发现问题及时纠正,对发现的设备问题应详细填表报告,工程主管监督整改情况。

3)设备设施的维修保养

(1)设备维护人员负责所管辖设备设施的维修保养,主管负责组织本项目维修保养工作。

(2)设备设施的保养分为日常维修保养和定期维护保养及年检维护保养3个层次。

①日常维护保养主要是巡视检查和清洁工作;定期维护保养主要是性能状态检查和性能修理;年检维护保养主要是对设备进行全面的调整。

②日常维护保养通常由设备运行操作人员即当班人员负责。定期维护保养由主管负责,当班人员进行配合,某些设备由外聘专业公司负责。

③对各类设备具体规定维护保养工作的项目,各设备根据规程并结合设备具体技术状况,做出年度、月维护保养计划,经公司领导批准后实施。

④设备年检维护保养,由受委托年检单位实施。维护保养结束后以书面形式报告公司。

4)设备设施维修

(1)设备设施的维修分计划维修和故障维修两类

①计划维修是在设备设施没有发生问题之前,对其劣化和缺陷部件进行预先维护和修理。

②故障维修是设备设施故障后对其失效、损坏部件进行针对性维修。

(2)设备设施维修采用委托维修和派工维修两种形式

①委托维修主要用在故障维修。管理处设值班调度室,实行 24 小时待命值班,配置公司集团电话短号,随时接受住户、公司管理人员的维修申报和故障报告,接报后,在规定时间内修复。

②派工维修主要用在计划维修、零星及小型的设备新装、改装专案处理。设备主管根据设备定期保养计划,当前设备运行状况的分析调查结果,以及客户的要求填写派工单,派专人完成特定工作。派工单的处理与跟进流程按委托维修规定进行。

5)设备故障及事故

(1)凡因为违反操作规程、操作使用不当或设备发生非正常损坏而被迫停止运转,达到一定时间或造成损失的,称为设备事故。

(2)损失及影响不及事故严重程度的其他情况称之为故障。

(3)无论发生何种设备故障和事故,工程主管必须立即组织力量迅速处理。若遇较重大事故,必须及时报告管理处主任以书面形式报公司协调处理。

(4)无论发生何种设备故障和事故,管理处主任、工程主管、维护人员必须详细记录,不得疏漏和隐瞒。

6)设备的大修、更新

(1)管理处根据实际情况对设备进行大修、更新和技术改造,使之更加安全、有效、经济、可行。

(2)设备及物业本体部分的大修、更新和技术改造费用,需从维修资金中支出的,经维修部审核、同意签字后报公司签字进行修理、改造。

(3)大修改造的项目由各项目主任提出申请、工程主管签字,经公司讨论形成《年度维修计划申请报告》,报经董事会批准后方可实施。项目实施按照:“谁主管,谁负责”的原则,在工程主管指导下进行。

7)设备的报废

(1)设备有下列情况下考虑报废:

①已经超过使用年限,主要结构及部件磨损或破坏,设备效能达不到要求且不能修复的。

②设备技术陈旧落后,无形磨损严重,经济效果差,经济分析结论更新胜于大修的。

③因意外灾害或事故使设备损坏严重而无法修复使用,建筑物改建不能拆装的。

④严重影响安全,继续使用将会引起危险事故的。

⑤设备耗能大、污染环境严重,国家管理部门规定应予淘汰的产品。

(2)设备报废由维护部主管提出申请,并填写《设备报废申请单》,工程主管组织有关人员进行鉴定后报公司批准。

(3)设备报废后,报废设备由公司进行利用和处理,残值回收凭据报财务部注销设备资产,同时注销台账和卡片。

8)记录

(1)设备台账;

(2)设备标识卡;

(3)设备运行记录;

(4)设备日常巡视保养项目及记录;

(5)设备定期维护保养项目及记录;

(6)事故故障报告单;

(7)设备报废申请表;

(8)设备大修改造申报表;

(9)设备大修汇总表;

(10)安全部围墙设施设备巡视签到表;

(11)公共区域设备设施巡检记录表;

(12)公共区域设备设施维修申请表。

9)公共设备设施维修、保养程序

(1)各设备主管每天安排维修人员对区域内的设备设施进行巡查,不论设备设施运行状况如何都要作出详细的公共区域设备设施巡检记录表。

(2)如果在检查中发现有故障或损坏的,应向设备主管提出修理申请交公司批准,并填写公共区域设备设施维修申请表。

(3)经工程主管认定后,将工作交给设备维修人员,由其安排和完成修复工作。

(4)公司指定专人到现场进行协调维修指导。

(5)如果工人根本无法进行维修的,根据维修材料和人工费用等认真核算大致维修费用,报公司领导审核后派遣主管安排。

(6)所有维修工作结束后,进行试运行直至合格,做好维修记录并存档。

# 第3章 城市公共交通一卡通卡片技术与应用

## 3.1 IC 卡片技术的发展

### 3.1.1 IC 卡技术产生与发展

IC 卡由信用卡发展而来。信用卡虽然是一种信用支付工具,但却并非是银行首创的。信用卡起源于 1915 年的美国,当时一些零售商店为了刺激消费,对一些较稳定的顾客发行了一种信用筹码,持有这种信用筹码的顾客即可向商店和其分店赊购商品,约期付款,这是现代信用卡的最早雏形[31]。

信用卡诞生之初的"信用筹码",是一种类似于金属徽章的消费凭证,后随着工业技术的发展逐渐演变成为塑料卡片。1950 年,美国商人麦克拉马纳组成了 DinersClub,设计了第一张现代的塑料信用卡。随着银行业介入信用卡的发行领域,在信用卡上需记录的客户信息越来越多,在 20 世纪 50 年代终于出现了冲压出凸字的塑料卡。美国曾大量使用的一种塑料金融交易卡(Financial Transaction Card - FTC)就属于这种类型,可以用机械压卡的方法,把这些带有凸字的卡片的发行人和客户账号等信息印到纸质单据上。到了 20 世纪 60 年代中期,人们在这种 FTC 卡的背面贴上了磁条,发展成能够自动读取信息进行在线处理的磁卡。这种磁卡因其结构简单、价格低廉,并因其在线交易功能极大地降低了交易风险和缩短了交易时间,得到了迅速的推广使用。随着计算机、通讯技术的不断发展和各种磁卡处理设备的不断完善,磁条卡已成为了信用卡家族的主要卡种。

当前,信用卡主要还是以磁卡做成,但近年来从欧洲开始,IC 卡已逐渐在国际上流行起来,逐步取代磁卡。智能化 IC 卡的概念最初由法国人 Roland Moreno 在 1972 年提出,此后法国布尔(Bull)公司率先投入了对这一潜力无穷的高新技术产品的研究和开发,1976 年布尔公司高级研究员 Ugon 先生领导的研究小组首先研制成了世界上第一张由双晶片(微处理器和存储器)组成的智能卡,接着又于 1978 年制成了单晶片智能卡并取得了技术专利。在此后的十几年间,除了法国的 Bull 以外,先后有 Motorola、Thomson、Hitachi、OKI、Toshiba、Sharp、Atmel、Gemplus、Schlumberger 等十几家公司相继投入了智能卡芯片和卡片成品的开发与生产,形成了一个世界性的新兴技术产业。IC 卡一经问世便得到了飞速发展,从最初只配有存储器的"记忆卡"(Memory Card)到配备 CPU 的"智能卡"(Smart Card),从"接触式”到“非接触式”再到混合式，其发展可谓日新月异。

图 3-1 所示为 IC 卡产生过程。

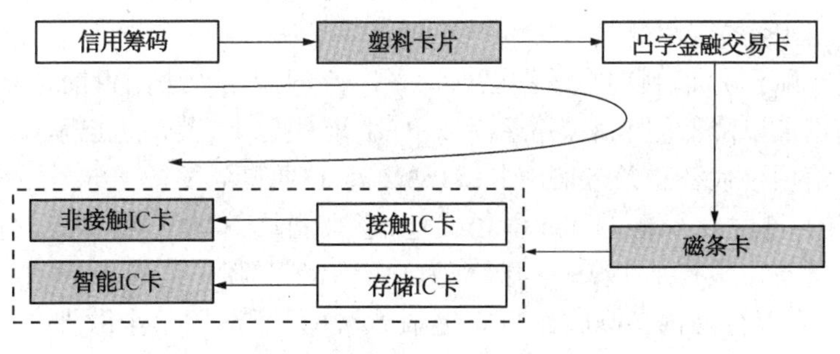


图 3-1　IC 卡产生过程

所谓 IC 卡，是集成电路卡（Integrated Circuit Card）的简称，是镶嵌集成电路芯片的塑料卡片，其外形和尺寸都遵循国际标准（ISO）。芯片一般具有不易挥发性的存储器（ROM、EEPROM）、保护逻辑电路、甚至带微处理器 CPU。带有 CPU 的 IC 卡就是真正的智能卡。

IC 卡把具有存储、加密和数据处理能力的芯片镶嵌于塑料基片之中。这种既具有智能性，又便于携带的卡片，为现代社会信息的处理和传递提供了一种全新的手段。与磁条卡相比，IC 卡的防伪造、防攻击、使用寿命长和可脱机使用等优点，得到了银行和客户的一致青睐。在国外，威士（VISA）、万事达卡（Master Card）、欧罗贝（EuroPay）等三大国际信用卡组织相继推出了 IC 卡产品并制定了相关标准，在美洲、欧洲及亚洲的许多国家得到了推广和应用，并在当地的卡市场上占据了一定的份额。

## 3.1.2　IC 卡在国内外的应用概况

1）美国的应用概况

美国是信用卡的发源地，从 20 世纪 60 年代起就开始发卡应用了。到 1988 年，发卡量已超过 10 亿张，人均约 5 张，年消费金额达到 4695 亿美元。两家最大的发卡组织是 VISA 和 Master，现已发展成为跨国经营的世界性组织。还有其他组织发行的一些非银行卡（America Express、Diners Club）。1993 年仅 VISA 及 Master 的发卡量即达 6.6 亿张。遍及全世界 200 多个国家和地区，消费额达 8250 亿美元。上述金融卡基本上均为磁卡，当前 VISA 和 Master 两大组织已开始发行 IC 卡，并计划从 2000 年开始，用 8 年的时间在全球内完成将全部磁条信用卡换为 IC 卡的工作。目前这两大信用卡组织利用 IC 卡的大存储量、安全（难以伪造）以及可脱机交易等特点，在美国已成功发行了 VISACASH（VISA）和 MONDEX（Master）两种电子钱包,适用于大量小额付费的场所以取代现金交易。另外,在美国的IC卡应用还有校园IC卡、交通IC卡、医疗IC卡等。

2)欧洲国家的应用概况

IC卡起源于欧洲,目前在欧洲已取得了广泛的应用。法国目前每年发行1千万张IC信用卡以降低假卡率,并逐渐以IC卡取代磁卡;英国也已从1998年开始逐步用IC信用卡代替磁条卡信用卡;VISA组织在西班牙发行了电子钱包TIBS;比利时Banksys自主发行了Proton电子钱包;意大利从2000年起开始发行IC信用卡;德国的德意志银行从1993年开始,为它的160万客户提供了IC卡,持卡者不仅可在德意志银行国内1400台ATM上取款,并且还适用于全欧洲4万台ATM。除了上述金融卡,欧洲IC卡的应用已几乎遍及人们日常生活的每个领域,包括电话卡、身份卡、交通卡、医疗卡、家庭购物卡、加油卡、公司卡、会员卡以及电影卡等。

3)亚洲各国的应用概况

IC卡的成本比磁条卡要高出许多,但由于其本身具备的极强的安全保密功能、存储和处理信息的功能和脱机交易功能,可以较大的降低伪卡的风险,降低通信费用和提高经营效率,因此,IC卡在亚洲发展中国家和地区也引起了高度的重视。目前马来西亚伊斯兰银行的智能卡应用系统已投入使用。伊斯兰银行是马来西亚第二大商业银行,其下属31家分行均采用高档DOS系统微机做主机,构成分行业务处理系统,下面连接分行的柜员工作站和ATM,全行向客户发行了5万多张智能金融交易卡。各分行的系统平时以脱机方式分布处理,客户凭卡可在所有的分行营业点、ATM及代理商户办理业务或消费转账。各分行系统采用电话拨号批处理方式与总行的UNIX系统小型机清算结账。这个基于分布式处理的银行智能卡系统投产运行不到10年的时间中,仅通信费用的节约已达2000多万美元,取得了明显的经济效益。

当前,两大国际信用卡组织VISA和Master Card也紧盯亚洲,纷纷采取各种行销手段,大举开拓亚洲的IC信用卡市场。韩国选择了VISA的开发平台作为其IC卡多应用平台,开始推出IC信用卡。新加坡发行的Cash Card(电子钱包)IC卡已在市民中广泛使用。我国台湾地区计划中的金融IC卡将把公共汽车卡、加油卡、停车卡、家庭/企业银行卡、自动售货卡五者结合起来成为五合一卡。在亚洲地区,IC卡的应用正蓬勃向前发展。

IC卡的应用领域非常广泛。它除了涵盖传统磁卡的全部功能(例如支付便捷,支持转账,信息加密和存储的功能)外,还拓展到许多磁卡所不能胜任的领域。这在很大程度上归功于IC卡的大容量数据存储能力和强有力的安全特性[32]。

现代IC卡之所以能得到快速的发展和广泛的应用得益于其具有的两项重要

特征:一是作为电子货币凭证,支付便捷;二是作为持卡人的身份证明,可用于各种要求合法性验证的场合。

目前,除在金融系统外,IC 卡在非金融系统也得到了重视和应用。如在通信领域中的公用电话卡,移动电话中的 SIM 卡;在交通领域中的驾驶员执照卡、停车收费卡、公交交通设施自动收费卡及公共交通工具的自动收费卡等;另外在医疗保健、个人身份识别、预收费仪表、校园及小额消费领域中也得到了具体的应用。

4)我国的应用概况

(1)通信领域

电信业是国内 IC 卡应用发展最快的行业。随着移动通信的飞速发展,国内手机用户在成倍上升,SIM 卡发卡数量也因此而成倍增长,到 2000 年发卡数达到 4000 多万。电话 IC 卡也是应用极为广泛的 IC 卡,2000 年达到 1.8 亿张。SIM 卡和电话 IC 卡如图 3-2 所示。

图 3-2 SIM 卡和电话 IC 卡

(2)医疗卫生领域

随着中国医疗体制的改革,居民持保险公司发行的 IC 卡到医院就医,就医费用将由保险公司支付。医疗 IC 卡(图 3-3)除了具有医疗费用的支付功能外,卡内还可以存储病人的病历。病人看病可以到不同的医院,医生可根据卡内的病历信息快速进行诊断和治疗。另外,国家计划生育委员会准备发行育龄妇女计划生育 IC 卡。

(3)交通领域

IC 卡在交通行业上应用大有可为。自 1996 年底深圳开始采用非接触式 IC 卡公交收费系统以来,北京、上海、南京、广州等公交自动收费系统也相继大规模投入建设,极大地方便了出行群众。

除了 IC 卡收费系统的应用,IC 卡还应用于道路交通的管理,例如 IC 卡道路运输人员 IC 卡从业资格证、机动车驾驶员违章处理 IC 卡(图 3-4)等。

图 3-3　医疗保险卡

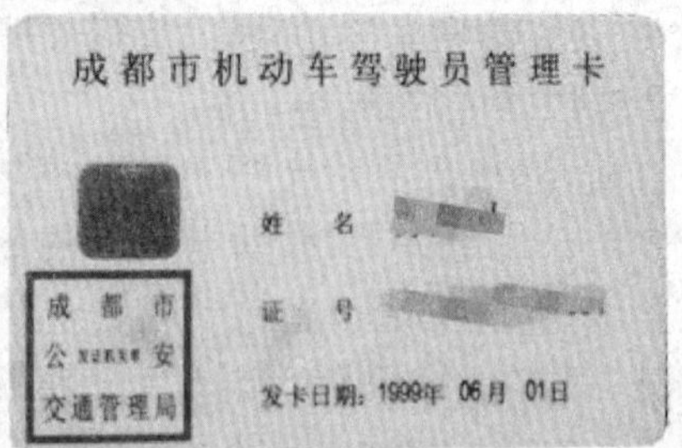


图 3-4　机动车驾驶员管理卡

(4)企、事业单位内部管理

企、事业单位内部管理已包括单位职工内部管理、场区内部通行控制、校园师生管理(图 3-5)、饭店 IC 卡门锁及饭店内部消费等。这类 IC 卡以集团、单位内部等组织为主体发行。

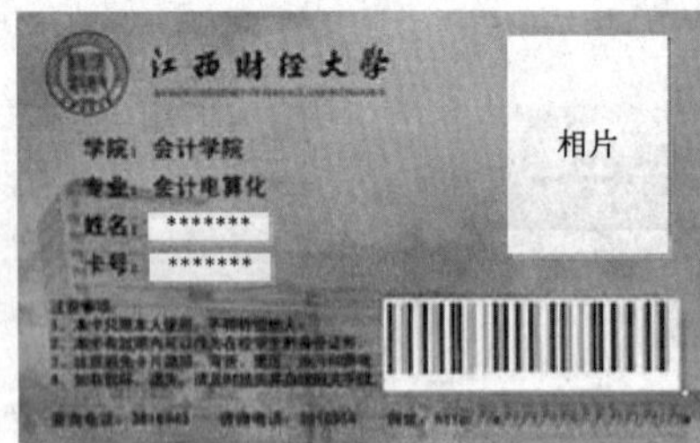

图 3-5　一卡通学生卡

(5)公共事业收费

公共事业收费主要是指水、电、气、煤、电视费及税费的收取,过去一直采用的人工统计、现金缴交的形式效率不高,且征收成本过高,通过引入智能 IC 卡收费模式可有效减少收费过程的种种弊端,简化征收流程,对于提升服务效率,推动公共事业收费信息化水平有一定的促进作用,如图 3-6 和图 3-7 所示。

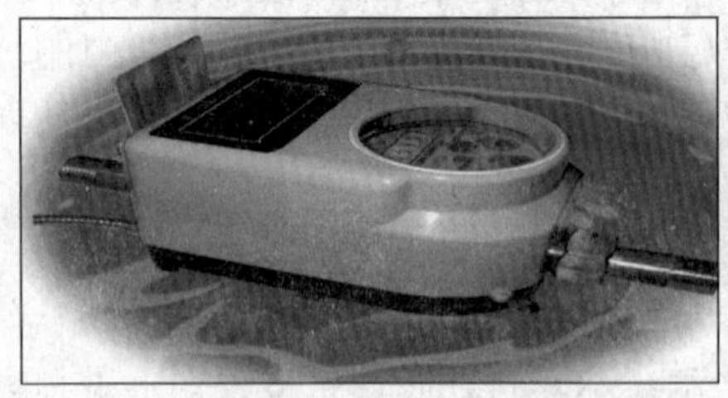

图 3-6　IC 卡水控机与电能卡

(6)加油站

中国石化总公司和地方石油公司都已建立 IC 加油卡(图 3-8)收费系统。随着

IC 收费模式的成熟,IC 卡的应用范围将会越来越广泛,给人们的工作和生活带来很大的方便。

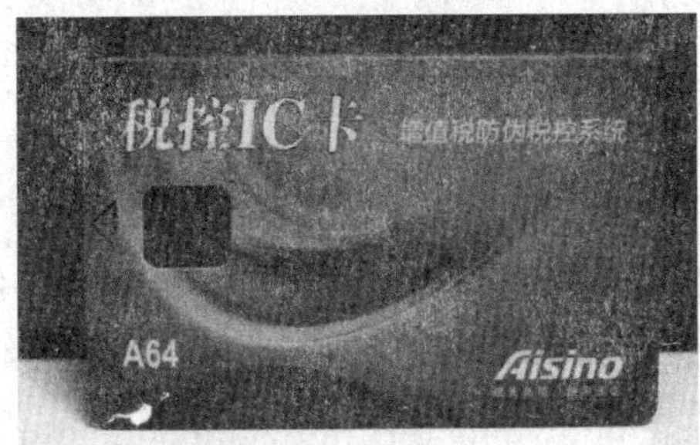


图 3-7 税控 IC 卡

图 3-8 中国石化加油卡

20 多年来,随着 IC 卡市场规模的不断扩大,先后有德国的 Siemens、美国的 Motorola 及 Atmel、荷兰的 Philips 等半导体厂家相继投入了 IC 卡芯片的开发生产,同时涌现出一批著名的 IC 卡制造商,如德国的 G&D、法国的 Schlumberger、Gemplus 和 BULL 等。[33]

在 IC 卡世界应用潮流的推动下,我国已成为世界 IC 卡应用发展最快的国家之一,据公开媒体报道,IC 卡已在我国电信、公安、社会保障、建设、卫生、税务、交通、石油石化和组织机构代码管理等多个领域广泛应用,发卡总量逾 40 亿张。国外厂商纷至沓来,依靠其先进的技术、成熟的经验、熟练的市场运作,在我国占据领先优势,尤其在以 CPU 卡为主的高端市场。Siemens、Gemplus 等在 SIM 卡上保持绝对的优势,Schlumberger、BULL 等占据金融卡很大的份额,Atmel、Motorola、Philips 等在电话卡、交通一卡通等方面也有上佳的表现。国内的 IC 卡芯片目前主要来自进口,不过国产芯片近年来所占比重正逐年上升。

## 3.2 IC 卡技术特点及其分类

IC 卡的性能随型号不同而有差别,但基本涵盖以下特点(图 3-9):[34]

(1)存储容量大,其存储器类型有 ROM、RAM、EPROM、EEPROM 等,容量从几字节到几兆字节不等。容量大、体积小、重量轻、携带方便、抗干扰能力强等特点成为了 IC 卡的突出优势。

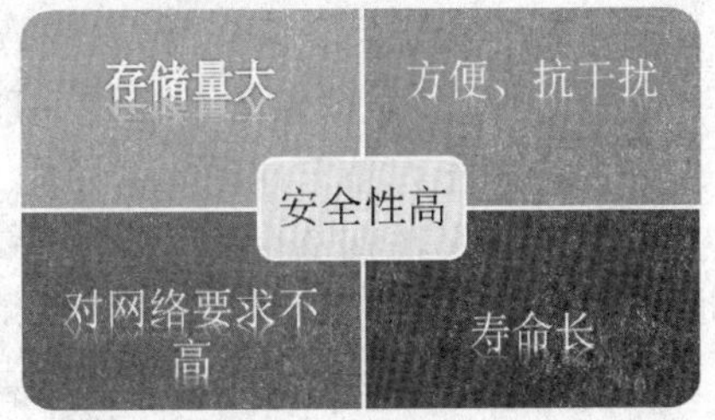


图 3-9 IC 卡特点

(2)安全性高、存储器本身具有控制密码,三次输入错码,则卡片会自毁,不能再进行读写,另外从应用软件上还可以加设安全措施,所以软、硬两方面的措施,使 IC 卡有很高的安全性。

(3)能以脱机方式使用,对网络要求不高,尤其是对网络实时性、敏感性要求不高,故网络投资较小。

(4)寿命长、一般循环读写寿命大于10万次。

### 3.2.1 IC卡的分类

随着超大规模集成电路技术、计算机技术以及信息安全技术等的发展,IC卡种类更加丰富,技术也更趋成熟,已在国内外得到了广泛的应用。下面将从不同的角度对IC卡进行详细分类[35]。

1)根据镶嵌的芯片划分

(1)存储卡:卡内芯片为电可擦除可编程只读存储器EEPROM(Electrically Erasable Programmable Read - only Memory),以及地址译码电路和指令译码电路。为了能把它封装在0.76mm的塑料卡基中,特制成0.3mm的薄型结构。存储卡属于被动型卡,通常采用同步通信方式。这种卡片存储方便、使用简单、价格便宜,在很多场合可以替代磁卡。但该类IC卡不具备保密功能,因而一般用于存放不需要保密的信息。例如医疗上用的急救卡、餐饮业用的客户菜单卡。常见的存储卡有Atmel公司的AT24C16、AT24C64等。

(2)逻辑加密卡:该类卡片除了具有存储卡的EEPROM外,还带有加密逻辑,每次读/写卡之前要先进行密码验证。如果连续几次密码验证错误,卡片将会自锁,成为死卡。从数据管理、密码校验和识别方面来说,逻辑加密卡也是一种被动型卡,采用同步方式进行通信。该类卡片存储量相对较小,价格相对便宜,适用于有一定保密要求的场合,如食堂就餐卡、电话卡和公共事业收费卡。常见的逻辑加密卡有Siemens公司的SLE4442、SLE4428,Atmel公司的AT88SC1608等。

(3)CPU卡:该类芯片内部包含微处理器单元(CPU)、存储单元(RAM、ROM和EEPROM)和输入/输出接口单元。其中,RAM用于存放运算过程中的中间数据,ROM中固化有片内操作系统COS(Card Operating System),而EEPROM用于存放持卡人的个人信息以及发行单位的有关信息。CPU管理信息的加/解密和传输,严格防范非法访问卡内信息,发现数次非法访问,将锁死相应的信息区(也可用高一级命令解锁)。CPU卡的容量一般较大,价格比逻辑加密卡要高。但CPU卡的良好的处理能力和上佳的保密性能,使其成为IC卡发展的主要方向。CPU卡适用于保密性要求特别高的场合,如金融卡、军事密令传递卡等。国际上比较著名的CPU卡提供商有Gemplus、G&D和Schlumberger等。

(4)超级智能卡:在CPU卡的基础上增加键盘、液晶显示器和电源,即成为一超级智能卡,有的卡上还具有指纹识别装置。VISA国际信用卡组织试验的一种超级卡即带有20个键,可显示16个字符,除有计时、计算机汇率换算功能外,还存储有个人信息、医疗、旅行用数据和电话号码等。

各类卡的特征对比如表3-1所示。

**各类IC卡特征对比表** 表3-1

| 卡类别 | 容量 | 保密性 | 价格 | 应用场合 |
|---|---|---|---|---|
| 存储卡 | 几kB到几十kB | 无安全逻辑 | 价格低廉 | 电话IC卡、急救卡等 |
| 逻辑加密卡 | 几kB | 安全性能较好,有一定安全保证 | 价格一般 | 保险卡、加油卡、驾驶卡、借书卡 |
| CPU卡 | 几kB到几十kB | 极强的安全防卫能力 | 价格较贵 | 公交卡、手机卡、金融信用卡等 |
| 超级智能卡 | 存储空间大,可扩展 | 提供多种加密保密措施 | 价格较高 | 目前应用在安全性有特殊要求的场合 |

2)根据卡与外界数据交换的界面划分

(1)接触式IC卡:该类卡是通过IC卡读写设备的触点与IC卡的触点接触后进行数据的读写。国际标准ISO7816对此类卡的机械特性和电器特性等进行了严格的规定。

(2)非接触式IC卡:该类卡与IC卡设备无电路接触,而是通过非接触式的读写技术进行读写(如光或无线技术)。其内嵌芯片除了CPU、逻辑单元和存储单元外,增加了射频收发电路。国际标准ISO10536系列阐述了对非接触式IC卡的规定。该类卡一般用在使用频繁、信息量相对较少和可靠性要求较高的场合。

(3)双界面卡:将接触式IC卡与非接触式IC卡组合到一张卡片中,操作独立,但可以共用CPU和存储空间。

3)根据卡与外界进行交换时的数据传输方式划分

(1)串行IC卡:IC卡与外界进行数据交换时,数据流按照串行方式输入输出,电极触点较少,一般为6个或者8个。由于串行IC卡接口简单、使用方便,目前使用量最大。国际标准ISO7816所定义的IC卡就是此种卡。

(2)并行IC卡:IC卡与外界进行数据交换时以并行方式进行,有较多的电极触点,一般为28~68个。主要具有两方面的好处,一是数据交换速度提高,二是现有条件下存储容量可以显着增加。

4)根据卡的应用领域划分

(1)金融卡:也称为银行卡,又可以分为信用卡和储蓄卡两种。前者用于消费支付时,可按预先设定额度透支资金;后者可作为电子钱包或者电子存折,但不能透支。

(2)非金融卡:也称为非银行卡,涉及范围十分广泛,实际包含金融卡之外的所有领域,诸如电信、旅游、教育和公交等。

IC 卡的分类如图 3-10 所示。

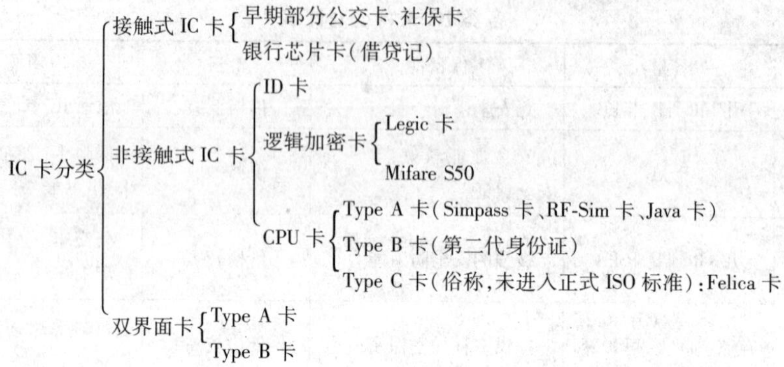


图 3-10　IC 卡的分类

为了进一步加深对 IC 卡技术的认识和了解,以卡与外界数据交换的界面不同分类方法为例,介绍 IC 卡的特点。

## 3.2.2　接触式 IC 卡

1)接触式 IC 卡定义及基本物理结构

所谓接触式 IC 卡就是指在使用时通过有形的金属电极触点将卡的集成电路与外部接口电路直接接触连接,提供集成电路工作的电源并进行数据交换的 IC 卡。其卡的表面有符合 ISO7816 标准的多个金属触点[36]。接触式 IC 卡的实际构成可分为:半导体芯片、电极模片和塑料基片,如图 3-11和图 3-12 所示。

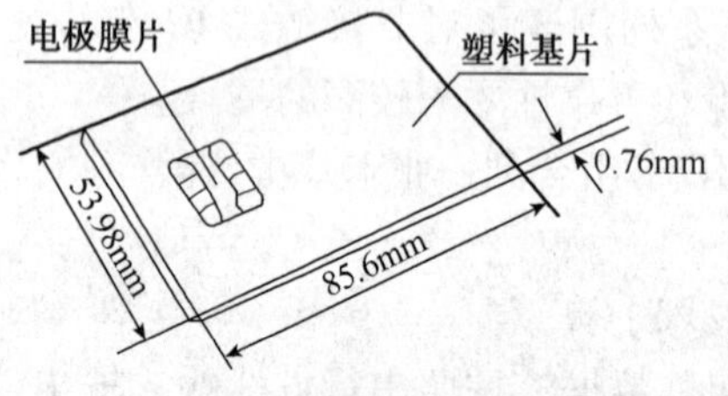


图 3-11　接触式 IC 卡外形图

图 3-12　接触式 IC 卡实物图——公交 IC 卡

(1)半导体芯片

半导体芯片:它是 IC 卡的核心部分。一般采用 0.38 ~ 0.8μm 的 HCMOS 或 NMOS 工艺制造的超大规模集成电路。在半导体芯片中包括存储器、译码电路、接口驱动电路和逻辑加密控制电路,甚至微处理器单元(CPU)等各种功能电路。其外形大小约为 2mm ×1mm ×0.3mm。

(2)电极模片

电极膜片:它是作为半导体芯片各输入/输出信号引脚与外部设备接触连接的导电体,实际是一种精密的印刷电路板(PCB)。其基底为一层绝缘材料,(一般为环氧树酯玻璃或聚酰亚胺薄膜)。在基底的绝缘材料上沉积一层铜合金,并在其外端表面镀金,以提高其导电性能和防氧化能力。电极膜片的外形大小约为:长9.62 ~13.65mm,宽 9.32 ~11.56mm。电极膜片的外形一般为矩形或椭圆形。这种形状上的差异主要是为了改善卡片的抗扭曲方面的机械特性。电极膜片上共有多个芯片电极,每个电极的中心位置和最小面积是有规定的。

(3)塑料基片

塑料基片是半导体芯片和电极膜片的载体。根据各生产厂家制卡工艺设备的要求,一般采用 PVC(聚氯乙烯)、PET 和 ABS 塑料材料。目前在国内所使用或封装生产的 IC 卡,基片材料大都使用 PVC 材料。但随着制卡技术不断发展和对工业环保的要求,PVC 材料的使用将会逐渐受到一定的限制。因而目前国外的一些制卡厂商已逐渐将 IC 卡的基片材料转向改用 PET 或 ABS 材料。塑料基片的大小,要符合国际标准——识别卡的 ID-1 型的尺寸是 85.6mm(长)× 53.98mm(宽)×0.75mm(厚)。应该说明的是由半导体芯片和电极膜片封装而成的 IC 卡模块(Wire Boded Module)就可以实现 IC 卡的基本功能,如图 3-13 所示。

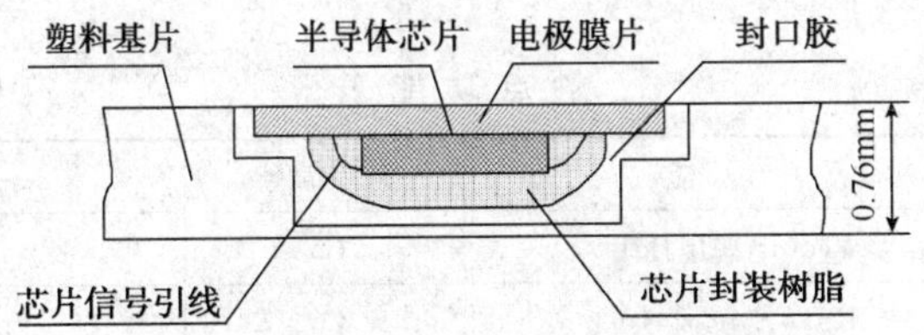


图 3-13 接触式 IC 卡内部结构剖视图

2)接触式 IC 卡的触点尺寸、位置和功能

接触式 IC 卡有 8 个触点,即集成电路引脚,从 C1 到 C8,如图 3-14 所示。国际标准 ISO/IEC 7816-2 对接触式集成电路卡的触点尺寸和芯片位置以及功能作了具体的规定。

IC 卡的电极膜片(即 8 个触点)既可安排在塑料基片的正面,也可安排在反面。触点之间的排列顺序必须按图 3-14 所示排列。各触点在卡基平面的几何尺寸、位置均以卡触点的接触面的左边沿和上边沿为基准边。

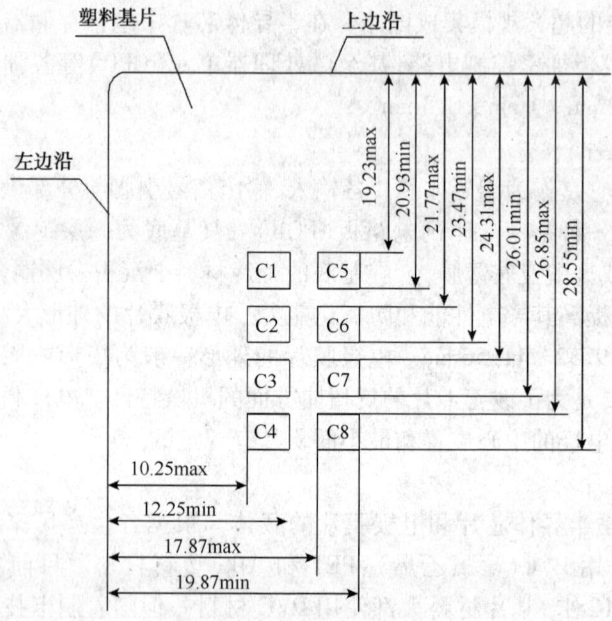


图 3-14　接触式 IC 卡的触点位置

在 ISO/IEC 7816-2 中对每个触点的几何形状和最大面积虽然没有规定，但却规定了每个触点表面积的内切矩形面积不得小于 2mm × 1.7mm。各触点之间应相互隔离。而相邻两个触点之间的最大距离为 0.84mm。8 个触点所占最大面积没有规定，但规定最小面积不小于 9.62mm（长）× 9.32mm（宽）的矩形面积。触点的功能如表 3-2 所示。

**触点功能表**　　表 3-2

| 触点编号 | 功　能 | 触点编号 | 功　能 |
|---|---|---|---|
| C1 | Vcc（电源电压） | C5 | GND（地） |
| C2 | RST（复位信号） | C6 | Vpp（编程电压） |
| C3 | CLK（时钟） | C7 | I/O（数据输入/输出端） |
| C4 | ISO/IECJTC1/SC17 保留使用 | C8 | ISO/IECJTC1/SC17 保留使用 |

3）接触式 IC 卡的物理特性相关标准

符合国际标准的 IC 卡的物理特性主要由国际标准 ISO 7810、ISO 7811-1/2/3/4、ISO 7812、ISO 7813 和 ISO/IEC 7816-1 等定义。其主要特性指标包括几何尺寸、抗X射线能力、触点与卡基表面的误差、电阻(触点)、抗电磁干扰、抗磁场干扰、抗静电能力、热耗、抗弯曲特性以及抗扭曲特性等。上述物理特性及其检测方法参见相关国际标准。ISO 7810中为各种识别卡定义的物理特性,例如ISO 7813中对金融交易卡定义的阻燃性和外形尺寸附加特性:

①防护紫外线的能力;

②X光照射的剂量;

③触点的表面轮廓;

④卡和触点的机械强度;

⑤触点电阻;

⑥磁条与集成电路之间的电磁干扰;

⑦指定强度磁场的影响;

⑧静电影响;

⑨热耗等。

4)几种常用的接触式IC卡

(1)存储器卡

存储器卡(图3-15、图3-16)功能简单,没有(或很少有)安全保护逻辑,但价格低廉、开发使用简便、存储容量增长迅猛,因此多用于某些简单的、内部信息无需保密或不允许加密(如急救卡)的场合。非加密存储器卡的特点:

①卡内嵌入的芯片多为通用EEPROM(或Flash Memory)。

②无安全控制逻辑,可对片内信息不受限制地任意存取。

③卡片制造中也很少采取安全保护措施。

④不完全符合或支持ISO/IEC 7816国际协议,而多采用2线串行通信协议(I2C总线协议)或3线串行通信协议(SPI协议)。

存储器卡的代表产品为美国Atmel公司的EEPROM卡AT24系列2线串行芯片和AT93系列3线串行系列,Flash Memory卡AT45D系列(2~8Mb,SPI协议)。

图3-15　存储器卡的逻辑结构图　　　图3-16　存储器卡片

(2)逻辑加密存储器卡

由于逻辑加密存储器卡(图 3-17、图 3-18)具有一定的保密功能,且价格较 CPU 卡低,因此在需要保密但对安全性要求不是太高的场合,逻辑加密卡得以大量应用,已成为目前 IC 卡在非金融领域的最主要的应用形式。逻辑加密存储器卡的特点:

①具有安全控制逻辑,安全性能较好。

②同时采用 ROM、PROM、EEPROM 等存储技术。

③从芯片制造到交货,均采取较好的安全保护措施,如运输密码 TC(Transport Code)的取用。

④支持 ISO/IEC 7816 国际标准。

⑤一般均为专门为 IC 卡设计的芯片。

⑥为提高安全性,逻辑加密卡的存储空间被分为多个不同的功能区。

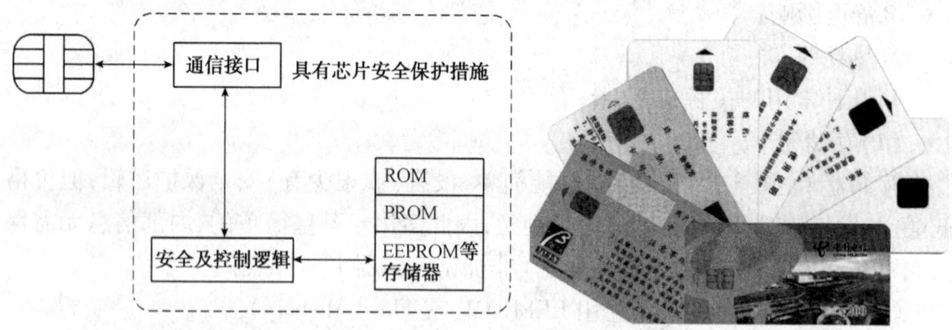


图 3-17　逻辑加密卡的逻辑结构图　　　图 3-18　逻辑加密卡片

逻辑加密存储器卡的代表产品有:

①面向字节操作的逻辑加密卡,如 Atmel 的 AT88SC200、Philips 的 PC2032/2042、Siemens 的 SLE4418/4428/4432/4442 等,应用于保险卡、加油卡、驾驶卡、借书卡等。

②包括了两种类型:

a. 一次性使用的不可重置式,如 Siemens 的 SLE4406/4436、Atmel 的 AT88SC06、Gemplus 的 GPM276/103。

b. 可重置式,如 Siemens 的 SLE4404(64 次)、Atmel 的 AT88SC101/102(128 次),应用于 IC 卡电话、小额电子钱包。

(3)CPU 卡

CPU 卡具有很高的数据处理和计算能力以及较大存储容量,因此具有灵活性和适应性较强的特点。在硬件结构、操作系统和制作工艺上采取多层次安全措施,保证了极强的安全防伪能力。它不仅可验证卡和持卡人的合性法,而且可鉴别读写终端，即进行双向认证。

CPU 卡的硬件构成（图 3-19）包括 CPU、存储器（含 RAM、ROM、EEPROM 等）、卡与读写终端通信的 I/O 接口及加密运算协处理器 CAU，其中：

①CPU 一般为兼容于 8 位字长单片机（如 MC68HC05、Intel8051 等）的微处理器。它将在 COS（Chip Operation System，片内操作系统）控制下，实现卡片与外界的信息传输、加密、解密和判别处理等。

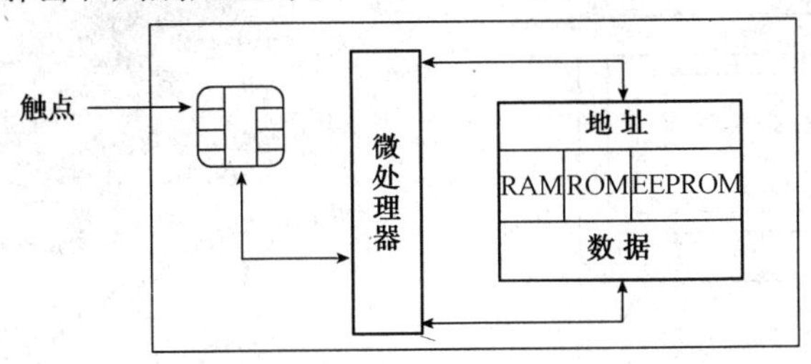


图 3-19 CPU 卡内部结构图

②ROM 用于存放 COS，3 ~ 16kB。

③RAM 用于存放中间处理结果及作为卡与读写器间信息交换的中间缓存器，128B ~ 1kB。

④EEPROM 则是真正可供用户访问的存储区，用于保存卡的各种信息、密码、密钥、应用文件等，1 ~ 16kB。

⑤CPU 卡通常采用 DES、RSA 等加密、解密算法提高系统的安全度，采用 RSA 等算法时要进行对运算速度要求较高的大指数模运算，8 位的 CPU 将难以胜任，因此多设有专用加密、解密运算协处理器 CAU。

目前 CPU 卡多用于一卡多用（一卡通）及对数据安全保密性特别敏感的场合，如金融信用卡、手机 SIM 卡等。

### 3.2.3 非接触式 IC 卡

1）非接触式 IC 卡的定义及基本物理结构

非接触式 IC 卡（图 3-20 和图 3-21）是在卡中敷设天线，利用天线的接收发射，与读写器的天线交换信号，实现一种无线通讯，卡中嵌有耦合元件和微电子芯片。非接触式 IC 卡又称为射频卡（RFC Radio Frequency Card），简称 RF 卡，也称为射频识别系统（RFID Radio Frequency Identification）[36]。

非接触式 IC 卡的外形尺寸（图 3-22）符合国际标准 ISO 7810 对 ID-1 型卡的规定（85.72mm × 54.03mm × 0.76mm），其制造工艺是在四层 PVC 薄膜（两层嵌入薄膜和两层覆盖薄膜）之间粘合一个非接触式 IC 卡模块及耦合元件而构成的，其中，耦合元件一般为电磁感应天线线圈，起电感耦合作用。将设计成线圈状的天线安放在承载薄膜的上面，且用适当的连接技术将其与芯片模块连接在一起。天线的制造主要采用以下四种方法：绕制工艺、布线工艺、丝网印刷工艺和蚀刻工艺。非接触式 IC 卡的薄膜结构如图 3-23 所示。

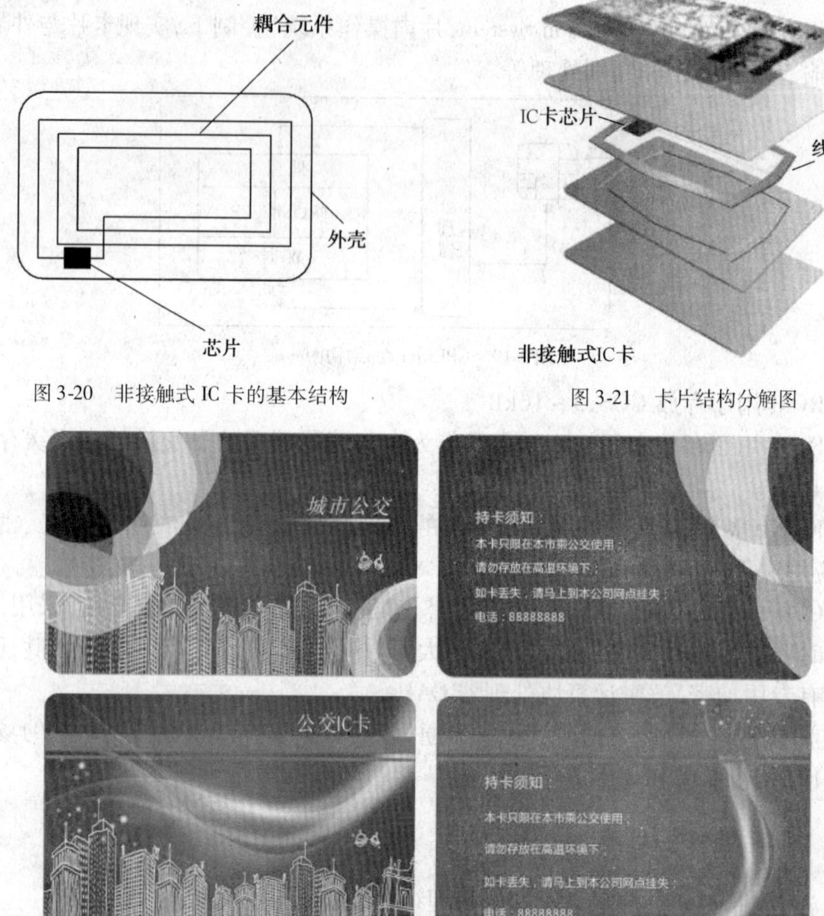


图 3-20　非接触式 IC 卡的基本结构

图 3-21　卡片结构分解图

图 3-22　非接触式 IC 卡实物图

2）非接触式 IC 卡的特点

（1）可靠性高、寿命长。由于读写之间无机械接触，避免了因接触读写而产生的各种故障；且非接触式 IC 卡及读写器表面均无裸露的触点，无须担心触点损坏或脱落、卡弯曲损害导致卡片失效；卡和读写器均为全封闭防水、防尘结构，既避免静电、尘污对卡的影响，也可防止粗暴插卡、异物插入读写器插槽以及读写器“吃卡”等问题。这些都将大大提高卡及机具的可靠性和使用寿命。

(2)操作快捷便利。无接触通信使读写器在10cm范围内就可以对卡片操作,无需插拔;且非接触式IC卡使用时无方向性,卡片可以任意方向掠过读写器表面完成操作,既方便又提高了使用速度。

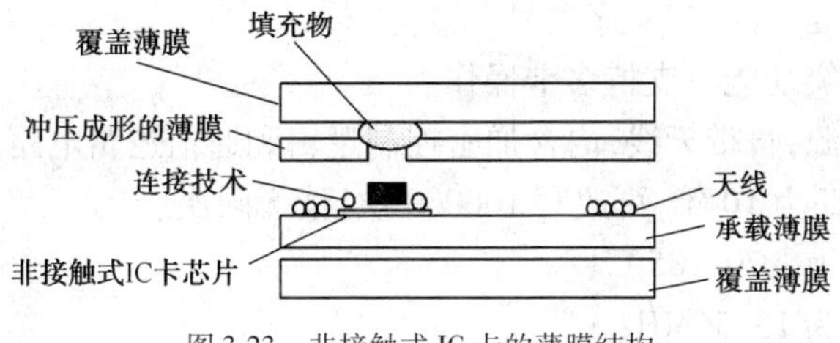


图3-23　非接触式IC卡的薄膜结构

(3)动态处理。由于非接触式IC卡与读写器之间通信时处于相对运动的状态,对电路的处理速度、可靠性等都提出了更高的要求,因此,对应用于安全性要求较高的场合,目前仍主要采用接触式CPU卡,非接触式CPU卡正处于发展中。

(4)成本较高。显然,由于卡和读写器都需要将射频技术结合进去,因此必然会增加成本。

3)非接触式IC卡的分类

非接触式IC卡按其功能可分为存储卡,多用途卡和组合卡。

存储器卡用于恶劣环境下的数据存储和数据传输,并且提供了数据安全内核高可靠性的通信方式,与读写器的通信十分方便和快捷。目前,国外已出现的最大容量的非接触式IC卡完全可以适应各种大容量存储。

多用途非接触智能卡,卡内有高速加密微处理器,具有完善的安全技术体制及面向应用编程,有良好的适应性及灵活性,具有很高的数据安全性和可靠性。卡内存储器分多个分区,可实现多种应用。

组合卡是在一个集成电路芯片中集成了接触口和非接触口,共同分享一个存储器,既可工作在接触模式又可工作在非接触模式。

4)典型的非接触式IC卡

(1)Mifare 1非接触式IC卡

Philips公司的Mifare 1系列中,目前只有S50和S70两个型号,除了存储容量和分区不同之外,其他各项技术的指标和性能都相同。

Mifare 1型IC卡读写器通信为半双工方式,卡内带有CRC协处理器。Mifare 1型IC卡上具有数据通信加密和双向认证密码系统。卡内还自带加值/减值算数运算电路,非常适合公交地铁等行业的收费系统。

①Mifare 1非接触式IC卡性能简介:

a.对于S50卡,具有8kbit EEPROM存储容量,并划分为16个分区,每个分区划分为4个数据存储块,对于S70卡,则有32kbit EEPROM存储容量,划分为32个分区。

b. 每个分区有独立的密码及访问控制。

c. 每张卡有唯一的32bit序列号

d. 具有防冲突功能。支持多卡操作。

e. 卡内无电源,自带天线,内含加密控制逻辑和通信逻辑电路。

f. 数据保存期为10年,可改写100000次,读无限次。

g. 工作温度为-20~85℃。

h. 工作频率为13.56MHz

i. 通讯速率为106kb/s。

j. 读写距离在10mm以内(与读写器有关)。

k. 静电保护达2kV。

②Mifare1非接触式IC卡的组成

Mifare1 S50非接触式IC卡的组成如图3-24所示,由射频接口和数字电路两部分组成。

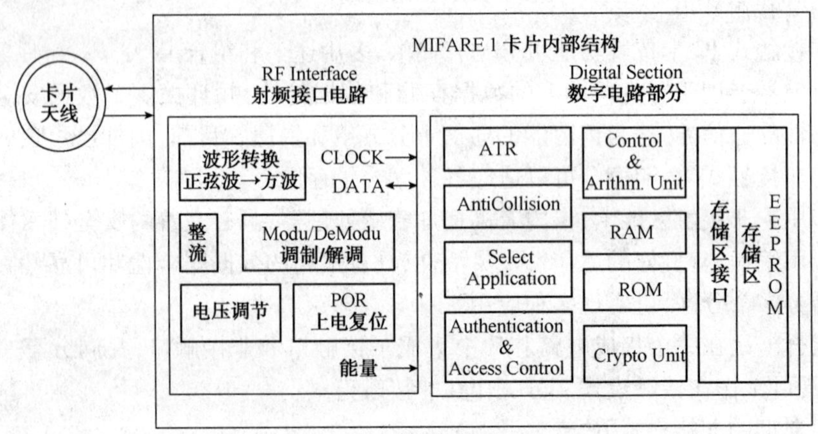


图3-24 MF1 IC S50非接触式IC卡的功能组成图

(2)非接触CPU卡

非接触CPU卡是智能卡技术与非接触技术(RFID)的融合。目前流行的非接触CPU卡有ISO/IEC 14443A/B两种规格。非接触型CPU卡可适用于金融、保险、交警和政府行业等多个领域,具有用户空间大、读取速度快和支持一卡多用等优点。特点具体如下:①高安全性:由于CPU卡中有微处理机和IC卡操作系统(COS),当CPU卡进行操作时,可进行加密和解密算法(DES,3DES),用户和IC卡系统之间需要进行多次的相互密码认证(且速度极快),提高了系统的安全性能,对于防止伪卡的产生有很好的效果;②高应用扩展性:CPU 卡具有高储存容量,支持一卡多用,且各应用程序之间相互独立。用户后续应用扩展空间大,可以长时间使用;③高标准化,具有规范性。

CPU 卡本身的标准有:ISO10536、ISO7816 等;有关金融领域 CPU 卡应用的标准有:ISO9992、ISO14443、ISO10202 和 EMV 等。

**M1 卡与 CPU 卡的性能比较**　　表 3-3

| 项目 | Mifare 1 卡 | 非接触式 CPU 卡 |
|---|---|---|
| 容量 | 1k Bytes/4KBytes | 4k Bytes 至 80k Bytes |
| 多应用 | 简单支持多应用,应用数量和容量均有限 | 支持多应用,应用之间可完全独立并可自行定义,支持多种认证方式 |
| 操作系统 | 简单的硬件加密逻辑电路,无 COS | 由符合各种行业规范的 COS 来实现应用 |
| 硬件加密模块 | 无实现算法的硬件加密模块 | 硬件 DES 运算模块/RSA 运算模块 |
| 终端安全性 | 检验码由程序与 PSAM 卡计算,不能保证交易的完整性和不可抵赖性 | 密钥存储、交易验证与加密计算都有 PSAM 卡独立完成,安全有保障 |

5)非接触卡相关标准

ISO 14443 标准是针对非接触卡制定的国际标准,共包括 4 部分:ISO/IEC14443-1,规定了卡的物理特性;ISO/IEC14443-2,规定了非接触式卡与读写设备(耦合式)之间的射频功率和相互通讯特性,其中根据卡与读卡设备相互通讯的信号接口方式,分为 TYPE A(类型 A)和 TYPE B(类型 B);ISO/IEC14443-3,为多张卡同时出现在读卡设备时规定了防冲突特性;ISO/IEC14443-4,传输协议。其中在现有公交智能卡领域中,采用 ISO/IEC14443 标准的卡片居多,常分为 Type A 卡、Type B 卡和 Type C 卡。

Type A 是由 Philips(Siemen)等半导体公司最先首次开发和使用。在亚洲等地区,Type A 技术和产品占据了很大的市场份额。其主要原因是由于亚洲等区域是一个非常年轻、尚待非接触智能卡技术市场开发、机遇繁多的、被欧洲一些著名智能卡公司忽略了的区域。代表 Type A 非接触智能卡芯片主要有:Mifare-Light(MF1 IC L10 系列)、Mifare 1(S50 系列、内置 ASIC)、Mifare2(即:Mifare Pro)(MF2 ICD8x 系列:接触/非接触双接口系列、内置兼容 Intel18051 的微处理控制器 MCU)等。相应的 Type A 卡片读写设备核心 ASIC 芯片,以及由此组成的核心保密模块 MCM(Mifare Coremodule)的主要代表有:RC150、RC170、RC500 等,以及 MCM200、MCM500 等。所以,总体来说,Type A 技术的确是一个非常优秀的非接触技术,设计简单扼要,应用项目的开发周期可以很短,同时又能起到足够的保密作用,可以适用于非常多的应用场合。

Type B 是一个开放式的非接触式智能卡标准。所有的读写操作可以由具体的应用系统开发者定义。正因为这一点,它可以被世界上众多的智能卡厂家所广泛接受。正由于 Type B 具有开放式特点,所以每个厂家在具体设计、生产其本身的智能卡产品时,将会把其本身的一些保密特性融入其产品中,例如加密的算法,认证的方式等。

Type C 由日本 Sony 公司研制。其 Feilica 非接触式智能卡(也称"八达卡")及 RC-S 系列读写器成功地应用于香港的地铁运营系统。新加坡 MRT(地铁)/LRT(轻轨)/BUS 等公共交通系统(EasyLink)等也将/正在使用 Sony 公司的非接触式智能卡技术,作为交通一卡通使用。Sony 公司的非接触智能卡技术在整个非接触式智能卡技术领域中独树一帜。其独特的天线结构和技术,使其读写器的卡片读写距离可以非常稳定地达到 10cm 以上。其天线结构中镶嵌的特殊材料(铁氧体等材料)使其整个天线电磁场的读写距离非常均匀,没有"死区"现象出现。香港地区以及新加坡陆路交通管理局等对 Sony 公司的技术产品使用后均表示了非常一致的满意。同时,Sony 非接触智能卡还有一个非常重要的特性,即数据写操作挫败时的数据有恢复功能。在对卡片读写操作时,为了保证在同一时间内,多个数据块的写入操作仅用一个写操作命令,因此当写入这些数据块时,写入数据块中任何一小部分如果出现写入失败的话,所有的数据块内容将会自动返回到以前的状态,也即数据被写入之前的状态(内容)。此时所有旧的数据仍然保留,新的准备写入的数据(已经出错的数据)将被丢弃。

### 3.2.4 双界面卡

双界面卡(图 3-25)是由 PVC 层合芯片线圈而成,基于单芯片的集接触式与非接触式接口为一体的智能卡。若要对芯片访问,既可以通过接触方式的触点,也可以通过相隔一定距离,以射频方式来访问。卡片上只有一个芯片,两个接口,通过接触界面和非接触界面都可以执行相同的操作。两个界面遵循着两个不同的标准。

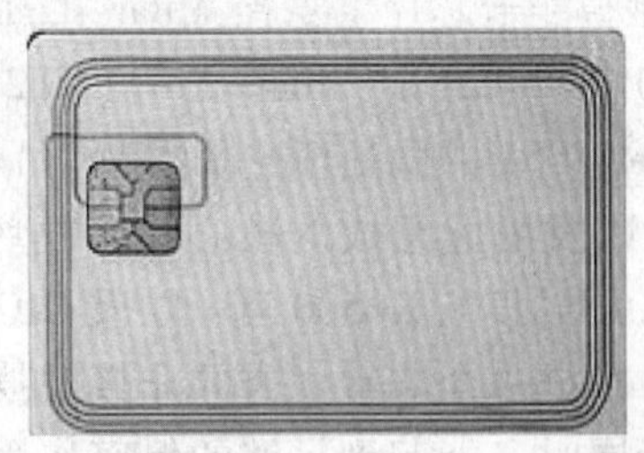

图 3-25 双界面卡及其读卡器

1)双界面卡的构成

双界面卡是基于单芯片的、集接触式与非接触式接口为一体的智能卡,这两种接口共享同一个微处理器、操作系统和 EEPROM(图 3-26)。卡片包括一个微处理器芯片和一个与微处理器相连的天线圈,由读写器产生的电磁场提供能量,通过射频方式实现能力供应和数据传输。

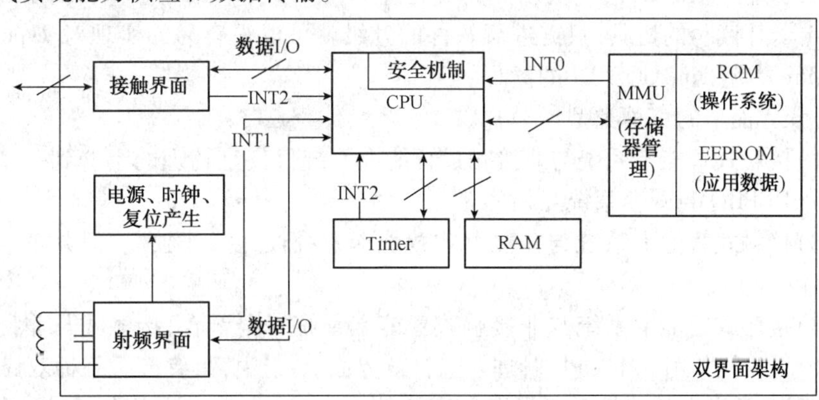


图 3-26　双界面卡的芯片结构

2)双界面卡的特点

(1)一卡多用、一卡通用

卡片支持一卡多用,一张卡片可以集成多个不同行业的应用、多应用同时发卡。应用灵活、方便,根据不同应用条件和要求,可任选采用接触式或非接触式交易方式,降低运营成本。适用于交易量大,交易时间短,交易过程无需等候的试用环境中。机具全封闭,抗破坏和抗干扰能力强,适用于恶劣工作环境和自助消费场所。安全性高,可作为电子钱包应用。卡片具有防冲突机制,允许多张卡片同时进入交易区。与传统接触式设备完全兼容,可在其上直接使用。

(2)高度安全

芯片安全:采用内带随即数据发生器,能够防止物理、逻辑上的各种攻击。芯片中的程序代码 COS 一经写入,即不可再现;每个芯片具有唯一的出厂码。

操作系统安全:支持 singleDES 和 TripleDES 算法。可自动根据密钥长度选择 singleDES 或 TripleDES 算法。支持路线加密和保护功能,防止通讯数据被非法窃取或篡改。多种密钥类型支持密钥的不同使用方式。

传输安全:非接触式方式进行数据传输遵循相关的传输协议,经过卡片和机具的加密处理,数据即使被截获也不会泄密。

(3)快速交易

芯片内含 DES 运算加密器,可快速完成 singleDES、TripleDES 等算法,一次 TripleDES 运算时间为 130 微秒。非接触通讯时,通讯传输速率为 106kbps;接触部分的通讯速率可以调整,通讯速率可以达 38400bps。

(4)兼容性好

符合《中国金融集成电路(IC)卡规范》的要求。符合 ISO14443 标准的 Type A,以后的基于 Siemens 芯片的双界面卡支持 Type A 或 Type B。目前,应用的支持 Mifare 1 卡片读写的机具,只需进行软件的升级就可以很容易的实现对 Type A 的 Mifare-Pro 类型 TimeCOS/DI 的读写。

3)双界面卡的三种类型

(1)接触式智能卡系统与非接触式智能卡系统仅仅是物理的组合到一张卡片中,两个 EEPROM、两套系统互相独立。

(2)接触式智能卡系统与非接触式智能卡系统彼此操作独立,但共享卡内部分存储空间。

(3)接触式智能卡系统与非接触式智能卡系统安全融合,接触式与非接触式运行状态相同,共用一个 CPU 管理。三种双界面 IC 卡中,只有最后一种双界面 IC 卡才是真正意义上的非接触双界面 CPU 卡[37]。

### 3.2.5　JAVA 卡

1)JAVA 卡概述

JAVA 卡是一种可以运行 JAVA 程序的接触式微处理器智能卡,在卡中运行的程序叫 Applet。Applet 可以动态装载到 JAVA 卡上。JAVA 卡的 API(JAVA Card 2.1.1 Application Programming Interfaces Specification )为智能卡制定了一个 JAVA 语言的特殊子集。如今 95% 智能卡制造商已经支持了 JAVA 卡的 API。JAVA 卡和 JAVA 卡 API 的出现使智能卡的编程变得既快又简单,同时这些卡的应用程序(Applet)可以在任何支持 JAVA 卡 API 的智能卡上运行。可以说 JAVA 卡的出现立刻解决了 JAVA 卡出现之前智能卡所遇到的问题[38]。

2)JAVA 卡结构

JAVA 卡有点像一部功能齐全,但规模较小的电脑,其硬件主要是为了保证 JAVA 卡的运行环境的需要,其最小的硬件配置要求为:[39]

(1)512Bytes RAM:主要用于存放程序执行时的堆栈、暂存资料以及作为 I/O 的缓冲区。

(2)24kB ROM:主要用于存放操作系统以及运行环境(Runtime Environment),如 JAVA 虚拟机、Applet 等。

(3)8kB EEPROM:用于储存我们开发并装载至 JAVA 卡上的 Applet。

(4)8-bit processor:JAVA 卡需要至少 8 位的处理器支持。

那么JAVA卡的内部结构究竟是怎么样的呢？根据上述的硬件介绍，基本上我们可以将JAVA卡想象为一部PC的缩影：JAVA卡的内部结构由OS、native functions、JAVA VM（JAVA虚拟机）、JAVA Framework以及架构在此上的应用程序（Applet）所构成。

（5）在此结构中，最底层的OS（操作系统）and Native Functions（基本函数）是负责低层的处理工作，如同PC的操作系统。

（6）JAVA虚拟机处于OS and Native Functions之上，它的存在实现了卡接口的统一和编程语言的统一。并且也隐藏了卡底层各个卡供应商不同的技术。

（7）JAVA卡Framework为开发人员定义了一整套编程接口类，主要负责执行JAVA卡Applet以及提供Applet执行所需要的环境。

（8）Industry Add-on Classes则是服务方所提供的类，使得企业与公司能够提供属于自己的服务程序，例如，如果这张卡是GSM网络的SIM卡，那么这一层就是SIM卡所需的接口类。

（9）JAVA卡的最上层就是所谓的JAVA卡Applet，也就是我们要进行开发的应用。如图3-27～图3-29所示，一个JAVA卡可以执行多个JAVA卡Applet。每个Applet是靠AID（应用ID号）来识别的。但是要特别注意，JAVA卡的执行环境并不支援多线程，所以一次只能执行一个Applet，并且Applet与Applet之间也有防火墙的阻隔。

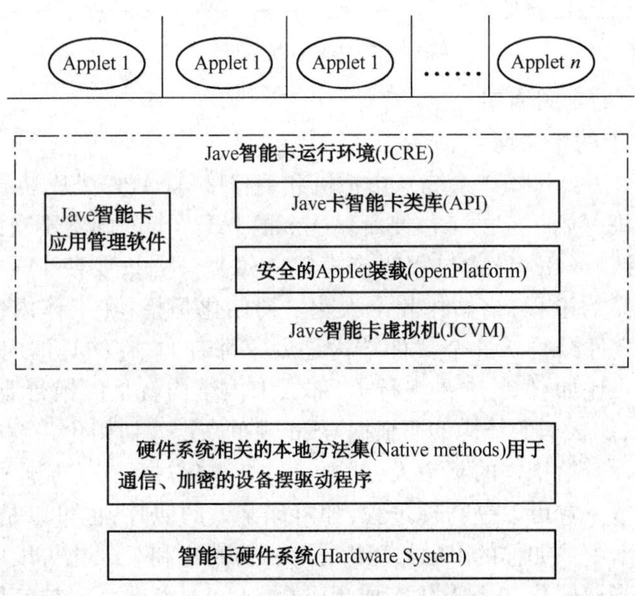


图3-27　JAVA卡的软件结构图

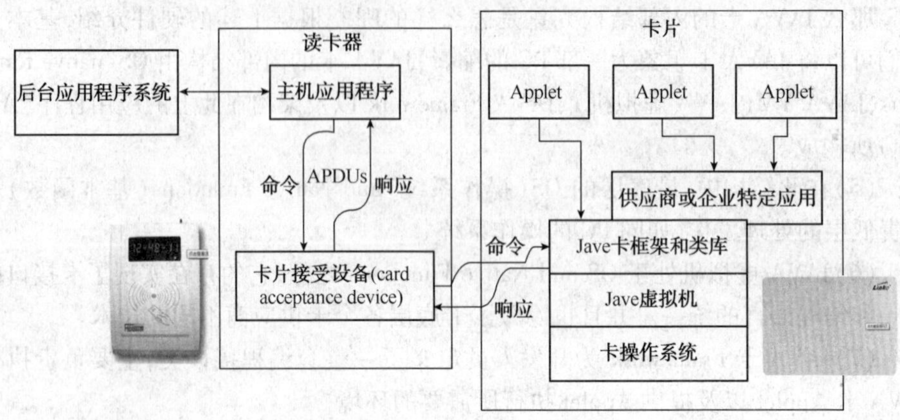

图 3-28　JAVA 卡的应用结构

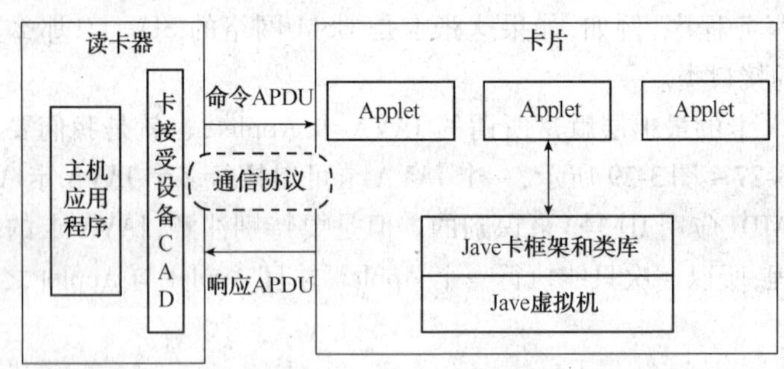

图 3-29　JAVA 卡的通信模型

3)JAVA 卡的生命周期

(1)JAVA 卡的生命期

当 JAVA 卡的 OS(操作系统)、虚拟机和编程接口(API)类库装载到卡的 ROM 之后,JAVA 卡即开始了它的工作使命。这个把 JAVA 卡的固定不变的组件放入芯片的不可重写区域(ROM)的过程叫掩膜(MASK)。不过,要使 JAVA 卡真正能使用还要两个必需的过程:初始化和个人化。初始化是指:在卡体内(一般在 EEPROM 中)创建文件结构。这个文件结构是大家都有的,它的具体内容是与 JAVA 卡的功能有关。比如:你的卡是银行卡,那么卡内结构就是由银行业规定的结构;如卡是 SIM 卡,那么卡的结构就要根据 GSM 规范来定。初始化并没有涉及个人信息。如果卡要发行给指定的某个人,就要通过个人化过程来完成。个人化就是把个人信息附于卡。它可以是物理过程,如打印某人的照片;也可以是电子过程:把个人信息写入卡中。如你的 ID 号,PIN 码等。初始化和个人化可以由制卡商或发行商来完成。当初始化和个人化完成后,这张 JAVA 卡就可以被使用了。你可以把卡插入读卡器,对它发出 APDU 指令,或下载更多的 Applet。JAVA 卡的生命期将一直持续到它被物理损害,被不正确的操作锁死或卡的应用过期。

(2)JAVA 卡虚拟机的生命期

与 PC 中的 JAVA 虚拟机不同,JAVA 卡中的虚拟机将永远运行。哪怕掉电后,卡上的信息也将被保存下来。所以 JAVA 卡虚拟机的生命期是与 JAVA 卡生命期一致的。当没有电源时,虚拟机就像在一个无限大的时钟频率下运行。

(3)JAVA 卡 Applet 的生命期

Applet 开始于 Applet 被安装并在卡的注册表中注册,终止于 Applet 被从注册表中注销。一般 Applet 在卡中是没有被激活的,只有当这个 Applet 被终端“选择”(Select)时,Applet 才被激活。

## 3.3 城市公共交通一卡通卡片产品分类及其特点

IC 卡产品分类按照不同的标准或形式一般可以分为三种类型,一是按应用功能分类,二是按押金形式分类,三是按产品形态分类。以上大致的划分方式,可使读者对 IC 卡能有清晰的定位和认识。

### 3.3.1 按应用功能分类

1)普通卡

所谓普通卡,是指办理时不需要任何证件,可反复充值循环使用,不记名不挂失、丢失不补,针对普通民众发行的 IC 卡。普通卡的办理方便,只需在代售点购买充值即可使用,享受公交公司的一般优惠,具有公交 IC 卡的基础消费功能。这类 IC 卡可用于公交、地铁和出租车等一般性的基础公交工具消费。以下是一些主要城市的普通卡产品。

(1)广州羊城通

广州市公交一卡通普通卡(羊城通,图 3-30)享受一个自然月内,持同一张一卡通乘坐公交或者地铁次数累计 15 次后(公交地铁乘坐次数可合并计算),从第 16 次开始乘坐公交或者地铁均可享受票价 6 折优惠的政策,每月累计次数不跨月计算。

(2)上海公交卡

购买普通卡需支付底卡押金 20 元/张,底卡可退。各类纪念卡等非普通卡按本公司规定收费,底卡不退。本卡充资以 10 元为单位,卡内最高储值额不超过 1000 元。本卡在乘坐公交汽(电)车、轨道交通、市轮渡时,若卡内余额不足以支付一次交通费用的可透支使用一次,最高透支额为 8 元,透支额在下次充资或退卡时予以扣除。但卡余额为零或负数时,则不能使用。上海公交卡如图 3-31 所示。

图 3-30　羊城通普通卡

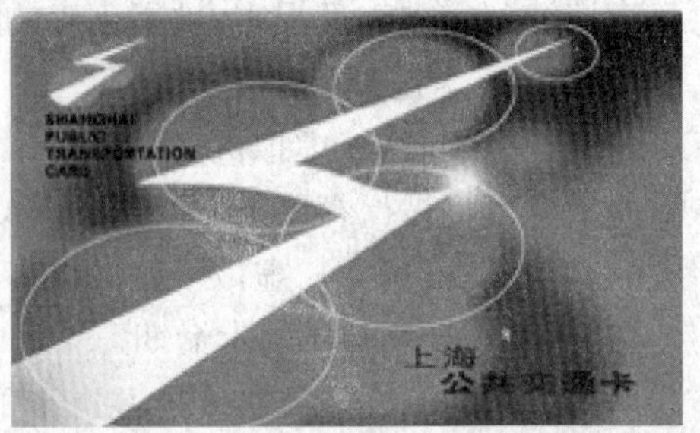


图 3-31　上海公交卡

(3)哈尔滨城市通卡

哈尔滨城市通卡(图 3-32)以出租方式向社会发行,办卡人租用普通卡时无需出示任何证件,每张预收取租金 15 元,月租金 0.5 元,退卡时按月扣除,在使用 30 个月后,卡片归持卡人所有。普通卡不记名、不挂失。对持卡消费乘客乘坐市区公交编码线路公交车(船)执行 9 折票价。持卡在公共交通以外的其他行业消费时,执行城市通 IC 卡系统应用单位规定的消费规则。

2)多功能卡

所谓多功能卡,通常包含两类:一是指除了具备普通卡功能外,还兼具其他功能用途的 IC 卡产品;二是指根据客户需要制作成的具备某种特殊功能的 IC 卡产品。主要分为以下四种应用范畴。

(1)企业卡

企业卡是由机关、企事业单位、学校团体等发起,委托一卡通公司发行的内部使用卡,图 3-33 为一例。企业卡的版面设计可由一卡通公司和企业单位协商制定,企业卡只能在内部使用,不得对外零售。

图 3-32　哈尔滨城市通卡

图 3-33　广州大学城某高校一卡通

企业卡不仅可以用于一般的公共交通乘车刷卡,还可以利用企业卡进行企业内部管理。企业卡具有身份识别功能,有利于企业员工信息的管理。企业卡中可以记录员工的姓名、身份证、学历、政治面貌等员工基本信息以及员工的职位、工资、工龄等企业内部信息。企业卡可以参与公司内部的IC卡管理系统,例如考勤管理系统、门禁系统、停车场系统等。

(2)特种卡

特种卡指由政府部门指导发行的具备乘车优惠功能和个人信息捆绑的城市公共交通一卡通。所谓特种卡,是针对特殊人群而专门定制的卡片,它具有不同于其他卡片的优惠政策,是国家照顾特殊人群的一项福利,例如学生卡、老年人卡、残疾人卡等(图3-34、图3-35)。

图3-34 学生IC卡

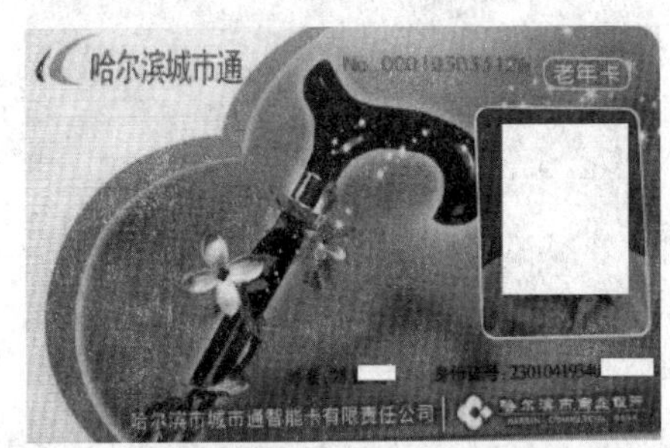

图3-35 老年人优惠IC卡

(3)联名卡

联名卡指合作商户(如银行、移动运营商等)根据特殊群体和卡功能需要自行定制的票卡,不含押金。

联名卡最初应用于银行及其合作单位,是发卡银行与以盈利为目的的机构联手发行的一种银行卡,最常见的是联名借记卡,即在借记卡的基础上开发的具有联名性质的银行卡。联名卡不仅具有银行卡的一切特点——存取现金、刷卡消费、转账等,还根据银行与商家的规定附加了一些新的功能。相对于其他形式的信用卡,联名卡不仅申请要求低,还可以享受双重优惠。随着IC卡技术发展和普及应用,交通领域的IC卡也出现了类似的联名卡业务。例如,岭南通与八达通的联名卡,可在粤港两地实现公交刷卡无障碍消费。如图3-36和图3-37

所示。

(4)纪念卡

所谓纪念卡是指代理商定制发行,为纪念有意义的事件、时间或活动而限量发行的,具有增值和收藏价值功能,按票面价格对外销售发行,不含押金。纪念卡根据相关规定限量发行,不收取任何押金,不办理退卡,其他功能与普通卡相同,可正常消费和充值。

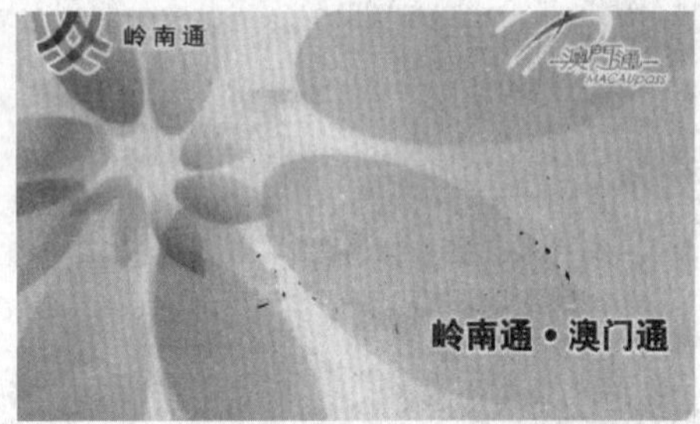


图 3-36 岭南通与八达通、澳门通的联名卡

图 3-37 牡丹羊城通联名卡

纪念卡除了能像正常的通卡一样消费之外,还被赋予了一种特殊意义和价值,它与当地的文化有紧密的融合,具有一定的收藏价值和升值空间,也是卡文化发展的一个方向,有的纪念卡已经成为了城市的一个亮丽的名片。图 3-38 和图 3-39 为四款城市的公交纪念卡。

图 3-38 蛇年纪念卡、辛亥革命纪念卡

图 3-39　广州亚运纪念卡

(5)管理卡

管理卡是某一行业或企业为了对从业人员或员工实现更好地管理而发行的一种IC 卡,通常这个卡片存储着该持卡人的身份信息、工作信息等相关记录(图 3-40)。

图 3-40　公司员工工作证

①IC 从业资格证

IC 从业资格证用于存储行业内从业人员的身份证明、工作记录等相关信息,便于政府部门或企业进行验证和查阅等信息化管理,促进行业规范、高效的管理。其次,营运驾乘人员携带也不再为证件多而苦恼,因为纸质的《从业人员资格证》成为历史,被科技智能型的 IC 卡《从业资格证》所替代(图 3-41)。

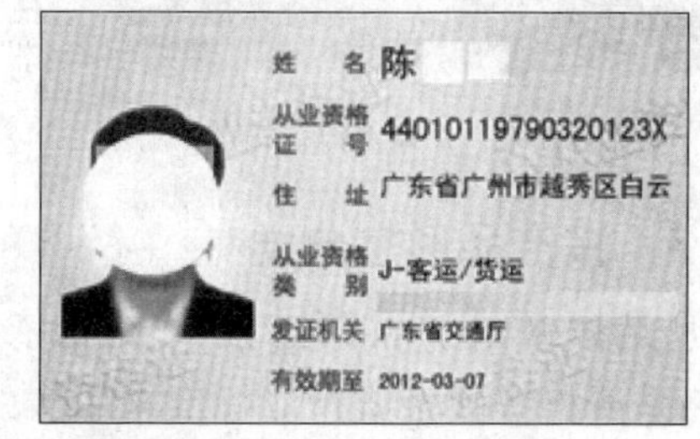


图 3-41　IC 卡从业资格证

IC卡《从业资格证》有三大优点：一是多证合一，全国通用。二是IC卡《从业资格证》证号直接采用持证人的身份证号，便于查询。三是安全性较高。IC卡《从业资格证》采用了第二代身份证技术，实行严密的加密管理，安全性能可靠，适用对象为道路客货运输驾驶员、公交、出租汽车驾驶员、道路货物运输从业人员、机动车维修技工、机动车驾驶培训教练员、道路客运乘务员、道路运输经理人等。

在公交运输企业经营中，由于管理的需要，各种的IC卡管理方式也随之出现，如司机卡、线路卡和车辆卡等。所谓司机卡，就是存有司机本人信息的IC卡，可用于记录司机的出车情况，个人业务考核等内容；线路卡则记录相关公交线路的IC卡，与线路站点、优惠政策、出车情况密切关联。

②司机卡

司机卡是公交企业为了对公交司机上班、下班、用车记录等进行考核的一种智能卡片。

③线路卡

线路卡是公交企业规定司机在公交运营时对公交终端确认线路的一种智能卡片。

### 3.3.2 按押金形式分类

按押金的形式可以分为两类，一是押金卡，二是非押金卡。

1）押金卡

所谓押金卡是指依据有关物价政策以押金方式租用给持卡人的IC卡，客户办理退卡时同时退押金业务。广州羊城通公司发行的一款押金卡，如图3-42所示。

图3-42 羊城通押金卡

押金卡与普通卡在功能上并无不同，最大的区别在于押金卡是在退卡时可以返还押金，而一般的普通卡是不可以的。

2）非押金卡

所谓非押金卡，与押金卡正好相反，即在业务处理上并没有退卡和退押金这两项内容。非押金卡包括了普通卡、纪念卡、异形卡等。

### 3.3.3 按产品形态分类

所谓按IC卡产品形态分类，是指依据IC卡面形状特征分类，大致可分为两种：一是严格按国家或行业标准来生产的IC卡，则称为标准卡；二是按市场或客户要求的卡片形状来独立生产的IC卡，具有一定的个性化特征，则称为异形卡。

1）标准卡

标准卡指的是卡片外表形态按照IC卡标准制作而成的，符合一定规范的IC卡产品。在IC卡产品制作尺寸大小上存在一定的标准。例如，根据非接触式IC卡的外形尺寸国际标准ISO 7810对ID-1型卡的规定是85.72mm×54.03mm×0.76mm，如图3-43所示。生产该类产品时必须按照以上规格来制作，否则视为不合格产品。

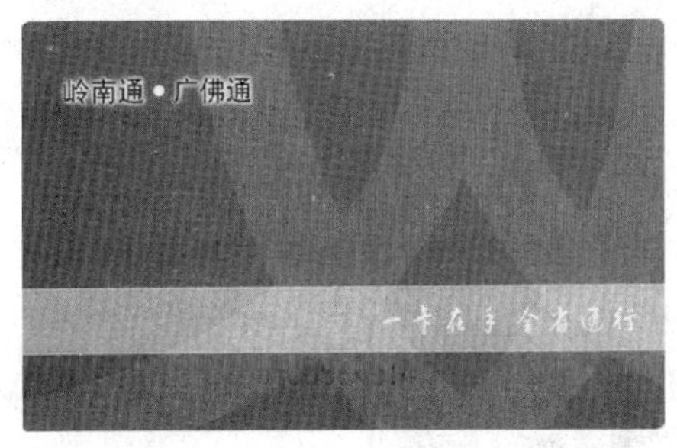

图3-43　标准IC卡片

2）异形卡

（1）发行方式

一种是合作商户提供符合一卡通公司技术标准的异型卡，经检测通过后，由合作伙伴（商家、一卡通公司或第三方厂家）制卡，一卡通公司提供功能初始化，不含押金。

另一种是发行方根据市场需求，为了吸引消费者，在保证卡片及卡内芯片稳定使用情况下，制作其他形状的票卡，可在支持非接触IC卡消费的一卡通特约商户内使用。

（2）异形卡的特点

异形卡的外形和尺寸上不同于一般的公交卡，普通公交卡必须按照国家或行业的设计标准来生产，版面印刷也有严格的规定，不能随意更改。但异形卡在这方面显然没有硬性的规定，它可以根据市场或特定客户需要而制作的，不过与普通公交的具有同样的功能。

顾名思义，异形卡就是指形状各异的卡片，很具有特色和纪念意义，符合追求个性化客户的需求，赋予卡片丰富的文化内涵，相对于普通卡片来说，具有特殊的吸引力，有利于卡片的销售。满足客户需求是现代企业经营理念的最高追求，异形卡在这方面正好突出了这一特色。不仅在功能上能满足客户的需求，在艺术欣赏和个性化设计方面也符合客户的追求，十分有利于卡片的推广和应用。图3-44～图3-46为异形卡的例子。

图 3-44　羊城通异形卡

图 3-45　U 盘异形卡

图 3-46　上海公交通卡 10 周年纪念的异型卡

## 3.4　IC 卡应用存在的问题以及 IC 卡发展趋势

### 3.4.1　IC 卡应用存在的问题

虽然 IC 卡在公共交通领域的应用广泛，但在使用过程中也暴露出了不少问题，主要体现在以下三个方面[40]。

虽然我国的 IC 卡市场每年都呈现出快速增长的态势，但 IC 卡应用市场却还没有完全成熟。缺乏专业人员，不按市场规范运作，是造成企业不平等竞争的根本原因。一个透明、高效、公正的市场环境是 IC 卡项目得以顺利推进的前提和基础，如果不按市场规律办事，势必会影响到项目的建设和未来的可持续性发展。当前一些部门对 IC 卡的观念和认识上还不到位，或者说还有误区。反映在信息化工作中，在总体规划、业务流程以及推动产业发展等方面认识欠缺，比如一些地方针对 IC 卡项目的理解差异很大，存在地方保护主义观念，有的甚至只是把 IC 卡项目的建设当作政绩看待,而忽略了IC卡项目是一个长久的信息化"便民工程"。

首先,IC行业制度和规范不完善,造成不公平的竞争环境。目前,国内有关IC卡管理与应用规范的制定工作滞后于应用,满足不了市场发展的需求。在部分地方,资源重复建设和需求不匹配导致卡量发行与实际不相符,造成相关IC卡系统建设的混乱。此外,跨行业、跨区域间的一卡通项目协调工作难度大、进展慢,效果不明显。所有这些在一定程度上延缓了IC卡市场的发展进程。目前,仍然存在个别部门政企不分,利用行政管理职权和手段垄断行业性应用,以致形成市场的不公平竞争,严重扰乱了市场秩序。这种行业垄断的结果,使用户得不到最优秀的信息技术产品和系统服务,损坏了行业的形象,制约了IC卡市场的顺利发展。

其次,用户不成熟,造成IC卡在应用上的困惑。部分用户有盲目追求先进技术的心理,超前使用尚未成熟的产品或更高级的产品,对自己和开发商都造成损失。特别是有的人分不清先进性和实用性的关系与区别,分不清银行卡和行业卡的区别,将信用消费与小额消费混淆起来,不考虑应用系统的安全级别和造价,对非银行应用采用CPU式IC卡,就好比买了一个保险柜,而里面保管了价值只有保险柜造价一半的金钱。

最后,IC卡使用过程的安全问题。从目前IC卡使用中可以看出几个技术上应当防止的问题:用拾得的或窃得的卡片,冒充合法用户;用伪造的或空白卡非法复制数据;使用系统外的IC卡读写设备,对合法卡上的数据进行修改,如增加存款数额,改变操作级别等;在IC卡交易过程中,用正常卡完成身份认证后,中途变换IC卡,从而使卡上存储的数据与系统不一致;在IC卡读写操作中,对接口设备与IC卡通信时所作交换的信息流进行截听、修改,甚至插入非法信息等。由于大部分卡片使用硬件加密,一旦密钥被破解,难以补救,一般做法都是更换卡片,成本极高。例如,2008年,德国研究员亨里克·普洛茨(Henryk Plotz)和弗吉尼亚大学计算机科学在读博士卡尔斯滕·诺尔(Karsten Nohl)成功地破解了NXP的Mifare经典芯片(非接触智能卡,即平时所说的M1卡)的安全算法。M1卡被破解一事在全球掀起轩然大波,这意味着全球多达10亿张安全卡中所使用的一项技术可轻易破解。

### 3.4.2 IC卡的发展趋势

从IC卡发展历程来看,IC卡应用一直向着更大存储空间、更加智能、更加安全、功能更多、应用更广泛的方向发展。

1)IC卡技术不断升级

(1)双界面卡技术得到发展

双界面卡兼有接触卡和非接触卡的优点,既能适应环境较差、流动性大的城市公交、地铁系统等快捷支付的特点,又能满足银行IC卡由于考虑安全因素采用接触式 CPU 卡的要求,并可用于不同领域,这种一卡通多用的特点深受用户的欢迎,将是 IC 卡未来发展的潮流。

(2)CPU 卡应用渐成主流

从目前 IC 卡的市场情况看,存储卡和逻辑加密存储卡占主要的市场份额。不过,从增长率情况看,存储卡在逐渐下降,CPU 卡逐渐上升。特别是行业一卡通和城市公共交通一卡通的建设,均要求具有较大的数据存储容量、高保密措施和多功能应用,显然目前的存储卡不能满足这些要求,因此 IC 卡今后将朝着 CPU 卡的方向发展。

(3)JAVA 卡得到重视

JAVA 卡本身是一种能运行 JAVA 程序的 IC 卡。JAVA 卡技术,由 Sun 公司于 1995 年首先推出。随着一卡多用需求的增加使智能卡研发应用过程变得异常复杂,沿用以往的芯片技术已经难以满足目前卡片应用的需求,由于 JAVA 卡技术使用的灵活性和编程研发的简便性,并拥有支持一卡多用途和重用优势功能,因此逐渐被 IC 卡行业所重视,已得到世界主要 IC 卡开发和制造商的支持。

2)一卡多用、多行业融合应用

随着 IC 卡应用领域的不断拓宽,人们随身携带的卡也多起来,给人们的生活带来了诸多不便,将多个应用集合在一张卡上是非常有必要的。这种多功能卡也称为一卡通,可实现一卡多用功能,近年来得到重视和推广。

随着技术的升级,不同应用行业的一卡通设备将实现兼容互通,技术标准和交易结算规则实现统一,此时,一张 IC 卡将可在不同的应用领域内实现便捷消费。

# 第 4 章　城市公共交通一卡通终端技术与应用

IC 卡直接面对的是使用城市公共交通一卡通系统的用户，而用户要完成一卡通交易还必须依靠一卡通终端及其后台系统的配合，IC 卡和终端在城市公共交通一卡通系统中位于最前端，是与消费者进行直接交互的设备。本章将对公共交通一卡通终端技术及其应用进行介绍。

根据功能的不同，一卡通终端可以分为消费类终端和充值类终端（或服务类终端）两大类。一卡通终端（图 4-1）通常包括键盘、显示屏、打印接口、微处理模块（或称单片机）、读写模块（读写器）、数据通信接口、非易失存储器、实时时钟以及电源等部分，其中最核心部分是读写模块即 IC 卡读写器[41]。

由于 IC 卡的广泛应用晚于其他软件应用设备，所以它们都没有配备与 IC 卡进行通信的接口，无法进行数据传输。研究人员为了解决这个问题，便设计了一种充当桥梁作用的独立设备——IC 卡读写器来解决数据传输的问题。IC 卡读写器除了完成基本的 IC 卡数据读写功能外，还兼顾完成数据收集传送、控制命令输入和显示输出、提供上位机控制管理接口和数据加密处理等功能。

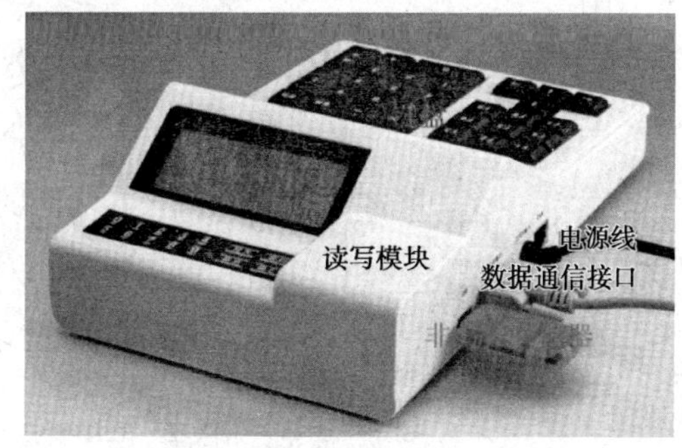

图 4-1　IC 卡交易终端

根据 IC 卡接触性质的不同，IC 卡读写器可以分为接触型和非接触型两种类型。目前，非接触型读写器在公交领域中的应用十分广泛，因此本章主要以非接触型读写器为核心展开论述。

## 4.1　IC 卡读写器的工作原理及其结构

### 4.1.1　读写器核心技术——射频识别技术（RFID）

射频识别（Radio Frequency Identification，RFID）技术是 20 世纪 90 年代开始兴起的一种自动识别技术，是一项利用射频信号通过空间耦合（交变磁场或电磁场）实现无接触信息传递并通过所传递的信息达到识别目的的技术。最基本的 RFID 系统由三部分组成：[42]

(1)标签(Tag,即射频卡):由耦合元件及芯片组成,标签含有内置天线,用于和射频天线间进行通讯。

(2)阅读器:读取(在读写器中还可以写入)标签信息的设备。

(3)天线:在标签和读取器间传递射频信号。

有些系统还通过阅读器的RS232或者RS485接口与外部计算机(上位机系统)连接,进行数据交换。

射频识别系统的基本工作原理是(图4-2):阅读器通过发射天线发送一定频率的射频信号,当射频卡进入发射天线工作区域时产生感应电流,射频卡获得能量被激活;射频卡将自身编码等信息通过卡内置发送天线发送出去;系统接收天线接收到从射频卡发送来的载波信号,经天线调节器传送到阅读器,阅读器对接收的信号进行解调和解码然后送到后台主系统进行相关处理;主系统根据逻辑运算判断该卡的合法性,针对不同的设定做出相应的处理和控制,发出指令信号控制执行机构动作。

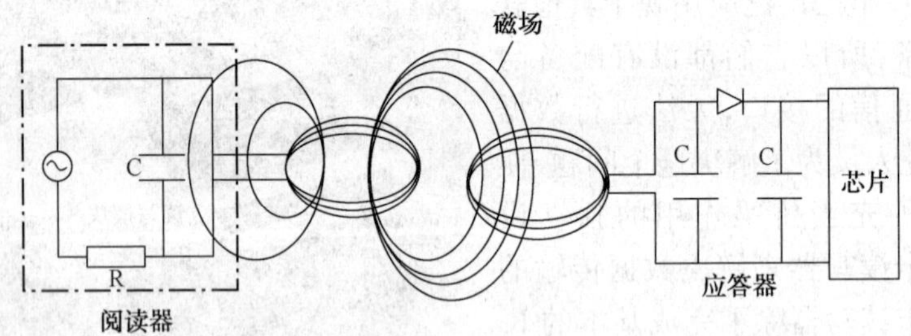


图4-2 RFID感应线圈耦合原理图

在耦合方式(电感—电磁)、通信流程、从射频卡到阅读器的数据传输方法(负载调制、反向散射、高次谐波)以及频率范围等方面,不同的非接触传输方法有根本的区别,但所有的阅读器在功能原理上,以及由此决定的设计构造上都很相似。所有阅读器均可简化为高频接口和控制单元两个基本模块。高频接口包含发送器和接收器,其功能包括:产生高频发射功率以启动射频卡并提供能量;对发射信号进行调制,用于将数据传送给射频卡;接收并解调来自射频卡的高频信号。不同射频识别系统的高频接口设计具有一些差异。

通过以上的原理描述可知,FRID技术的应用具备很多突出的优点:(1)防水、耐高温、不受环境影响、具有防冲突功能,体积小型化和多样化趋势;(2)读取效率高,每分钟可达数千次;(3)可反复修改,循环利用;(4)保密性高,性能稳定。基于以上的种种优点,射频识别技术的应用将会给人们的生活带来更方便的使用环境。例如,基于射频识别技术的非接触式IC卡被广泛应用于电子商务、信用卡、移动电话、电子钱包以及个人信息管理等方面。

### 4.1.2 IC 卡读写器工作原理

城市公共交通一卡通系统是基于非接触式 IC 卡射频技术的系统,除了应用于公共交通领域外还广泛应用于电子商务、信用卡移动电话、电子钱包个人信息管理等方面。其中标签(Tag,即射频卡)即为非接触式 IC 卡(线一般为 CPU 卡),阅读器即为 IC 卡读写器,并且一般联机交易状态下读写器通过其 RS232/RS485 接口与外部计算机连接,或者直接嵌入微机系统组成功能更全的一卡通终端。

通常读写器是通过射频天线向外发送一定频率的射频信号,当 IC 卡片进入规定区域后,如果接收到读写器发出的特殊射频信号,就能凭借感应电流所获得的能量发送出存储在芯片中的产品信息(即 Passive Tag,无源标签或被动标签),或者主动发送某一频率的信号(即 Active Tag,有源标签或主动标签),读写器读取信息并解码后,送至中央信息系统进行有关数据处理或者存储在终端的硬盘上。

读写器和 IC 卡之间的数据传输包括两个方面:一是读写器到卡的数据传输;二是卡到读写器的数据传输。读卡器到卡的数据传输根据 ISO 14443 协议对需要发送的数据信号进行编码,编码后经过调制由天线把载有数据的载波信号发送出去;卡接收到载波信号后对信号进行解调、译码得到原始传输数据。在射频识别系统中,卡发送回读写器的数据传输采用负载波负载调方式,即通过改变卡中负载电阻的大小到达改变信号幅度的调制方式。

读写器和 IC 卡之间的工作流程如下[43]:

(1)读写器发射激励信号(一组固定频率的电磁波);

(2)IC 卡进入读写器工作区内,被读写器信号激励。在电磁波的激励下,卡内的 LC 串联谐振电路产生共振,从而使电容内有了电荷,在这个电容的另一端,接有一个单向导通的电子泵,将电容内的电荷送到另一个电容内储存,当所积累的电荷达到 2V 时,此电容可以作为电源为其他电路提供工作电压,供卡内集成电路工作所需;

(3)同时卡内的电路对接收到的信息进行分析,判断发自读写器的命令,如需在 EEPROM 中写入或修改内容,还需将 2V 电压提升到 15V 左右,以满足写入 EEPROM 的电压要求;

(4)IC 卡对读写器的命令进行处理后,发射应答信息给读写器;

(5)读写器接收 IC 卡的应答信息。

### 4.1.3 读写器终端组成结构

典型的读写器终端一般由天线、射频接口模块和逻辑控制模块三部分构成,其结构图如图 4-3 所示:

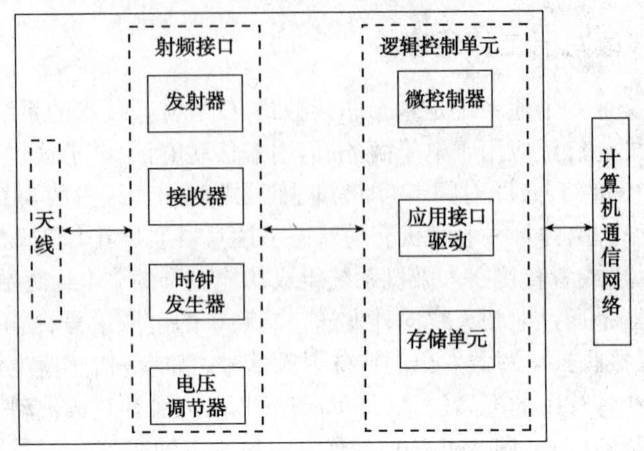


图4-3　一卡通读写器内部结构图

1)天线

读写器的天线是发射和接收射频载波信号的设备;它主要负责将读写器中的电流信号转换成射频载波信号并发送给电子标签,或者接收标签发送过来的射频载波信号并将其转化为电流信号;读写器的天线可以外置也可以内置;天线的设计对阅读器的工作性能来说非常重要,对于无源标签来说,它的工作能量全部由阅读器的天线提供。

2)射频接口模块

读写器的射频接口模块主要包括发射器、射频接收器、时钟发生器和电压调节器等。该模块是读写器的射频前端,同时也是影响读写器成本的关键部位,主要负责射频信号的发射及接收。其中的调制电路负责将需要发送给电子标签的信号加以调制,然后再发送;解调电路负责解调标签送过来的信号并进行放大;时钟发生器负责产生系统的正常工作时钟。

3)逻辑控制模块

读写器的逻辑控制模块是整个读写器工作的控制中心和智能单元,是读写器的"大脑"。读写器在工作时由逻辑控制模块发出指令,射频接口模块按照不同的指令做出不同的操作。它主要包括微控制器、存储单元和应用接口驱动电路等。微控制器可以完成信号的编解码、数据的加解密以及执行防碰撞算法;存储单元负责存储一些程序和数据;应用接口负责与上位机进行输入或输出的通信。

4)I/O 接口形式

一般读写器的 I/O 接口形式主要有:

(1)RS-232 串行接口:计算机普遍适用的标准串行接口,能够进行双向的数据信息传递。它的优势在于通用、标准,缺点是传输距离不会很远,传输速度也不会很快。

(2)RS－485 串行接口:也是一类标准串行通信接口,数据传递运用差分模式,抗干扰能力较强,传输距离比 RS－232 传输距离较远,传输速度与 RS－232 差不多。

(3)以太网接口:阅读器可以通过该接口直接进入网络。

(4)USB 接口:也是一类标准串行通信接口,传输距离较短,传输速度较高。

终端读写器(非接触型)功能的实现依靠的是目前最为流行的无线射频识别技术,即 RFID(Radio Frequency Identification),所以 RFID 技术的发展直接制约着一卡通终端发展及其应用的便捷性[44]。

### 4.1.4 读写器基本功能

读写器之所以非常重要,这是由它的功能所决定的。从上面可以看出读写器的最重要的功能就是实现与 IC 之间的数据交换并且提供控制信号,还具备以下功能:

(1)向 IC 卡提供稳定的电源和时钟信号。

(2)具有和外部用户交换信息的接口,并提供相应的控制信号。

(3)有基本的加/解密安全体系。

(4)适用于对多种 IC 卡的操作。设备同时具有开放性的软、硬件接口,能够与 PC 机等用户平台进行连接,从而为后期用户提供良好的二次开发方面的支持。

## 4.2 IC 卡终端一般技术要求

### 4.2.1 基本配置要求

一卡通终端应配置以下部件(表 4-1):显示器、读写器、至少 2 个安全模块(SAM)插槽、数据通讯接口、非易失性存储器、电源和实时时钟。另外,根据应用需要,终端也可配置键盘、打印机等组件[45]。

终端的部件配置　　表 4-1

| 部　　件 | 配　置　形　式 | | | |
|---|---|---|---|---|
| | 手持式 | 台式 | 车载式 | 固定式 |
| 显示器 | M | M | M | M |
| 读写器 | M | M | M | M |
| 至少 2 个 SAM 座 | M | M | M | M |
| 数据通信接口 | M | M | M | M |
| 非易失性存储器 | M | M | M | M |

续上表

| 部件 | 配置形式 | | | |
| --- | --- | --- | --- | --- |
| | 手持式 | 台式 | 车载式 | 固定式 |
| 电源 | M | M | M | M |
| 实时时钟 | M | M | M | M |
| 键盘 | M | M | O | M |
| 打印机 | O | M | O | O |

注：M－必备，O－可选。

### 4.2.2 基本功能要求

1）一卡通充值类终端

充值终端，是指在环境安全的条件下，根据相应的操作权限可以增加IC卡中服务计量值的终端设备。

（1）一般功能要求

IC卡充值交易无论在设备联机或脱机进行交易时，充值设备都应先对IC卡的合法性予以验证，同时查账户状况及其他交易数据。如果发卡方因某种原因不能接受交易，那么充值端设备应显示相应的告知信息。一般要求：

①应有售卡、充值、查询等功能，可有退卡、修复等功能。

②应具备自检、参数管理、参数下载等功能。

③应验证一卡通卡的合法性，能识别列入黑名单的一卡通卡并进行锁定。

④应支持通过外部接口实现应用软件的升级。

⑤应能存储刷卡交易数据。

⑥应能将存储的交易数据输出到外部设备或系统。

⑦对一卡通卡操作的交易顺序号累计，不清零。

⑧应具有打印接口，根据一卡通系统要求，安装打印机，并按一卡通系统打印格式要求打印票据。

（2）一般安全要求

充值类终端在IC卡以及ISAM之间建立通信链路，充值终端的安全认证由IC卡和ISAM共同完成。充值类终端只是在IC卡和ISAM之间传输信息，不参与密钥运算过程。充值类终端在设计时应对交易清算中心授权的时间、次数、和金额进行限制，防止此类终端非法被使用时给系统造成重大损失（例如伪充值记录）。一般要求：

①应使用一卡通系统的ISAM。

②应取得一卡通安全系统对ISAM的授权，才能进行售卡、充值交易。

③应具有密文加校验传送的功能。

④生成的交易记录应含有 TAC。

⑤应具有掉电 ISAM 工作权限丧失功能。

⑥应具有时效性设置功能。

2)一卡通消费类(服务类)终端

消费终端指使用 PSAM,完成对卡进行内减值等操作功能的终端。

(1)一般功能要求

消费类 IC 卡终端的消费交易允许持卡人使用电子钱包的余额获取服务。此交易在消费类 IC 卡终端中记录交易数据,由终端将交易记录数据上传到交易清算中心。一般功能要求:

①应具备自检、参数管理、参数下载等功能。

②应验证一卡通卡的合法性,能识别列入黑名单的一卡通卡并进行锁定。

③应能支持应用软件升级。

④应能存储刷卡交易数据,并能输出到外部设备。

(2)一般安全要求

消费类 IC 卡终端在 IC 卡以及 PSAM 之间建立通信链路,消费类 IC 卡终端的安全认证由 IC 卡和 PSAM 共同完成。终端只是在 IC 卡和 PSAM 之间传输安全信息,不参与密钥运算过程。一般要求:

①应使用一卡通系统专用的 PSAM 或 ISAM。

②生成的交易记录应有 TAC。

### 4.2.3　数据规格要求

1)数据安全要求

一卡通终端一般存在两种类型的数据,即通用数据和敏感数据。通用数据是指外界可以对这些数据进行访问,但不允许进行无授权的修改;敏感数据是指外界在未授权的情况下,不允许对这类数据进行访问和修改。

(1)通用数据安全要求

通用数据一般存储在终端的存储器中,在更新参数和下装新的应用程序时,终端应做到:

①在更新参数或下载应用程序前,能够对下载设备进行有效的身份验证;

②在更新数据或下载应用程序后,要校验下载数据或程序的完整性。

(2)敏感数据安全要求

敏感数据一般存放在终端安全存取模块中。此模块主要负责保存和处理所有的敏感数据,这些数据包括各种密钥和内部参数。该模块还应提供必要的加密功能。安全存取模块应做到出入模块的、内部存放的和正在处理的数据不会由于模块自身或其接口造成任何泄漏和交换。

2)交易数据要求

在不同的应用场合下,卡片发行商针对不同的应用需求开发的一卡通交易数据格式要有所不同,表4-2是某公交一卡通应用企业的卡片交易数据格式,仅供参考学习,而非标准规范。

3)非正常数据处理

如果IC卡终端在处理IC卡交易时,卡突然被拔出或离开感应区或由于终端方面的原因突然停止操作(如发生断电),IC卡终端应能监测到以上情况,并对卡非正常交易的错误数据实施恢复处理。

**交易数据要求**

表4-2

| 序号 | 数据项 | 字节数 | 编　码 | 说　　明 |
|---|---|---|---|---|
| 1 | SAM卡号 | 6 | BCD | 存储在SAM卡中的终端机编号 |
| 2 | 交易顺序号 | 4 | HEX | 对一卡通卡钱包具有加款权限的终端机具,应保证对一卡通卡操作的交易顺序号连续,且交易顺序号累计不清零 |
| 3 | 交易类型 | 1 | HEX | 表示交易的应用形式特征,如一卡通卡充值、消费等交易 |
| 4 | 交易金额 | 4 | HEX | 交易金额,计次卡时为次数 |
| 5 | 卡内余额 | 4 | HEX | 交易后一卡通卡内余额,计次卡时为次数 |
| 6 | 交易日期 | 4 | BCD | 格式为"CCYYMMDD" |
| 7 | 交易时间 | 3 | BCD | 格式为"HHMMSS" |
| 8 | 卡序列号 | 4 | HEX | 一卡通卡内部序列号CSN;CSN超过4位时取低4位,没有CSN时,填写FF |
| 9 | 卡交易计数 | 2 | HEX | 一卡通卡中的累计交易计数,充值与消费共用同一计数 |
| 10 | 城市编码 | 2 | BCD | 城市编码1000 |
| 11 | 行业编码 | 2 | BCD | 行业编码 |
| 12 | 卡发行号 | 4 | BCD | 卡发行顺序号 |
| 13 | TAC | 4 | HEX | 由SAM卡对相关数据项计算得出的交易验证码 |
| 14 | 交易前余额 | 4 | HEX | 一卡通卡交易前卡内余额,计次卡时为次数 |
| 15 | 卡类型 | 1 | HEX | 一卡通卡的卡类型,如非记名成人卡、福利卡、学生卡等 |
| 16 | 卡物理类型 | 1 | BCD | 定义卡片的物理特征,如逻辑加密卡、双界面CPU卡等 |
| 17 | 锁定标记 | 1 | HEX | 未锁定为0,锁定为1,其他值为非法 |
| 18 | 月票标志 | 1 | HEX | 月票状态标识编码 |

注:本表中的序号为示意号。

在以上情况下,IC 卡终端应进入这样一种状态,即持卡人应将原来的 IC 卡重新或进入感应区,并等待最后一次交易完成。如果持卡人未将原来的 IC 卡插入或未进入感应区,则 IC 卡终端应提示持卡人重新插入 IC 卡或将卡放入感应区。在上述操作完成后,IC 卡终端应执行以下操作之一:

①完成 IC 卡最后一笔交易,向持卡人显示交易完成(如 IC 卡余额已被更新);

②取消最后一笔交易,向持卡人显示交易已被取消(如果 IC 卡余额没被更新)。

### 4.2.4　黑名单管理要求

消费类终端和充值类终端应具有黑名单存储和检索功能,以实现一卡通脱机交易的安全处理。黑名单管理包括黑名单的收集、分发、存储、检索、更新等。

1)黑名单的记录类型

终端应能够存储两种格式的黑名单数据:卡号序列与卡号区间序列,其中卡号区间是由一个起始卡号和一个结束卡号组成的,因此黑名单也包括起始卡号与结束卡号。

2)黑名单检查

黑名单检查操作在 IC 卡合法性检查过程中进行。卡片开始操作后,向 IC 卡终端回送包括应用序列号在内的公共数据。IC 卡终端根据序列号进行黑名单检查操作,检查卡是否在 IC 卡终端存储的黑名单卡之列。

黑名单文件更新包括增加、删除、重新下载等操作,具体的要求应包括:

①终端在更新黑名单数据时,应进行安全认证;

②终端应保证黑名单数据更新的完整性和有效性;

③更新周期满足应用要求。

## 4.3　一卡通终端的应用

随着 IC 卡技术的进步和城市公共交通一卡通系统的普及,一卡通终端在各个领域都得到了广泛的应用。一般可把这些应用分为三类,分别是充值类、消费类和身份识别类。下面作简单的介绍。

### 4.3.1　充值类终端的应用

根据充值形式,可以将充值类终端分为三种,即普通联机充值、自助充值和互联网充值。目前普通联机充值已相当普及,成为了人们使用较多的一种充值方式,自助式充值则作为一种重要的补充也逐渐受到人们的欢迎,但随着信息互联的发展和生活品质追求,互联网充值将成为未来一卡通终端充值的重要发展趋势。

1)普通联机充值终端

(1)普通充值终端(图4-4):为一卡通用户提供充值、卡片信息查询服务(为终端设备的充值提供完整的交易服务流程,实现对终端设备的身份认证、终端监控、票卡密钥计算、充值业务管理等功能,是面向服务,实现现场控制的最终表现)。

应用场合:通常安装在人流密集的地方,如便利店、书报亭、地铁枢纽站等充值网点,是出行民众使用最多、应用最广泛的一种终端。

(2)空中充值终端(图4-5):通常与电信运营商合作,通过账户绑定的方式转移资费,实现充值。

2)自助充值终端

通过用户银行卡和交通卡的绑定,用户在自助充值终端(图4-6)不需操作银行卡即可完成充值。

图4-4　普通充值终端

图4-5　空中充值终端

图4-6　自助充值终端

应用场合:该终端设备大部分位于地铁站、商场等场所,配备相关设备,便利用户实现转账或现金充值,并提供在线余额查询等多项服务。

3)互联网充值

互联网充值是依靠即插即用的终端(图4-7)实现的一种充值方式,通过采用网银或者第三方支付机构的方式(也可以采用充值卡或者代扣等方式)将充值资金由客户银行卡账户转入到用户的一卡通电子钱包中。

应用场合:任何可以联网的PC机都能够轻松实现一卡通互联网充值,用户可以足不出户即可完成充值,省去排队等候及现金支付的繁琐,非常方便。

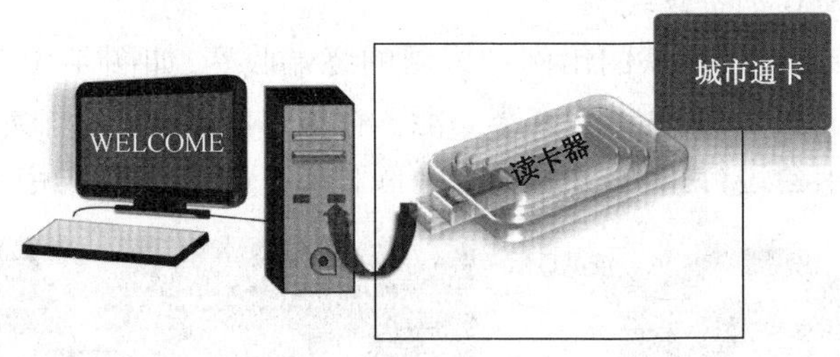


图4-7　城市一卡通网充

### 4.3.2　消费类终端的应用

根据消费场合的差异,可将消费类终端的应用分为两个方面,分别是公共交通领域和小额消费领域,以下作简要介绍。

1)公共交通领域消费终端

(1)公共汽车、轮渡水巴和出租车等车载终端

应用场合:主要应用于公交、轮渡水巴等交通工具。

车载式终端机(图4-8、图4-9)是固定在公交车、出租车等交通工具上供乘客使用一卡通刷卡付费的终端机具。通常情况下,车载消费终端由一卡通结算管理中心统一发行和管理,具有唯一标识代码。

图4-8　车载消费终端

车载消费终端一般是由IC卡读写器、显示屏、键盘、通讯接口和嵌入式系统等组成。用户乘车时将有效的充值车票以正常速度(不能过快或过慢,以防止因抖动而引起误操作),放置在读写区的表面上面约0~10cm的感应范围内(最佳感应距离约为5cm左右),稍作停顿(约0.3秒),车载机发出"嘀"的声音,绿灯亮,显示卡内余额,车载机便完成扣款的全过程。对月卡可作扣除使用次数等操作。

(2)地铁 AFC 消费终端

应用场合:应用于地铁的出闸和入闸的终端收费,如图 4-10 所示。乘客在进入和出口各刷一次卡,实现消费乘车功能。在进口闸刷卡时会显示卡内余额,在出口时再一次刷卡会进行扣费,并且显示余额和乘车所扣去的费用。

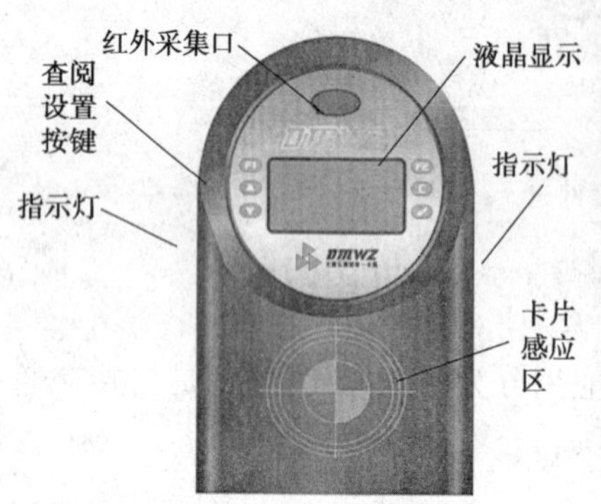


图 4-9　支持红外采集的车载机实物图

图 4-10　地铁 AFC 消费终端

(3)停车场收费及路边咪表终端

停车场收费应用场合:应用于各类型停车场的终端收费,如图 4-11 所示。

路边咪表应用场合:应用于城市道路或街道路边临时停车收费,如图 4-12 所示。

2)小额消费领域终端

(1)园区刷卡机

应用场合:该终端机主要应用于校园、工业园区饭堂、超市等覆盖面积较大、人流较为密集的区域电子消费,如图4-13所示。

图 4-11　停车场消费终端

图 4-12　路边停车咪表

图 4-13 园区卡消费终端

园区刷卡终端机面向对象通常为园区人员。为最大限度便利园区管理与生活消费,该类型终端机具一般具有消费、充值、余额查询等一体化功能。

(2)小额消费终端

应用场合:该终端主要应用于商场、便利店、医院、超市以及菜市场等小额消费场所。该消费终端通常具有查询、转存、圈存和移资等功能,如图 4-14 所示。

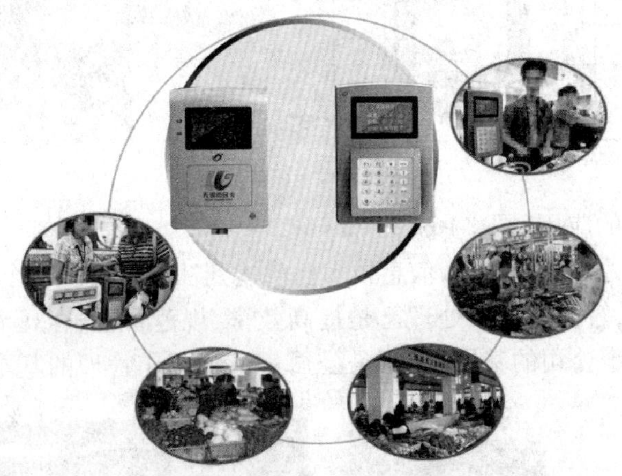

图 4-14 菜市场消费终端

### 4.3.3 身份识别类终端的应用

在应用初期阶段,城市公共交通 IC 卡主要用于公共汽(电)车、出租车、地铁和轮渡等综合公共交通领域,随着公共交通一卡通的业务拓展及其多行业跨区域应用的发展,城市公共交通一卡通在某些城市已作为身份识别的一种凭证加以利用,例如,可应用于门禁、考勤和巡更等各种身份识别场合。

1)门禁终端的应用(图4-15)

随着一卡通身份识别技术的成熟,一卡通已从公共交通领域走进政府单位、商业机构、社区等封闭性场所。目前的门禁系统早已超越了单纯的门道及钥匙管理,已经逐渐发展成为一套完整的出入管理系统。它在环境安全、人事考勤等行政管理工作中发挥着巨大的作用。IC卡作为身份识别的一种关键介质,承担着身份验证和信息记录的功能,是门禁系统的核心部件。

门禁系统适用的场所比较广泛。通常较多的应用于公司、企业、工厂、学校、金融机构、国家机关等重要的场所。使用门禁系统不仅可以对人员的进出进行有效的管理,而且门禁系统还有报警功能,可以更有效防止财产受到侵犯。既可以提高办公的效率,进行有效的管理,又有防盗的功能。

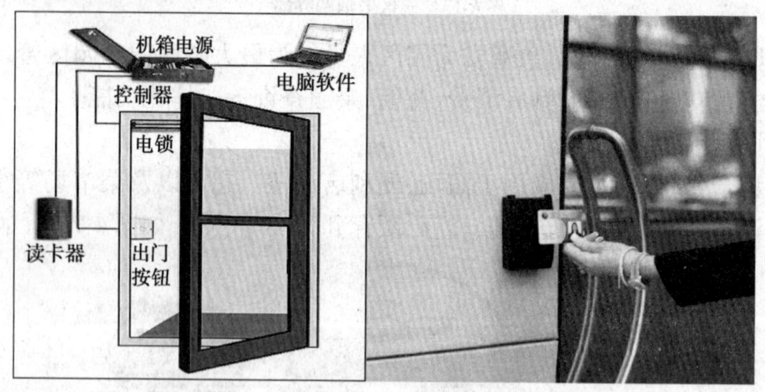


图4-15 IC卡门禁系统

2)考勤终端的应用(图4-16)

当今社会正处于信息时代,信息技术已渗透到社会生活的各个领域,特别是各行业的管理领域,智能化信息处理已是提高效率、规范管理、客观审查的最有效途径。考勤作为一个公司的基层管理,是公司对员工工作管理的基本依据。然而传

图4-16 IC卡考勤系统

统的人工考勤方式耗时费力而且容易出现错误、准确度不高且易出现弄虚作假等现象,已不适应现代企业管理的要求。一卡通考勤系统的应用不仅能使管理人员从繁重的考勤管理工作中解脱出来,而且能使考勤管理工作更加科学化、规范化和智能化。考勤系统主要是通过员工上下班在考勤终端刷员工卡(一般为IC卡,城市公共交通一卡通公司可以和企业联名发行公司"企业卡")记录其上下班时间来实现。

3)巡更终端的应用

巡更系统(Guard - tour system)是技术防范与人工防范的结合,巡更系统的作用是要求保安值班人员能够按照预先随机设定的路线顺序地对各巡更点进行巡视,同时也保护巡更人员的安全。在巡更的基础上添加现代智能化技术,加入巡检线路导航系统,可实现巡检地点、人员、事件等显示,便于管理者管理。巡更机操作简便,作为治安巡逻的基本配置,普及度日渐升温,并特别适合为客户量身定做。

巡更系统的工作原理是:将巡更点安放在巡逻路线的关键点上,保安在巡逻的过程中用随身携带的巡更棒按线路顺序读取巡更点,如发现突发事件可随时读取事件点,巡更棒将巡更点编号及读取时间保存为一条巡逻记录。定期用通讯座将巡更棒中的巡逻记录上传到计算机中。管理软件将事先设定的巡逻计划同实际的巡逻记录进行比较,就可得出巡逻漏检、误点等统计报表,通过这些报表可以真实的反映巡逻工作的实际完成情况[46]。图4-17为巡更终端。

图4-17 巡更终端

# 第5章 城市公共交通一卡通数据采集与利用

数据采集系统是城市公共交通一卡通系统的重要组成部分,它是IC卡管理和清算中心系统的基础。数据采集系统实现城市公共交通一卡通系统与前置消费终端之间的信息收集,并汇总各应用场所消费终端的消费记录,通过各分中心传输至IC卡管理和清算中心进行资金清算。

在全面汇总和梳理海量一卡通数据的基础上,将对这些数据进行结构化预处理和价值挖掘,这不仅有利于科学合理安排发车时间、发车间隔、优化公交路线以及辅助完成客流调查工作,还可以为公众的便捷出行提供合理化的建议。同时,借助数据分析工具,公交规划部门和公交经营者能够深入了解城市居民的公交出行特征和公交企业经营状况,及时、准确、全面地掌握公交出行数据,并适时做出科学的公交规划和运营决策[47]。

## 5.1 城市公共交通一卡通数据采集过程

在公共交通一卡通数据采集过程中,其中包含了一项重要的信息记录,即公交IC刷卡数据。所谓公交IC卡数据是指通过公交乘客上车刷卡,由终端记录并存储下来形成的具有特定结构化信息。乘客刷卡一次车载读卡器便相应记录一条刷卡数据,存储在车载读卡器的数据存储设备中,数据汇集器负责将车载读卡器中存储的数据汇总至各自的IC卡管理系统,公交IC卡系统管理中心从各地的汇总数据,最终被存储在一卡通数据库中心,如图5-1所示。

除了基础公交IC卡原始刷卡数据外,采集数据还包括公交线路运行数据以及GPS定位数据等。所谓公交线路运行数据指的是以线路号为单位,根据车辆发车情况所记录的每辆车在运营过程中从起始站点的实际发车时刻等。这类数据的采集是通过将车载GPS设备和IC卡刷卡设备进行对接,实现公交IC卡客流数据与公交车站点关联,从而可更精确记录车辆入站出站公交IC卡刷卡情况。如果能实现对以上数据进行科学的采集和数据分析将是未来数据增值服务的重要发展方向。

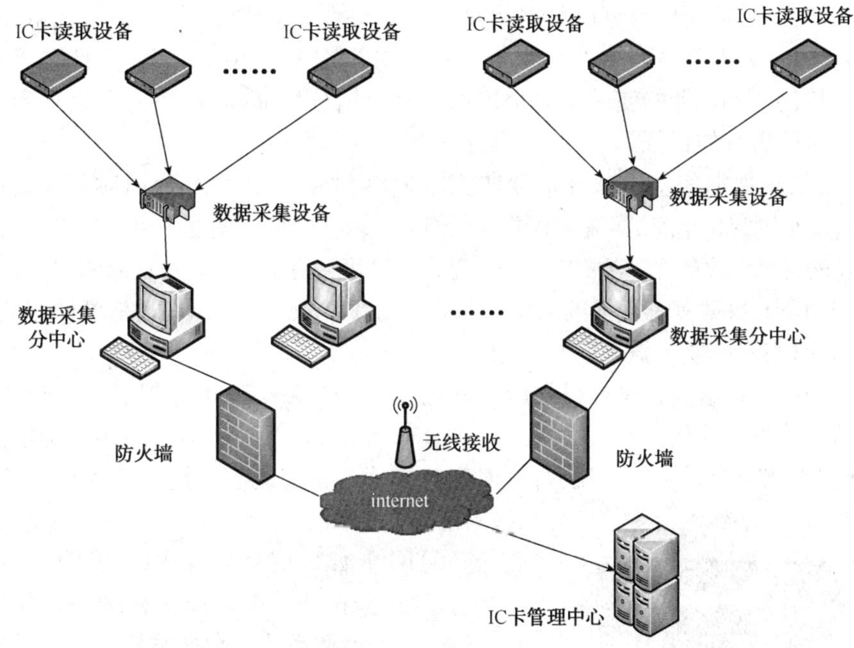


图 5-1 IC 卡数据采集过程

## 5.2 城市公共交通一卡通数据一般特征

### 5.2.1 一卡通数据特点

随着中国城市化步伐的加快以及各政府对公共交通的投入的加大,部分大城市如北京、上海、广州、杭州、深圳等地,公交系统在信息化建设方面均取得了较大成就,智能公共交通系统已初具规模。智能公交系统在大城市得以广泛实施是一种未来公交系统发展的必然趋势。目前,我国大多城市都开始使用公交 IC 卡,并且推广速度迅速,卡片发行量巨大。IC 卡系统数据信息具有如下特点:

(1)IC 卡数据结构维度多,可提供海量的信息,而且表现形式丰富。比如乘客卡号、线路号、车辆代号、刷卡日期、刷卡时间以及刷卡站点等信息。每个地区的公交 IC 卡系统一般都连接和管理成百上千个车载终端,时刻都接收到乘客的刷卡记录,上下班高峰尤甚。所以,长年累月的乘客刷卡数据容量非常庞大。

(2)IC 卡数据具有较高的可靠性和真实性,能反映市民出行特征。由于采用了 RFID 无线射频识别技术,全面提升了数据的可靠性和真实性。通过 IC 卡系统前置采集设备能一次性采集大量客流数据,与传统的客流采集方式相比,大大减少了人工的参与,从而使数据的可靠性大大提高。另一方面城市居民出行的IC卡持有率越来越高,大部分城市持公交卡消费的乘客比例达60%以上,并且有不断增长的趋势,公交IC卡的使用率完全可以达到数据分析抽样率要求,可以真实的反映城市居民出行的特征。

(3)公交数据信息具有很强的动态性和实时性。管理中心可以时刻收集运行中的公交车辆定位信息、客流信息并保证连续获取及上传。调度平台向车辆、司乘人员下发的各项调度指令,是根据公交系统的实时状况而作出的,时效性高。

(4)IC卡数据具有很强的时空相关性。如OD数据,其分布既是事件相关的,又是空间相关的,便于被理解与利用。

(5)IC卡数据信息具有很强的不确定性。公交系统的出行需求、公交车辆的运行状况等方面都受到天气、路况、人口分布、节假日、交通政策等很多不确定因素的影响,因此公交系统的客流、行程时间等方面的信息既有一定的规律性,又存在很大的不确定性。

图5-2　公交IC卡数据特点

(6)IC卡数据信息具有非结构化特点。我们进行数据分析的数据可能来自多个实际应用的终端系统,这些系统的数据结构一般都是异构的,还可能存在属性的同名不同义、同义不同名、单位不统一、类型不一致等问题,会给数据的分析带来一定的难度。

图5-2形象地示出公交IC卡数据特点。

### 5.2.2　一卡通数据结构

讨论如何根据大量的公交IC卡原始数据获得城市公交客流基本信息,首先必须了解公交IC卡到底记录了哪些信息和包含了哪些字段,通常可以从公交IC卡公司记录的数据报表了解一些信息。表5-1是某城市公交IC卡公司记录的乘客信息的一部分。

从表5-1可以看到,IC卡记录的信息包含了IC卡编号、卡余额、消费金额、刷卡日期、刷卡时刻、公交卡类型、收费记号、汽车编号、线路编号、单位编号及记录号等结构化信息字段,其中对我们进行分析获取城市公交客流基本信息有直接意义的是IC卡编号、刷卡日期,刷卡时刻、公交卡类型、汽车编号、线路编号及记录号。

IC卡编号对应某位持卡乘客,记录号对应一次刷卡行为,这两个数据是进行查询和筛选的依据;刷卡日期、刷卡时刻以及该次刷卡对应的线路编号、车辆编号是进行公交IC卡数据分析的最重要的条件。

**某公交 IC 卡数据记录表** 表 5-1

| 卡编号 | 卡余额 | 消费金额 | 消费日期 | 消费时间 | 数据类型 | 收费记号 | 汽车编号 | 线路编号 | 单位编号 | 记录号 |
|---|---|---|---|---|---|---|---|---|---|---|
| 001022642 | ¥42.20 | ¥1.80 | 13-DEC-04 | 00:03:07 | 01 | 039656 | 018069 | 000003 | 0100 | 151013703079 |
| 003025678 | ¥38.52 | ¥0.50 | 13-DEC-04 | 00:03:07 | A3 | 039656 | 018070 | 000003 | 0100 | 151013703080 |
| 004896375 | ¥46.50 | ¥1.80 | 13-DEC-04 | 00:03:07 | B3 | 043564 | 010178 | 000003 | 0100 | 151013703081 |
| 008621456 | ¥44.73 | ¥3.00 | 13-DEC-04 | 00:03:07 | 01 | 048432 | 010178 | 000003 | 0100 | 151013703082 |
| 000231487 | ¥42.24 | ¥4.00 | 13-DEC-04 | 00:03:07 | B3 | 041256 | 010178 | 000003 | 0100 | 151013703083 |
| 001269432 | ¥56.70 | ¥3.50 | 13-DEC-04 | 00:03:07 | 01 | 047325 | 010178 | 000003 | 0100 | 151013703084 |
| ⋮ | ⋮ | ⋮ | ⋮ | ⋮ | ⋮ | ⋮ | ⋮ | ⋮ | ⋮ | ⋮ |
| 005673215 | ¥14.60 | ¥1.80 | 13-DEC-08 | 08:05:07 | A4 | 041863 | 018423 | 000003 | 0100 | 151013703085 |
| 000045621 | ¥95.57 | ¥2.40 | 13-DEC-08 | 08:06:30 | A4 | 045896 | 018423 | 000003 | 0100 | 151013783247 |
| 008435169 | ¥108.56 | ¥1.50 | 13-DEC-08 | 08:07:21 | A4 | 041863 | 018423 | 000003 | 0100 | 151013783248 |
| 004295441 | ¥57.30 | ¥2.50 | 13-DEC-08 | 08:10:32 | A4 | 048432 | 018423 | 000003 | 0100 | 151013783249 |
| 003549803 | ¥9.58 | ¥3.20 | 13-DEC-08 | 08:11:07 | A4 | 046321 | 018423 | 000003 | 0100 | 151013783250 |
| 004832546 | ¥3.50 | ¥1.20 | 13-DEC-08 | 08:12:08 | A4 | 048632 | 018423 | 000003 | 0100 | 151013783251 |
| 008924325 | ¥78.60 | ¥0.90 | 13-DEC-08 | 08:12:10 | A4 | 041865 | 018423 | 000003 | 0100 | 151013783252 |

# 5.3 城市公共交通一卡通数据采集方式

## 5.3.1 数据采集定义

1)数据采集定义

所谓数据采集,是指是利用一种装置,从系统外部采集数据并输入到系统内部的过程。具体来说,对于公共交通一卡通系统,数据采集指的是利用各种通信接口(无线或有线)采集终端刷卡数据,并打包加密上传至数据中心存储的过程。

详细、准确的原始数据采集,是进行数据分析和挖掘的前提,决定了数据分析结果的准确性,直接影响到整个数据分析的成败。因此,数据分析的原始数据采集十分重要,必须保证原始数据采集的科学性、合理性和准确性。

2)采集流程

公共交通车辆停止运营后,车载收费机当天产生的交易记录便通过数据采集中心传送到公交 IC 卡管理中心,获得收费系统内每台车载收费机的实际交易金额,并向每台车载收费机传送"禁止交易清单",进行相应的数据更新。公交 IC 卡具体数据采集流程如图 5-3 和图 5-4 所示。

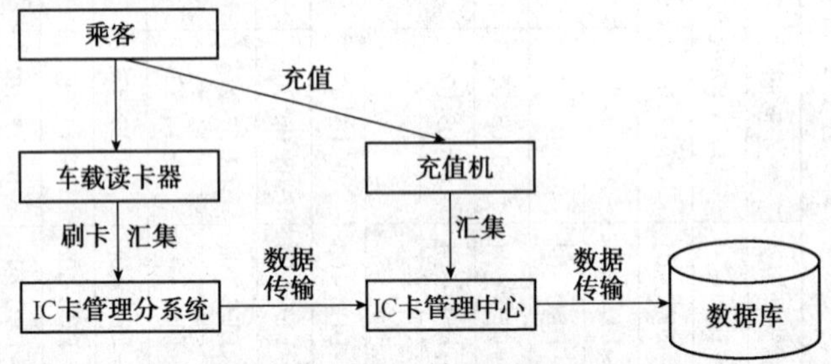


图 5-3 公交 IC 卡数据采集流程

(1)IC 卡记录的产生。乘客进入公共汽车后刷卡缴费;车载收费机在刷卡的短暂时间内,完成 IC 卡身份识别,对 IC 卡进行减法操作,同时记录该卡卡号和刷卡时间。

(2)数据传递过程。通过数据采集盒将 IC 卡记录导入到数据采集盒内,再将其导出到数据采集分中心的计算机中。

(3)IC 卡数据的接收。数据采集分中心将 IC 卡数据以数据通信方式,传送到 IC 卡管理中心,同时下载 IC 卡管理中心传送来的"禁止交易清单"等数据,对于"禁止交易清单"所列出的 IC 卡号,公交车上的车载收费机将不与它执行交易[47]。

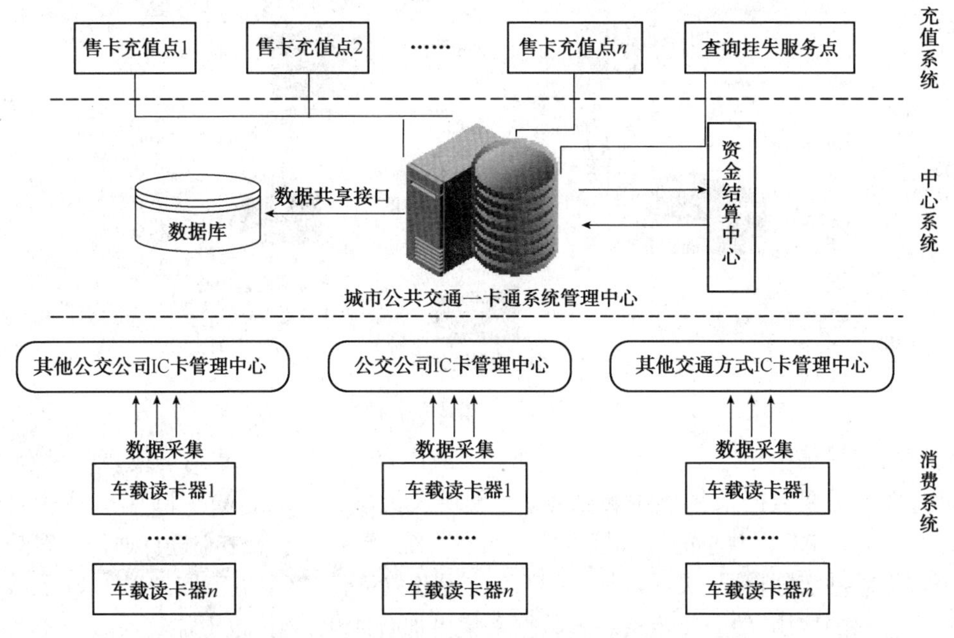


图 5-4　公交 IC 数据采集过程示意图

### 5.3.2　一卡通数据采集方式

车载自动收费终端是公交 IC 卡收费系统重要组成部分,主要负责识别 IC 卡真伪及实现扣费功能。采集过程如下:采集设备把数据从车载收费机采集汇总,再将数据上传至计算机,管理中心将“禁止清单”下载到采集机中,采集机把“禁止交易清单”传入车载收费机。IC 卡管理中心负责数据的整理、财务管理,各个客运公司之间的收入清算等业务。根据数据通讯方式,公交 IC 卡数据采集方式包括现场采集、有线采集和无线采集。我国目前使用的数据采集机有数据采集盒、POS 机和智能红外数据采集仪[48]。

1)有线采集

有线采集(图 5-5)是指公交车回总站后,公交 POS 机有线接入,通过数据采集器将车载 POS 机的数据读取并转存到数据采集中心。这种通过工作人员的参与的采集方式效率低且容易出错,同时维护也变得复杂。

2)无线数据采集

无线数据采集(图 5-6)是指采用无线接入技术(例如 Wi－Fi 技术),当公交车进入总站后,车载 POS 机自动关联到总站的无线 AP/Router,该 AP 可通过 Ethernet 连接到数据采集中心。关联完成后,车载 POS 机将本次 POS 机上存储数据自动上

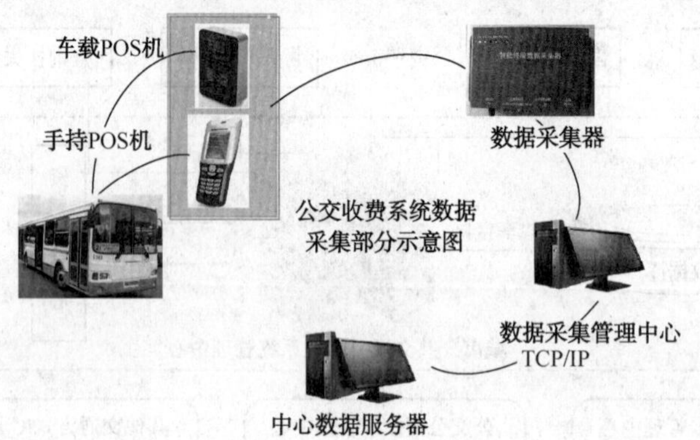


图 5-5　传统的有线数据采集

传至数据采集中心,并将黑名单及其他需下载内容通过无线下载到车载 POS 机上,此过程不需要数据采集器中转数据,也无须人员参与,多台 Wi－Fi 车载或手持 POS 可通过 AP 以共享的方式接入公交收费系统,与数据采集中心进行通信。客户可根据总站实际情况,灵活选择 AP 架设位置及数量,调整覆盖范围。Wi－Fi 无线接入技术的使用,使公交收费系统数据采集更加智能化,维护也更加容易。

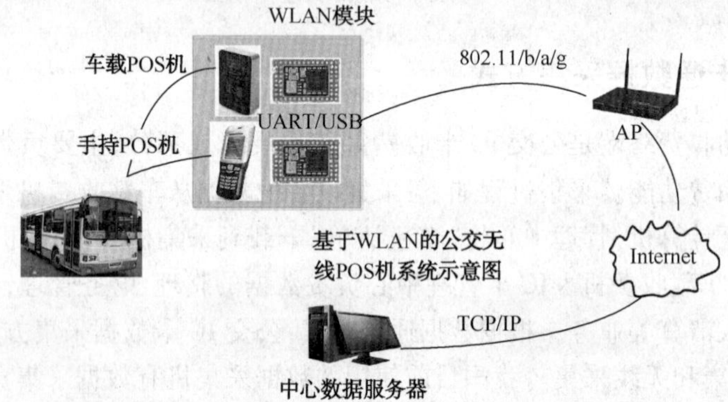


图 5-6　基于 WLAN 的公交无线 POS 机系统示意图

### 5.3.3　常用的数据采集设备

1)数据采集盒

公交无人售票车上安装的自动收费机记录了乘客刷卡交易数据。公交公司总部的交汇中心负责汇总所有交易数据。这些数据传送采用数据采集盒(图 5-7),这是一种无源接触式装置,无序额外能源支持,方便携带操作[49]。

数据采集盒的特点是容量大、速度快、造价低廉、自动化程度高。一只盒采集 30 台收费终端当日运营数据,每采集一辆车的数据只需耗时 8 秒,数据采集与汇

总均为自动进行,无需人工干预,且智能化程度很高。但也存在一些不足之处:

(1)工作效率不高。

(2)人工操作可能出现失误。

(3)数据采集盒上面的接口接触点较多,容易造成接口长期遭受灰尘和油污污染。

2)红外数据采集仪

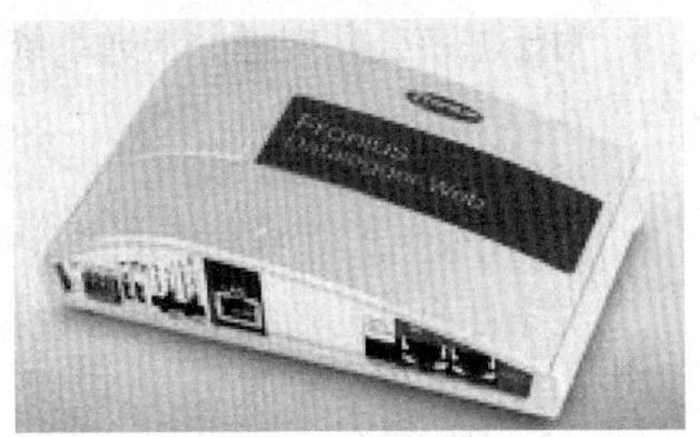

图5-7 数据采集盒

红外采集仪可以避免有线接口多次接触造成磨损而影响数据读写正确性的弊病,它是有源非接触式装置(图5-8)。它采用高速集成IrDA红外通讯模块,数据通讯速率为57.6kbit/s和115.2kbit/s,通讯距离可达1m;将采集仪挂在自动收费机上可以实现两者间无线数据通讯(采集、下载黑名单、设置票价等);将采集仪挂在多路器上,可以实现采集仪与PC机间的数据交换。其缺点是:

(1)红外有角度限制。

(2)红外穿透力不强。

(3)需经常充电。

(4)内存不足时,可能导致本次数据采集失败。

3)POS机数据采集器

POS机数据采集器(图5-9)在IC卡数据采集系统中应用的比较多。现在使用的POS机数据采集一般都支持无线模式,如GPRS/WIFI网络。

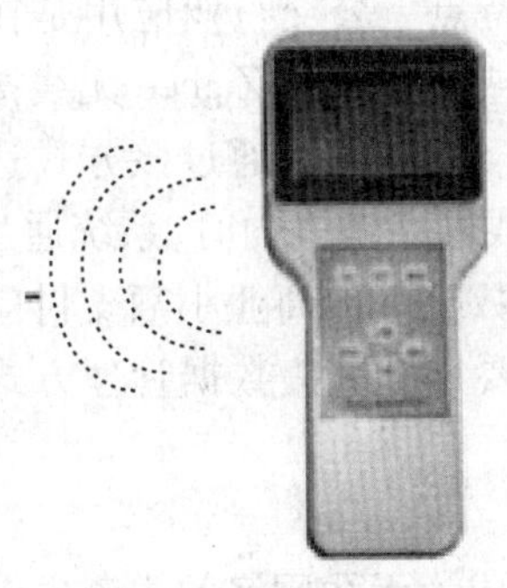

图5-8 手持红外采集器

图5-9 手持POS机采集器

### 5.3.4 一卡通数据采集传输的通信方式

根据服务或消费终端工作方式的不同,可分为以下几种数据传输方式:

1）联机实时传输

对于城市公共交通一卡通充值服务网点的充值机、圈存机等终端设备，可采用联机实时传输的方式，在发生交易时立即把交易记录上传至数据中心，同时可每天定期或在需要时下载黑名单更新信息和系统参数。

2）脱机延时传输

对于城市公共交通一卡通系统的小额支付 POS 终端设备，也可采用脱机传输的方式。

3）无线传输

（1）GPRS 或 CDMA 传输

在条件允许的情况下，可在脱机工作的车载 POS 终端上安装 GPRS 模块，在数据中心安装 GPRS 接收装置，应用分中心服务器与 GPRS 或 CDMA 运营商网络进行 VPN 互联实现通信，通过该方式达到终端联机交易。通过 GPRS 或 CDMA 实时传递交易数据并下载黑名单和系统参数在线升级等功能。

GPRS 传输具有资源利用率高、传输速率高、接入时间短的优点，而且 GPRS 支持因特网上应用最广泛的 IP 协议和 X.25 协议。

CDMA（码分多址）是以分组的形式广播通话的，但与 TDMA（时分多址）不同的是，所有通话均在同一信道上传递，通过指定给各个对话的特殊代码来区分每个对话。相对于 GPRS 而言，CDMA 的下行、上行速率最高，而且接入时间短并支持 IP 协议和 X.25 协议。

（2）Zigbee 无线传输

ZigBee 是一种高可靠度的 2.4GHz 无线数据传输网络，具有功率小、干扰小、串扰小、带宽大、传输稳定和空中传输安全度高等特点。公交行业应用是在车载 POS 终端上安装 Zigbee 通讯模块，在各公交停车场或站点安装 Zigbee 无线接收基站。设置车载机终端与相对应的无线采集基站地址编码一致，通过该方式达到终端采集传输，当车载机进入无线采集基站的覆盖无线网络范围内时，系统通过 Zigbee 自动实时传递交易数据并下载黑名单和系统参数。其他商业小额支付应用主要是商场、校园、体育场馆等。不方便布线，而且需要集中采集数据管理方式的场合都可采用 Zigbee 通信。

（3）Wi－Fi 无线传输

正在兴起的 Wi－Fi 网络建设热潮使得 Wi－Fi 成为无线网络的主流方向。无论安全性、技术成熟度、与现有网络连接、还是节点管理、QoS 特性、设备互操作性方面，Wi－Fi 在短距离无线技术中都有无可比拟的优势，可最大限度地满足公交收费系统数据采集传输的需求。

Wi－Fi 无线数据传输具有设备成本低、数据传输高度安全可靠、使用灵活方便等特点,非常适合POS机上的应用。Wi－Fi操作系统可以远程网络升级,非常灵活方便,可提供广域的无线IP连接,适用于行业和企业级用户开展无线数据应用,为分散的远程接入点提供高性能的无线接入。

## 5.4 一卡通数据异常与防范措施

随着一卡通系统在城市公共交通领域的广泛应用,每天在刷卡终端将会产生大量的交易数据,这些数据最终将会以规范化的格式存储到IC卡管理中心数据库。由于公共交通一卡通系统使用人群众多,刷卡次数频繁,加之传输网络的稳定性问题,在数据收集过程中可能会存在数据的异常或丢失,这就需要一卡通系统内部具有相应的防范和纠正机制,保证一卡通数据的完整性和真实性。只有这样才能保障持卡人和一卡通企业的利益,同时推动一卡通数据应用的良性循环。

### 5.4.1 一卡通数据异常的原因

IC卡异常数据产生的原因有很多,也比较复杂,主要可以分为两类:一类是非主观意图所产生的数据异常,例如操作失误或者终端机具出现问题,属于客观原因;另一类是来自外部的恶意攻击行为,属于主观恶意。下面将针对以上两类情况作简单介绍。

1)数据异常的客观原因

IC卡数据异常的客观原因通常是操作不当(或失误)引起的。由于IC卡使用人群广泛,有老人、学生、上班族等,不同群体的人对公交IC卡系统以及IC卡的使用规范了解和熟悉程度不一,在使用过程中可能会出现很多误操作,造成IC卡数据交易异常。另外,除了操作失误外,许多客观的原因如环境因素也会造成数据异常。下面列举了一些常见的造成IC卡数据异常的情况。

(1)充值或者消费刷卡时,在交易未完成前IC卡离开读写器的感应区。

(2)交易时处于不当的环境,如强磁场、潮湿、高温、震动和冲击等环境。

(3)卡片损坏,在消费机上刷卡显示异常数据。

(4)在刷卡时,同时有多张卡片在卡机刷卡区内读卡。

(5)在手动操作键盘扣费的情况下,由于按键错误,从而导致数据异常。

(6)数据传输过程产生异常数据。

(7)车载机损坏造成异常数据。

2)数据异常的主观原因

数据异常的主观原因,是指对一卡通系统潜在的攻击,甚至破坏行为,主要是对IC卡和读写终端设备进行人为的攻击行为。

(1)以IC卡为对象的非法攻击常见形式包括:

①模拟IC卡。对一个终端设备而言,其本身可能无法判断与之打交道的信号是来自真正合法的IC卡,还是来自非法的模拟信号。

②用伪卡替换操作。用合法的授权卡打开终端设备及其控制装置,然后用伪卡替换真卡,使得所有消费记录在伪卡上。

③用干扰信号破坏对IC卡的操作。在IC卡的读写过程中,对某些信号线在特定时刻施加干扰信号,以使IC卡中的数据混乱或无法正确记录和修改。

④解剖分析IC卡内部结构。将IC卡的电路进行解剖分析,并利用仪器设备测试IC卡的各种密码位置和状态字,从而破解整个系统。

⑤冒充合法持卡人使用IC卡。非授权用户可能冒充合法持卡人使用IC卡,以便获取卡内资金和资料信息或欺骗打开各种受控设备。

(2)以IC卡终端设备为对象的非法攻击常见形式:

①对终端设备进行信息截获和复制。设法测试得到或从操作过程中截获IC卡终端设备其输入、输出的信息,通过大量的信息分析,就有可能得出IC卡或设备的响应规律或复制特征。

②对IC卡终端设备进行仿造。IC卡终端设备被人盗窃或拆卸、改装,并使之成为对合法的IC卡或系统进行攻击的工具。

③对IC卡终端设备故意操作失误,有可能对IC卡或系统造成危害。

### 5.4.2 异常数据处理机制

针对不同的异常情况有不同的处理机制,这里列举一些典型的异常处理机制,以供参考。

(1)系统之间的互联互通消息采用重传确认机制。

(2)业务结算实时和定时结算发生异常时,操作员依据异常日志记录,可以手工结算。

(3)系统向条件接收系统下发授权信息出现异常时,系统能够自动重发或者由操作员手工处理。

(4)每一个应用应该放在一个单独的ADF(一种数据序列检验方法)中,使得独立地管理一张卡上的不同应用的安全。亦即在应用之间应该设计一道"防火墙"以防止跨过应用进行非法访问。另外,每一个应用允许与卡中共存的个人化要求和应用规则发生冲突。

(5)安全报文传送。安全报文传送的目的是保证数据的可靠性、完整性和对发送方的认证。数据完整性和对发送方的认证通过使用MAC来实现。数据的可靠性通过对数据域的加密来实现。

(6)对数据进行加密。为保证命令中明文数据的保密性,可以将数据加密。所使用的数据加密技术应被命令发送方和当前卡中被选择的应用所了解。

### 5.4.3 数据异常防范措施

针对由于客观原因所造成的数据异常,可采用以下防范措施:

(1)加强IC卡持有者使用IC卡操作的宣传和培训,例如IC卡的正常操作规范培训;对一卡通相关操作人员进行培训,并制定相关的制度。

(2)进一步加强IC卡技术的研究。对IC卡的防冲突措施进一步优化,研究恶劣环境中IC卡的使用。

对由于主观原因所造成的数据异常,更应加强防范,分别从密钥管理、黑名单管理、日常数据观察和统计中发现并加以处理:

(1)加强密钥管理。

(2)加强黑名单管理。根据对IC卡系统的实际情况分析,有以下三种情况可以产生黑名单:

①挂失生成黑名单。由于乘客卡丢失,为了将乘客的损失降到最低,系统可以将挂失的乘客卡的卡号存入数据库形成黑名单。

②清算生成黑名单。由于乘客卡的密钥被人破解或充值点的工作人员非法充值,使得一些乘客卡的卡内金额和数据库金额不符,此类卡可在清算过程中将其发现,并记录其卡号,将卡号存入数据库中产生清算黑名单。

③控制卡产生的黑名单。由于工作人员疏忽大意将控制卡丢失,系统设置控制卡黑名单,用于存放这类卡的卡号。

IC卡后台管理系统将这三类黑名单以文件形式下发到售卡充值点和各车队车辆。当遇到其中任何一种卡进行消费时,车载机就会发出警告,充值时售卡充值系统也会发出警告。

一旦发现黑名单卡在设备上使用,该设备即刻将该卡锁住,写入标记,此卡就再也不能使用,设备还会即刻报警,并在设备中进行记录。若工作人员未对黑名单卡作出处理,在进行数据采集汇总后,就可知道是哪台车、何时、何人当班时未对黑名单卡进行处理。

(3)在信息中心每天汇总所有售卡/充值数据和乘车交易数据的基础上,进行财务清算,将系统内每一张卡的充值情况和消费情况进行收入、支出的动态平衡计算,按照每张乘客卡的充值金额、消费金额,动态地观察每张卡的平衡状态;一旦某张卡的收支不平衡,可以在IC卡后台管理系统立即发现并及时报告,并可通过黑名单方式停止这张非法卡的使用。

(4)IC卡的每次充值、消费都产生一个顺序递增的流水号,系统按照流水号最大的交易对 IC 卡进行安全审核,可以排除由于交易时间顺序或数据采集时间滞后而带来的虚假余额问题。在充值和消费数据项中核对"交易前卡内余额"、"交易后卡内余额"是否为充值交易,若是充值交易则核查最近的充值记录是否存在于经过安全审核的数据库内,若无此记录则为非法充值交易。另外这两个数据项还可以防止漏采集而引起的数据缺失,可以使数据核查工作更加可靠准确。

(5)为防止车载收费机发生故障后丢失数据,实时备份当前存储器(文件中)的数据。当前存储器损坏时可以从备份存储器中读出数据。

(6)为了预防潜在的攻击,可以考虑从硬件和软件两个方面采取一系列的措施。

## 5.5 一卡通数据分析与应用

公交 IC 卡数据分析是一个系统的过程(图 5-10),需要经过数据采集、数据处理、数据分析及结果表示等流程,并使用数据分析工具,利用合适的数据分析算法得以实现。因此,进行公交 IC 卡数据分析必须将数据分析的各个环节有机的结合,正确选用各类数据分析工具及算法,保证各数据处理环节科学准确,进而建立一套科学完整的数据分析系统[50-52]。

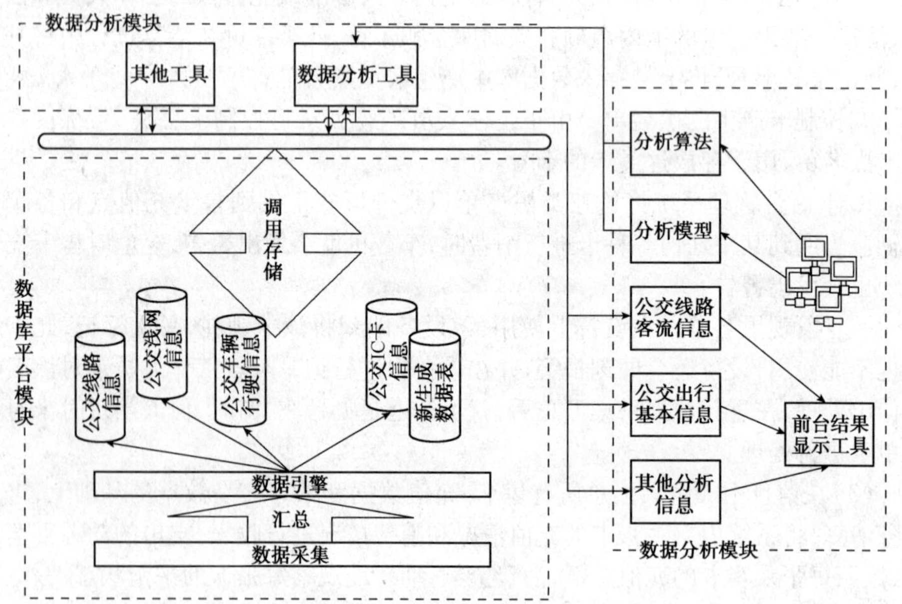


图 5-10 公交 IC 卡系统框架数据分析

### 5.5.1 一卡通数据处理

数据分析的过程包括数据预处理与数据分析两个步骤。数据预处理为随后的数据分析做准备，数据预处理得到什么样的结果由数据分析结果要求决定，而数据分析需要得到数据的结果又由数据分析的最终目标决定。公交 IC 数据分析一般有两个目标：一是获得用于公交运营决策的公交客流信息；二是获得用于公交规划的居民公交出行特征信息。

1)数据预处理

所谓数据预处理(图 5-11)，是指从大量的数据中提取出对目标有重要影响的数据以避免产生原始数据的冗余，或是处理一些无效数据，从而改善数据质量和提高数据分析的速度。众所周知，公交 IC 卡的终端数据来源多种多样，其中包括了公交车、地铁、自行车和停车场等各种基础公交应用领域，所取得的数据格式也不完全一样，所以在利用这些数据之前，必须要对其进行数据的预处理，使得它能符合一定的要求。然后针对不用的应用目的再进行分析，建立数据模型，挖掘数据内部隐藏的规律。数据预处理方法一般包括基于粗略集的简约方法、基于概念数的数据浓缩方法、信息论方法、基于统计分析的属性选取方法和遗传算法等。数据预处理的内容包括数据的收集、清理、集成、变换和规约等。

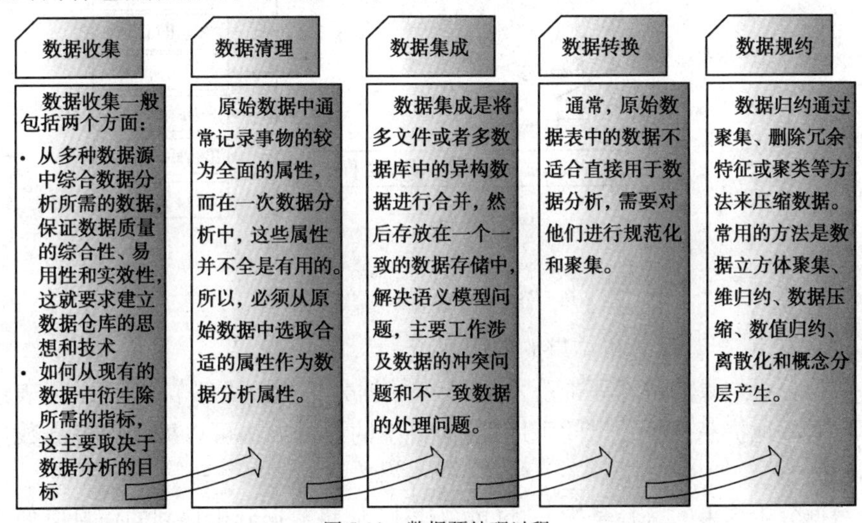


图 5-11 数据预处理过程

2)IC 卡数据分析工具及其方法

(1)IC 卡数据分析工具

比较成熟的数据分析工具很多，例如 SAS 公司的 Enterprise Miner、IBM 公司的 Intelligent Miner、SPSS 公司的 Clementime、SGI 公司的 MineSet 等。不同的数据分析

工具各有特点。选取数据分析工具可以下面几点作为标准:支持多种数据库平台、大数据量的处理能力、数据筛选和结果验证能力、多样的数据分析算法和模型、操作性、扩展性、可视化以及连接其他工具等。

(2)公交 IC 卡数据分析方法

数据分析的理论方法包括自组织理论方法及其学习方法、概率方法、数据压缩方法、微观经济学观点、归纳数据库方法、统计学方法和仿生物技术方法。具体常用的有人工神经网络、决策树、遗传学算法、最临近算法和规则归纳法。在公交 IC 信息处理过程中需要结合使用多种算法。

运用数据分析还可以自动地统计出某些预测信息。例如得到某条线路的客流量变化趋势、某公交站台客流量变化趋势、站台的平均停车数量等,预测未来一段时间线路或站点的客流大小。通常获得的客流信息收集整理后才能进行预测,这样浪费了大量时间,有时不能及时得到结果,造成信息浪费。利用数据分析系统不需要经过再预测就能直接得到初步的预测信息,节约了时间,帮助决策者及时的做出决策。图 5-12 为获取公交客流基本信息的流程。

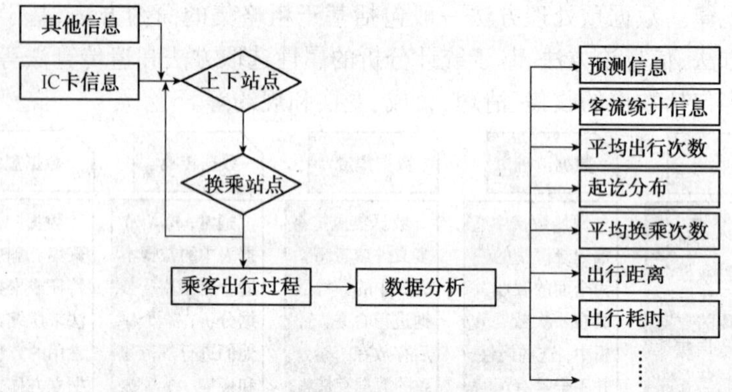


图 5-12 公交乘客客流基本信息获取流程

3)公交 IC 卡数据分析结果的效用评价

数据分析结果的解释评价是公交 IC 卡数据分析的重要环节,好的结果表达形式可以有效地提高分析结果的可用性,而科学的评价方法可以极大地提高数据分析的精度。

数据分析结果的解释是指,通过可视化工具,将数据分析得到的信息以便于用户理解和观察的方式反映给用户。面向不同用户的需求,结果的表达形式可以为数据型,图形型和概念型三种。

(1)数据型是指直接给出公交运营客流数据和公交乘客的分布数据,利用数据结果指导公交决策和规划。

(2)图形型是将数据利用统计报表的形式表达,例如用柱状图或其他形式图形描述公交线路一月的客流变化趋势。

(3)概念型数据是指,结果不以数据形式而直接对公交运营情况做出评价。

根据用户的不同要求分析的数据范围也不同,例如分析一年内或者一个月内某条公交线路的客流运营情况。这样就得到不同数据分析结果,这些结果可以用可视化工具提供给用户,也可以存储在数据库中供日后进一步比较分析。

数据分析结果的评价是用户对分析结果的经验评价,如果用户对分析结果不满意,可以对数据和算法进行进一步调整,重新分析,直到满意为止。评价分析结果的用户需要精通公交运营各项业务,对公交运营情况和特点全面了解。

## 5.5.2 一卡通数据的应用

随着交通基础设施的不断投入与完善,如何实现资源合理有效利用尤为重要,因此交通信息化、智能化和现代化的管理日益显得重要。城市交通能否科学发展,一定程度上依赖于运营管理和技术手段的先进性。基于交通智能卡终端收集的海量数据,辅助政府部门对交通行业及其规范进行针对性的管理,使行业发展更合理,更科学,其中包括以下几个方面,如表5-2所示。

**IC卡数据在公交领域的应用** 表5-2

| 序号 | 交通行业管理 | 社会管理 | 公共政府管理 |
|---|---|---|---|
| 1 | 实现公交企业的精细化管理 | 大型活动的客流输送方案 | 公交企业的税收优惠政策 |
| 2 | 完善公交网络的整体性规划和布局 | 辅助片区治安管理 | 特殊人群公交补贴政策 |
| 3 | 建立合理的公交营运调度模式 | — | 公交企业燃油补贴政策 |
| 4 | 实现对线网运力及服务的全面监控 | — | 公交企业票价定价机制 |

交通智能卡在交通领域的广泛应用必然导致大数据的出现,对于大数据的分析和整合是当今信息社会发展的一大方向,因此,在应用智能卡的同时,深入探索大数据之间的联系和信息,最大限度地挖掘数据价值,拓展数据的应用领域,为交通大发展创造有利条件。

图5-13为IC卡数据分析与应用框架。

1)面向内部管理运营

对IC卡海量数据的挖掘可以为公交和相关行业内部的管理和运营提供依据,例如:

(1)充资、移资分析

对持卡人充资、移资的次数、金额等进行统计分析,为交通运营企业提供金额异动管理提供数据,如表5-3所示。

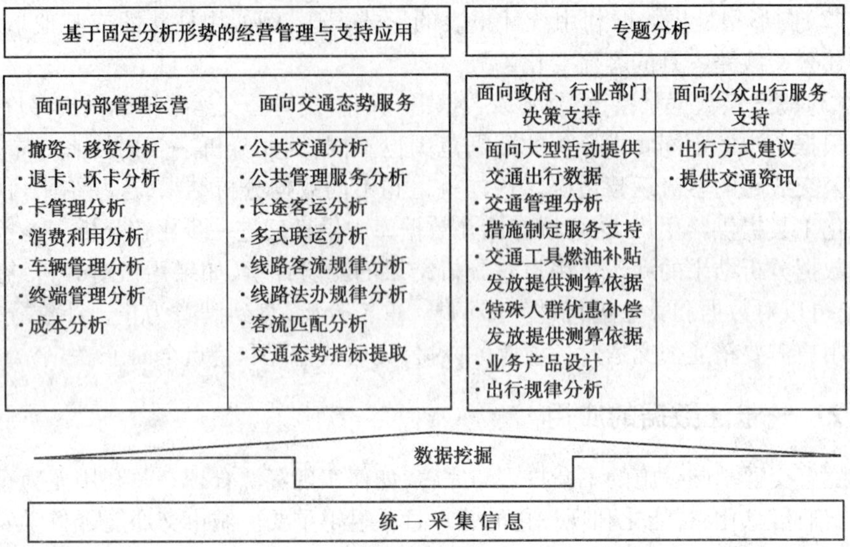

| 基于固定分析形势的经营管理与支持应用 | | 专题分析 | |
|---|---|---|---|
| 面向内部管理运营 | 面向交通态势服务 | 面向政府、行业部门决策支持 | 面向公众出行服务支持 |
| ·撤资、移资分析<br>·退卡、坏卡分析<br>·卡管理分析<br>·消费利用分析<br>·车辆管理分析<br>·终端管理分析<br>·成本分析 | ·公共交通分析<br>·公共管理服务分析<br>·长途客运分析<br>·多式联运分析<br>·线路客流规律分析<br>·线路法办规律分析<br>·客流匹配分析<br>·交通态势指标提取 | ·面向大型活动提供交通出行数据<br>·交通管理分析<br>·措施制定服务支持<br>·交通工具燃油补贴发放提供测算依据<br>·特殊人群优惠补偿发放提供测算依据<br>·业务产品设计<br>·出行规律分析 | ·出行方式建议<br>·提供交通资讯 |

数据挖掘

统一采集信息

图 5-13　IC 卡数据分析与应用框架

对持卡人充资、移资的次数、金额等进行统计分析　　表 5-3

| 充资、移资明细表 | | | | |
|---|---|---|---|---|
| 月份 | 充值 | | | |
| | 次数 | 金额 | 撤销次数 | 撤销金额 |
| 1 | 5,244,242 | 358,219,041.07 | | |
| 2 | 6,112,746 | 425,903,790.38 | | |
| 3 | 6,661,768 | 460,454,954.86 | | |
| 4 | 6,403,406 | 442,106,021.90 | | |
| 5 | 6,672,516 | 461,367,236.92 | 5 | 450.00 |
| 6 | 6,465,980 | 445,128,364.53 | 1,444 | 116,582.00 |
| 7 | 7,766,631 | 477,590,210.31 | 4,028 | 388,940.00 |
| 8 | 6,927,766 | 463,657,944.17 | 3,244 | 311,932.00 |
| 9 | 7,123,460 | 484,568,121.31 | 3,529 | 338,918.00 |
| 10 | 7,032,178 | 478,648,903.78 | 3,581 | 344,268.00 |
| 11 | 6,969,132 | 479,319,224.26 | 3,619 | 351,480.03 |
| 12 | 26,129 | 234,960.00 | 207,874 | 14,319,889.98 |
| 全年合计 | 73,405,954 | 4,977,198,773.49 | 227,324 | 16,172,460,01 |

(2)退卡坏卡分析

对退卡、坏卡的次数、金额,对卡片购买、使用等统计分析,进行卡片质量管理,如表5-4所示。

退卡坏卡统计分析　　表5-4

| 退卡明细表 | | | | |
|---|---|---|---|---|
| 退卡交易 | | | 退充值金 | |
| 次数 | 退押金为零数量 | 退押金 | 次数 | 金额 |
| 21,844 | 4,426 | 522,530.00 | 21,844 | 695,690.14 |
| 25,736 | 6,326 | 582,300.00 | 25,734 | 857,541.04 |
| 29,654 | 7,011 | 679,290.00 | 29,653 | 994,797.33 |
| 29,956 | 8,493 | 643,890.00 | 29,937 | 1,023,507.77 |
| 39,291 | 15,381 | 717,300.00 | 39,069 | 1,392,596.70 |
| 34,848 | 7,584 | 817,920.00 | 34,846 | 1,072,047.66 |
| 40,260 | 8,178 | 949,280.00 | 40,259 | 1,454,763.61 |
| 37,575 | 8,507 | 842,010.00 | 37,574 | 1,365,173.89 |
| 33,993 | 8,030 | 747,850.00 | 33,993 | 1,239,033.07 |
| 32,278 | 7,890 | 688,680.00 | 32,278 | 1,198,774.60 |
| 30,696 | 7,779 | 639,350.00 | 30,696 | 1,161,105.76 |
| 102 | 10,750 | 1,102.00 | 244 | 23,480.00 |
| 356,233 | 100,355 | 7,831,502.00 | 356,127 | 12,478,511.57 |

(3)卡片管理分析

对卡片日充值、消费笔数和金额进行统计分析,有助于运营公司内部财务的管理,如图5-14所示。

(4)消费利用分析

根据刷卡数据分析不同领域不同公司消费频率,为运营企业提供业务拓展计划依据(图5-15)。

(5)成本分析

①对各公交企业、各条线路、月度成本本期、上期和同期运营成本的对比分析。

②对不同企业在各个月份本期、上期和同期车日营运成本的分析。

③根据企业报送数据,对各企业在各月份成本结构分析,并可做同比、环比分析。

④对各公交企业、各月份本期、上期和同期运营收入的对比分析(图5-16)。每月日均营运收入分析。每月车日收入分析对比等,同时也可对企业、线路的有关

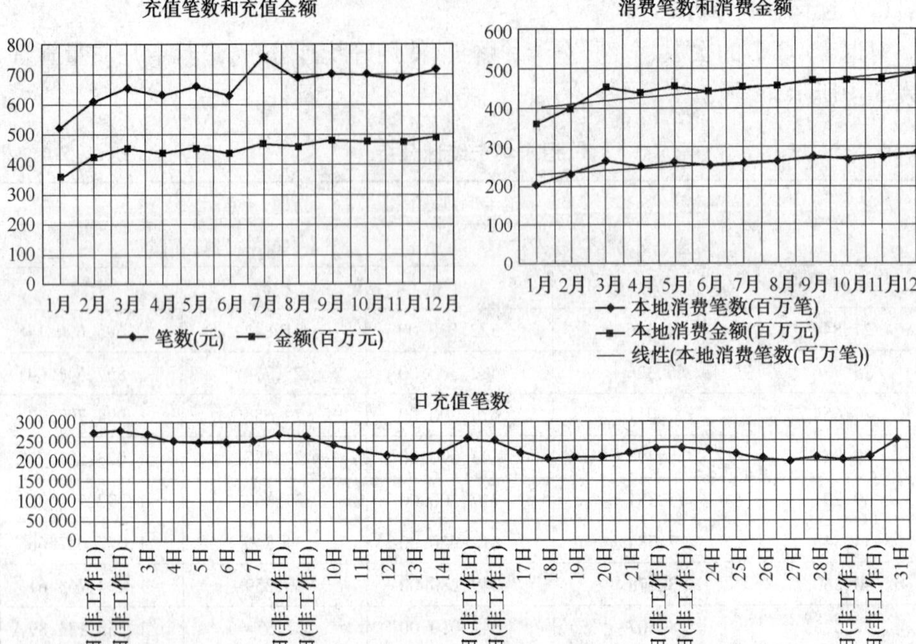


图 5-14 卡片日充值、消费笔数和金额统计分析

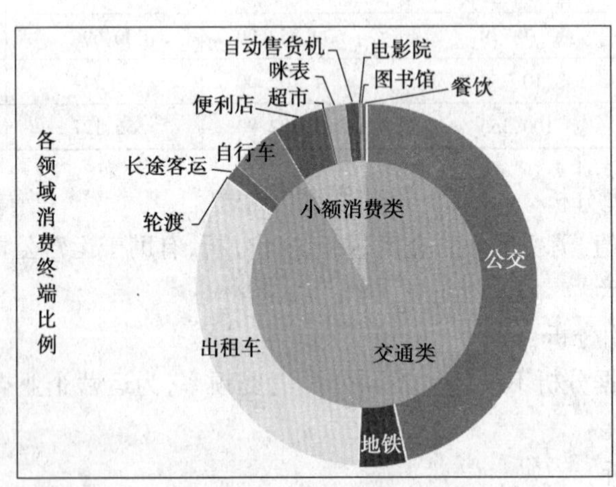


图 5-15 各领域消费终端比例

利润进行月度的分析，或日均的分析。

2）面向交通态势服务

（1）公共交通分析

面向不同公共交通工具，对刷卡时间、类别、频率、数量等数据进行统计分析，

| 月份 | 企业名称 | 运营成本（万元） | | | | |
|---|---|---|---|---|---|---|
| | | 本期 | 上期 | 上期环比 | 同期 | 同期环比 |
| 2010年01月 | A公司 | 6112.8 | 9584.58 | -36.22% | 6074.85 | 0.62% |
| 2010年01月 | B公司 | 8081.33 | 7249.33 | 11.48% | 5676 | 42.38% |
| 2010年01月 | C公司 | 4282.44 | 5034 | -14.93% | 3528.64 | 21.36% |
| 2010年01月 | D公司 | 5197.35 | 6390.06 | -18.67% | 5140.46 | 1.11% |
| 2010年01月 | E公司 | 3455 | 3498.02 | -1.23% | 3051.37 | 13.23% |
| 2010年01月 | F公司 | 9346 | 9802 | -4.65% | 0 | 无 |
| 2010年01月 | G公司 | 1740.65 | 1840.57 | -5.43% | 1500.55 | 16.00% |
| 2010年01月 | H公司 | 3188.71 | 2744.92 | -16.17% | 1960.08 | 62.68% |
| 2010年01月 | I公司 | 1015.88 | 1187.91 | -14.48% | 865.03 | 17.44% |
| 2010年01月 | J公司 | 6188.83 | 6112.8 | 1.24% | 4806.17 | 28.77% |
| 2010年01月 | K公司 | 7202.54 | 8081.33 | -10.87% | 5744.59 | 25.38% |
| 2010年01月 | L公司 | 3729.4 | 4282.44 | -12.91% | 3160.95 | 17.98% |

图5-16 成本分析

分析不同类型公共交通工具承载能力。

(2)公共管理服务分析

面向不同公共服务工具，对刷卡时间、类别、频率、数量等数据进行统计分析，分析不同类型公共服务工具服务能力。

(3)长途客运分析

面向不同类型长途客运工具，对刷卡时间、类别、频率、数量等数据进行统计分析，分析不同类型长途客运工具的出行比例，承载能力。

(4)多式联运分析

通过多种运输方式的公共交通一卡通联合服务，对购买票卡、候车前置时间等数据进行统计分析，通过交通卡在多种交通工具使用数据，承担多式联运优惠值测算，进一步促进公共交通使用率。

(5)线路客流规律分析

①对各企业不同日期、不同时段的客流占比分析，分析各企业客流在整个行业客流的比率，统计客流的整体分配情况。

②不同企业在同一日期或时段客流分析对比(图5-17)。

③对自定义线路组合两个指定日期段客流对比分析，可分析比较各年春运、五一黄金周客流变化，高峰期变化，下雨天和晴天对比。

④分析各线路、各企业不同发班类型的客流量。

(6)线路发班规律分析

①在不同时间段，可对不同线路组合车辆发班规律进行统计分析(图5-18)。

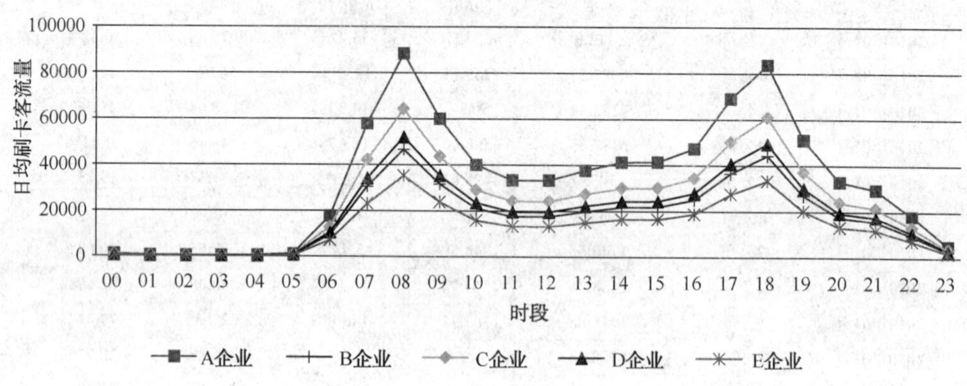


图 5-17　企业客流日规律分析

**线路组合发班周规律分析**

数据时间：2011年05月23日；2011年05月24日；2011年05月25日；2011年05月26日；2011年05月27日；2011年05月28日；2011年05月29日

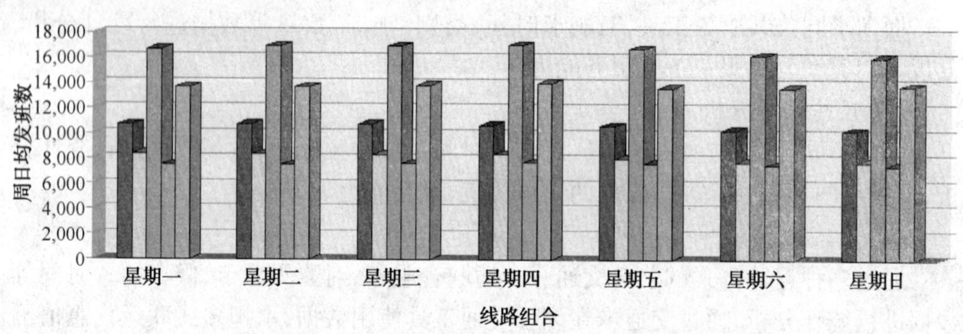


■ BRT　□ 东风路　■ 广州大道　■ 环市路　■ 解放路

| 周 | 线路组合 | 发班数 | 周日均发班数 |
|---|---|---|---|
| 星期一 | BRT | 10,637 | 10,637 |
| 星期一 | 东风路 | 8,385 | 8,385 |
| 星期一 | 广州大道 | 16,649 | 16,649 |
| 星期一 | 环市路 | 7,503 | 7,503 |
| 星期一 | 解放路 | 13,644 | 13,644 |
| 星期二 | BRT | 10,716 | 10,716 |

图 5-18　线路组合发班周规律分析

②可对不同时间段,不同线路的车辆发班类型进行统计分析。

③对不同类型、不同车辆进行预警线路、次数统计分析。

④对不同企业、类型、线路出车率进行统计,对低于预警线的企业或线路进行预警,调整配车数量。

(7)客流匹配分析

①对不同区域、不同线路组合、企业、线路任意日期段周规律发班与客流匹配分析,从而调整发班趋势,与客流的趋势一致。

②对单条线路、不同区域、线路、企业组合,在不同时间发班与客流匹配趋势分析(图5-19)。

③对线路发班规律与运能客流进行匹配分析(图5-20)。

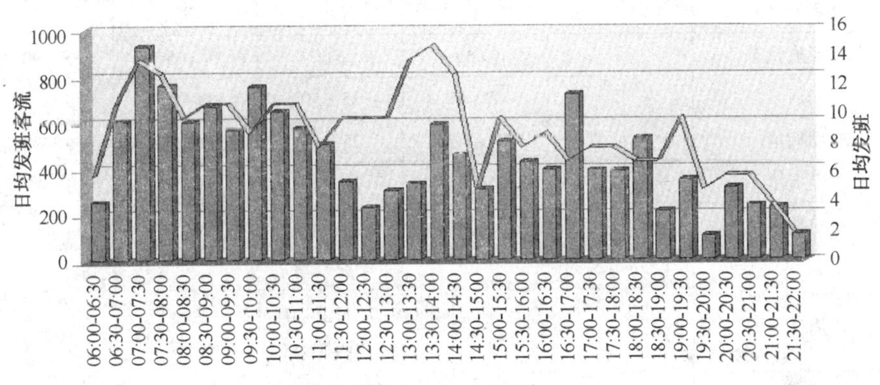


图5-19 高峰期线路日均发班客流匹配图

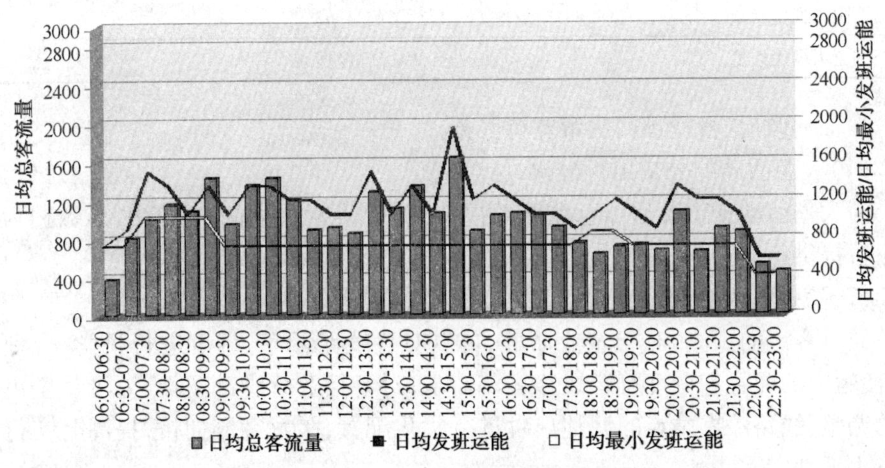


图5-20 线路发班运能客流匹配图

④根据线路班次进行客流分析。

⑤对道路途经站点、线路途经站点、站点组、站点班次在任意日期、任意时间段内与客流趋势对比的周规律分析。

⑥调整线路发班趋势与客流趋势一致。

(8)交通态势指标提取

①根据多种交通规律分析,提取较大程度影响交通运行态势指标(表5-5)。

②根据交通运行态势指标,宏观分析交通运行现状。

**交通态势指标提取** 表5-5

<table>
<tr><td rowspan="2">交通流畅通运行状态分类</td><td rowspan="2">道路服务水平</td><td colspan="4">城市道路平均行程速度(km/h)</td></tr>
<tr><td>Ⅰ</td><td>Ⅱ</td><td>Ⅲ</td><td>Ⅳ</td></tr>
<tr><td>非常畅通状态</td><td>A</td><td>>60</td><td>>50</td><td>>45</td><td>>30</td></tr>
<tr><td>畅通</td><td>B</td><td>45~60</td><td>35~50</td><td>33~45</td><td>25~30</td></tr>
<tr><td>轻度拥堵</td><td>C</td><td>35~45</td><td>25~35</td><td>23~33</td><td>20~25</td></tr>
<tr><td>中度拥堵</td><td>D</td><td>25~35</td><td>23~30</td><td>18~23</td><td>15~20</td></tr>
<tr><td>严重拥堵</td><td>E</td><td><25</td><td><23</td><td><18</td><td><15</td></tr>
<tr><td rowspan="2">**年*月*日<br>周三</td><td colspan="2">早高峰</td><td colspan="2">平峰</td><td>晚高峰</td></tr>
<tr><td colspan="2">(7:30-9:30)</td><td colspan="2">(6:00-7:30,9:30-17:30<br>19:30-22:00)</td><td>(17:30-19:30)</td></tr>
<tr><td>路网分时段拥堵指数</td><td colspan="2">5.07</td><td colspan="2">2.01</td><td>4.33</td></tr>
<tr><td>路网分时段拥堵评价</td><td colspan="2">轻度拥堵</td><td colspan="2">畅通</td><td>轻度拥堵</td></tr>
<tr><td>路网全天拥堵指数</td><td colspan="5">4.67</td></tr>
<tr><td>路网全天拥堵评价</td><td colspan="5">轻度拥堵</td></tr>
</table>

3)面向政府、行业部门决策支持服务

(1)大型活动的公交出行分析

向大型活动提供交通出行数据,例如,在广州亚运会期间,公交IC卡数据为交通出行提供依据。

(2)交通管理分析

通过客流的预测,对于企业而言,可以对各线路配车、调度进行科学、合理优化,使运力的配置和调度符合线路客流需求;对于行业管理部门而言,可从全市线路的调整、线路停靠站点的调整出发进行优化配置,缓解客流拥挤,提高公交行业服务水平。

借助面向调度的客流预测信息,可以获得相对实时、可靠的分时段各站点客流量，通过发班与线路、站点客流的匹配，以高峰期乘车、特大客流站点等为目标，及时调整车辆调度策略提高线路运输能力，实现对运营调度计划的不断调整优化。

利用客流分布系统掌握企业总客流在各线路的具体分布，客流量相对较高的线路可适当增加配车数；利用客流分布系统掌握每条线路客流在时间上的具体分布，方便进行科学的配班。

利用客流分布系统掌握各线路客流在时间、空间上的具体分布，监控线路的运作情况；通过监控最高峰时段和最高峰站点乘客乘车情况，及时优化调整运力，可以最有针对性、最有效解决各线路高峰乘车难的问题。图5-21为日均客流分布一例。

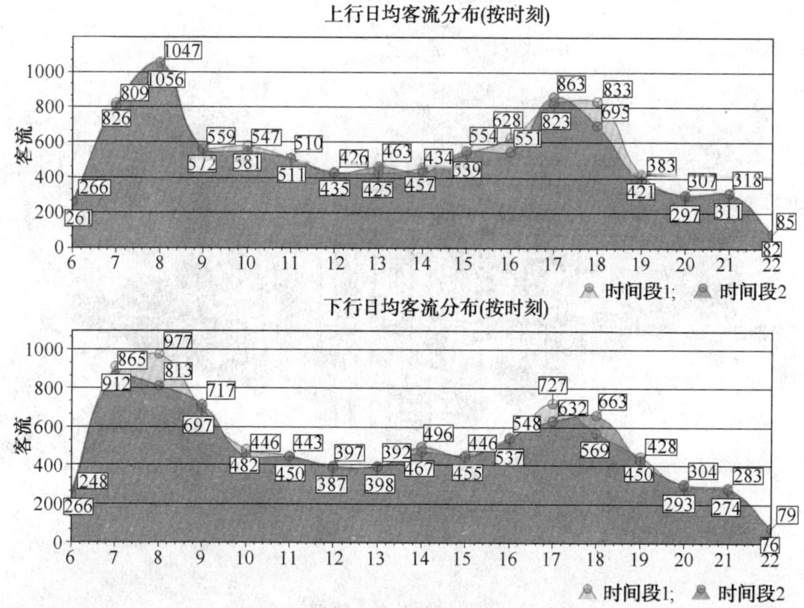


图5-21　上、下行日均客流分布

(3)措施制定服务支持

①对不同线路、不同站点客流量进行统计，根据客流量分析结果，为线路、站点撤并提供出行影响分析(图5-22)。

②对使用公共交通工具的不同群体进行统计，根据统计结果为票价优惠政策制定提供数据支持(图5-23)。

③对不同群体、区域的出行市民消费金额、频次进行统计，根据统计结果，结合当地经济水平，为票价制定提供数据支持(图5-24)。

(4)交通企业燃油补贴发放测算依据

针对不同交通工具企业，如公交、地铁、农村客运等，统计其在运车辆数量，车辆载客数量等数据，根据统计数据测算不同交通工具运营企业应发放补贴金额，为政府部门科学发放燃油补贴提供数据支持。

(5)特殊人群优惠补偿发放测算依据

对公共交通企业给予老年人、学生、残疾人、抚恤优待对象等特殊人群的票价优惠额、使用次数等数据进行统计，根据统计数据，估算政府部门每年应给予公共交通企业补偿金额(表5-6)。

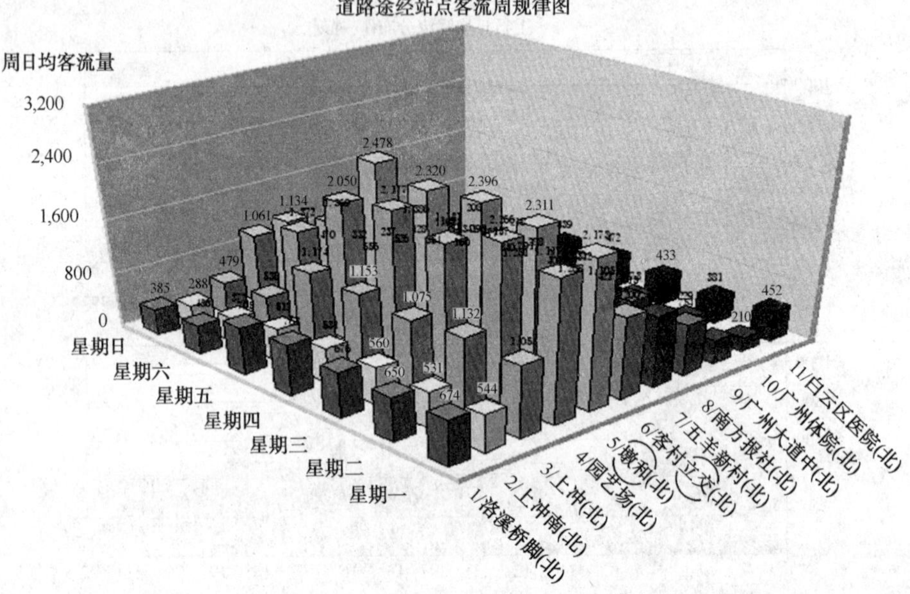


图5-22　道路途经站点客流周规律分析

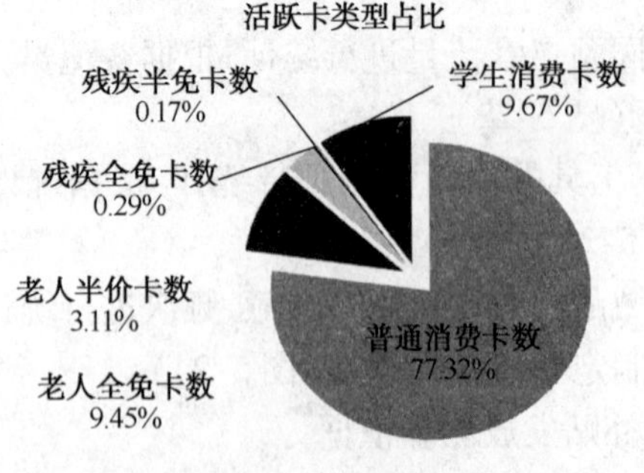


图5-23　活跃卡类型占比

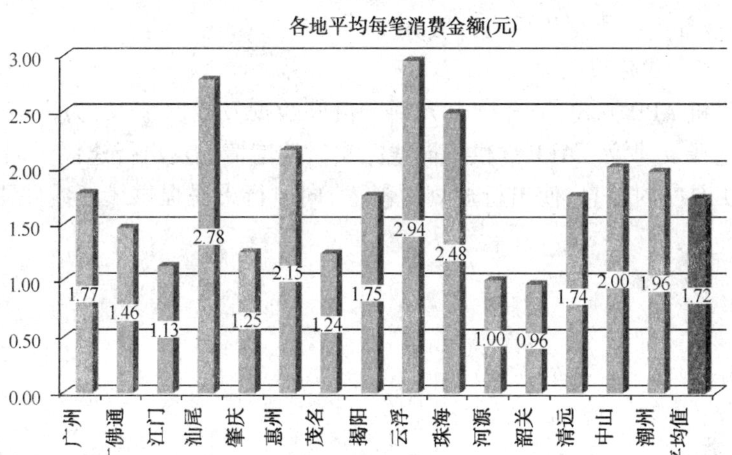


图5-24 票价制定分析依据

**特殊人群优惠补偿发放依据** 表5-6

| 地区 | 类别 | 消费总笔数(笔) | 消费实价金额(元) | 消费原价金额(元) | 差价额(元) |
|---|---|---|---|---|---|
| 广州 | 长者 | 294218138 | 74919053.25 | 631306403.4 | 556387350.1 |
| | 残疾人 | 11447847 | 4692000.56 | 25947419.34 | 21255418.78 |
| | 学生 | 141974290 | 196521242.6 | 363477663.1 | 166956420.5 |
| 佛山 | 长者 | 222402 | 406619.77 | 695742.37 | 289122.6 |
| | 残疾人 | 11131 | 22138.7 | 44400.7 | 22262 |
| | 学生 | 616982 | 1191499.97 | 1702142.81 | 510642.84 |
| 江门 | 长者 | 16586053 | 3362230.4 | 28241309.9 | 24879079.5 |
| | 残疾人 | 102 | 218.25 | 422.25 | 204 |
| | 学生 | 14135555 | 16853522.81 | 33707045.62 | 16853522.81 |
| 肇庆 | 长者 | 992235 | 16253.7 | 2000723.7 | 1984470 |
| | 残疾人 | 71881 | 410.4 | 144172.4 | 143762 |
| | 学生 | 3716215 | 5150151.41 | 6437689.26 | 1287537.85 |
| 韶关 | 长者 | 396 | 742.5 | 825 | 82.5 |
| | 残疾人 | 22 | 41.4 | 82.8 | 41.4 |
| | 学生 | 6594 | 12180.69 | 13534.1 | 1353.41 |
| 合计 | | 483999843 | 303148306.4 | 1093719577 | 790571270.3 |

(6)出行规律分析

对市民出行方式、出行时间、出行地点等数据进行统计,分析市民出行规律,助力政府、行业部门提供更优质出行服务。

(7)出行方式建议

通过手机 APP 方式,结合持卡人刷卡偏好数据及线路情况,为出行市民提供出行方式选择及建议。APP 提供不同线路实时拥堵情况及出行建议。向出行市民提供交通工具实时信息,使出行规划更科学,向出行市民提供最新线路更改、调整等信息。

# 第6章 城市公共交通一卡通的安全机制

## 6.1 概述

城市公共交通一卡通系统是以一卡通结算中心为核心、以各行业子系统(公交系统、出租行业、小额消费行业及公共服务行业等)为分中心,以各收费终端、充值查询终端为节点,构建公共交通事业支付消费网络,将城市公共事业的多个收费系统建设成为以IC卡作为支付手段,基于公共通讯网络联结纽带,辅以计算机系统为信息处理方法的现代化信息管理系统。该系统一方面提高服务效率和工作效率,从而促进区域通用、方便市民、提高服务质量,另一方面快速自动地处理系统内公交营运信息、准确核算结算,保障出行市民和公交企业利益,为城市的公共交通建设提供科学的决策支持。

从安全的角度来说,城市公共交通一卡通系统是关系到广大市民切身利益的公共事业,其中牵涉持卡人在消费时的资金支付安全,个人信息安全等一系列问题,是一套牵涉面很广的公共服务系统,对安全保密有着较高的要求。但一卡通系统这种规模大,网点分散,流动范围大等特点使得系统容易受到安全威胁,如何保障系统的安全可靠运行是未来一卡通企业要深刻考虑的重要课题[53]。

### 6.1.1 城市公共交通一卡通安全的内涵

城市公共交通一卡通安全机制不仅涉及技术问题,而且是策略、技术与管理的综合过程,是一项系统工程。因此,建立城市公共交通一卡通系统安全体系,实施城市公共交通一卡通系统安全体系工程不能单纯从安全技术与产品出发,需要综合考虑风险分析、需求分析、安全策略、技术标准、管理规范、体系架构、工程监理、意识教育与技术培训等问题,充分在范围与目标、标准与规范、体系与架构、技术与管理等方面进行深入细致的研究与综合分析,只有这样,才能建立一个积极的、高效的、系数最佳的安全防护体系[54]。

### 6.1.2 系统安全涉及的范围及要求

城市公共交通一卡通系统安全涉及的范围包括:卡片、终端、网络通信、系统数据、系统操作及系统运行等方面安全要求[55]。

(1)卡片的安全。只有经过城市公共交通一卡通密钥系统或认可(授权)的实体发行的卡才能在本系统使用;只有通过城市公共交通一卡通密钥系统或认可(授权)的实体认证的终端才可以合法消费,否则消费不予认可;只有通过城市公共交通一卡通系统认证的终端可以进行充值交易,否则系统拒绝使用该卡。

(2)终端的安全。通过设置终端授权认证标准实现防止非法用户直接使用终端:通过专用协议保证非授权终端无法接入系统,终端不接受非授权系统;各种操作均根据安全级别设定操作权限(采用密码认证和IC卡认证等方式),并生成系统日志进行记录,以备查验。

(3)系统数据的安全。因为系统运行的交易数据与交易资金有直接的联系,并涉及多个一卡通合作单位的资金结算,因此可以从交易数据的完整性、唯一性、可恢复性等方面来设置严格的要求,保证系统数据在生成,存储、传输和分析等过程中的安全性。

(4)网络通信的安全。为保证通信数据在传输过程中不被篡改、伪造和遗弃,在系统与应用终端之间设置严格的安全认证机制,使得未通过认证的数据无法进入系统;同时,唯一的数据交换通道须通过专用接口实现,开发者必须保证该接口不能有损坏系统的行为,这样才能确保外部网络无法直接访问内部系统,从而保证网络通信安全。

(5)系统运行的安全。通常在系统运行中采用双机热备、磁盘阵列等方式防止系统意外停机;采用UPS设备、自备柴油发电机等设备,防止因停电导致系统意外停止运行的情况。

## 6.2 卡片安全

目前我国城市公共交通一卡通市场占据主流的仍是M1卡(M1是"MifareOne"的简称),是荷兰恩智浦/飞利浦推出的非接触式IC卡,又称射频卡。2008年,德国研究员成功地破解了Mifare(非接触智能卡)经典芯片的安全算法。从那以后,IC卡系统将面临严重的安全威胁,如何从根本上解决这个安全漏洞,预防危害的发生,是当前一卡通行业亟待思考及解决的重要问题[56]。

目前最可靠、切实可行的解决办法就是将M1系统升级改造,并逐步将逻辑加密卡替换为CPU卡。CPU卡的核心是卡片操作系统COS,COS控制CPU卡与外界的信息交换,管理卡内的存储器,并在内部完成各种命令处理。CPU卡通过COS实现卡内不同类型应用文件操作,每个应用之间相互独立,并受控于各自的密钥管理系统,做到每一张卡的每个应用都有各自独立的密钥,且每个应用的密钥为128位。CPU卡具有三种认证方式(持卡者合法性认证——PIN校验,卡合法性认证——内部认证,系统合法性认证——外部认证)对交易的各个单元(持卡人、卡片、终端设备)进行相互认证,保证交易介质的合法性,从而确保杜绝伪造卡、伪造终端、伪造交易等。

智能IC卡存在的安全问题通常来自以下五个方面:

(1)篡改智能卡中数据或者伪造智能卡,使得数据存储在不安全的卡上;

(2)改造读卡器;

(3)窃听读卡器与智能卡的通信信道,截获、更改或者重放报文信息;

(4)非法分子利用合法读卡器在持卡人未知的情况下,盗取智能卡中的基本数据;

(5)读卡器越权访问智能卡中的敏感信息,例如指纹等生物信息。

目前IC卡系统大部分使用的技术中仍存在几个安全漏洞:

(1)卡片丢失或被窃,冒充合法用户;

(2)用伪造的或空白卡非法复制数据;使用系统外的IC卡读写设备,对合法卡上的数据进行修改,如增加存款数额,改变操作级别等;在IC卡交易过程中,用正常卡完成身份认证后,中途变换IC卡,从而使卡上存储的数据与系统不一致;

(3)在IC卡读写操作中,对接口设备与IC卡通信时所作交换的信息流进行截听、修改,甚至插入非法信息;

(4)密钥被有意或无意中泄漏;

(5)同一型号产品采用同一个密钥,破解者只要破解出一张卡的密钥就可推理出这一型号的卡;

(6)大部分卡使用硬件加密,一旦密钥被破解,难以补救,一般做法都是更换卡片,成本极高。

对智能卡的攻击可分为三种基本类型:物理攻击、逻辑攻击和边频攻击。下面就这三种攻击技术的具体实施方式加以分析[57]。

(1)物理攻击。物理攻击主要是分析或更改智能卡硬件。用于实现物理攻击的手段和工具包括化学溶剂、蚀刻与着色材料、显微镜、亚微米探针台以及粒子束FIB等。用于实施物理攻击的主要方法包括:

①微探针技术;攻击者通常在去除芯片封装之后,通过恢复芯片功能焊盘与外界的电气连接,最后可以使用微探针获取感兴趣的信号,从而分析出智能卡的有关设计信息和存储结构,甚至直接读取出存储器的信息进行分析。

②版图重构:利用高倍光学及射电显微镜研究电路的连接模式,可以迅速识别芯片上的一些基本结构,获取诸如数据线、地址线、元器件安装与分布、芯片管脚引线等基本信息后重构芯片电路,造成破解芯片电路的严重后果。

(2)逻辑攻击。逻辑攻击是软件的执行过程中插入窃听程序。智能卡及其COS中存在多种潜在的逻辑缺陷,诸如潜藏的命令、不良参数与缓冲器溢出、文件存取、恶意进程、通信协议、加密协议等。逻辑攻击者利用这些缺陷诱骗卡主泄露机密数据或允许非期望的数据修改。

(3)边频攻击。边频攻击是通过观察电路中的某些物理量，如能量消耗、电磁辐射、时间等的变化规律来分析智能卡的加密数据；或通过干扰电路中的某些物理量，如电压、电磁辐射、温度、光和X射线、频率等来操纵智能卡。

## 6.3 终端安全

消费终端(公交刷卡机、商场消费刷卡机等)的安全以PSAM卡为核心，在安全方面的交易流程和认证流程严格按照住建部的规范进行操作，防止伪卡、黑卡的出现以及消费终端的数据的非法泄露和程序的非法修改。在系统上实现每个终端只有一个唯一的终端号(由厂家出厂时候设定)，并实现每张PSAM卡对应一个唯一的终端，同时在一卡通管理中心留下相应的记录[58]。

具体来讲，建立有效的安全机制可以有效保证智能卡数据的安全性，可从一卡通终端的三个模块的安全性进行分析：

(1)认证读卡器物理访问权限：根据实际应用可以得到，读卡器表面的条形码MRZ只有在持卡人主动出示卡片才能被读卡器获取，如果非法分子利用读卡器在持卡人未知的情况下访问智能卡，则不能获取MRZ。根据对称密钥算法的原理，当加解密前后数据一致时，可以达到对读卡器物理权限的认证。

(2)安全报文传输机制：采用加密校验的模式可以防止对信息进行篡改和窃听。利用相互认证中产生的随机数生成会话密钥，不仅能够实现一次一密，更能保证密钥的安全，防止信息重放等危险。

(3)读卡器证书认证及访问权限的认证：根据公钥证书原理，对证书进行扩展，设置访问权限，并通过CA机构对证书进行管理、分发，可以保证证书和访问权限的合法性。通过认证证书，可以识别访问权限，保护智能卡内高敏感数据。

## 6.4 数据传输安全

目前对读写器与IC卡传输信息的保护主要有两种方式：

(1)认证传输方式，在读写器与IC卡之间传送的信息中加上相应加密算法及加密密钥，得到的密文附加在明文信息尾部传输给接收端；

(2)加密传输方式，对所有传送信息进行加密后再进行传送，使信息本身具有保密性，不易被破译。

针对以上存在的种种问题，IC卡在数据传输安全机制上也制定了相应的方案：

1）智能卡与读卡器数据交互安全

在这个安全方案中，根据智能卡中数据安全性要求的高低，将智能卡中的数据分为高敏感性数据和低敏感性数据。例如，掌纹、指纹等隐私性较强的信息称为高敏感数据；智能卡表面印制的条形码（MRZ），内部存储的一些卡片基本信息等相对个人隐私性较弱的信息称为低敏感数据。对于不同敏感程度的信息，建立不同的安全保护机制，具体安全方案如图6-1所示。其中，智能卡数据完整性认证，智能卡真伪认证，读卡器真伪认证可以采用目前比较成熟的安全技术来加以解决。

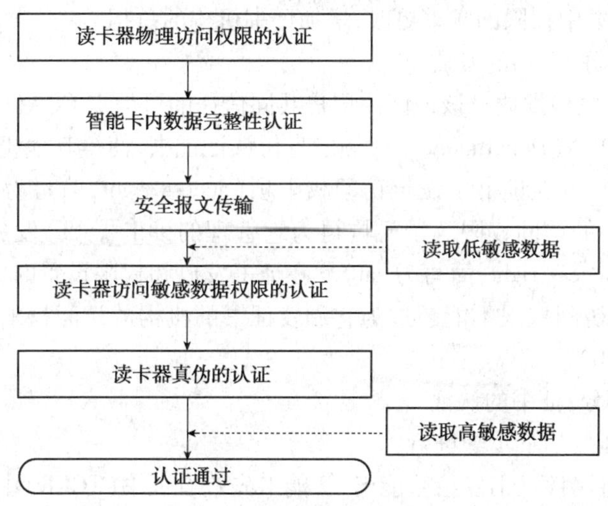


图6-1　智能卡与读卡器之间数据交互安全方案

2）数据访问权限的认证

为了防止非法分子利用读卡器访问智能卡中的基本数据，侵犯持卡人的个人隐私，保证读卡器的访问是在持卡人有意愿的情况下进行，需要在读卡器与智能卡建立通信的开始阶段验证读卡器的物理访问权限。智能卡表面的条形码只有在持卡人出示时才可以被读取，因此，通过验证读卡器是否读到正确的条形码来判断读卡器的物理访问权限。

3）数据密文传输机制

为了保证传输的信息在信道中不被第三方窃听或者篡改，防止信息的重放，需要进行安全报文传输。通常的信息传输方式有明文方式，校验码方式，密文方式，密文+校验码方式，本方案采用密文+校验码方式，保证信息传输的完整性与保密性。

4）高敏感数据权限的认证

为了防止对智能卡内敏感数据进行越权访问，保证数据的安全，必须设定读卡

器对敏感数据的访问权限。它的设计通常包括三个部分:

(1)第一部分:证书的扩展

根据X.509标准(ITU－T设计的PKI标准,它是为了解决X.500目录中的身份鉴别和访问控制问题而设计的)中对证书的定义,可以在扩展区域添加它对敏感数据的访问权限,根据PKI(一种遵循标准的利用公钥加密技术为电子商务的开展提供一套安全基础平台的技术和规范)和PMI(Purchasing Managers' Index,中文含义为采购经理指数)的原理,建议将设定访问权限的证书与设定公钥的证书进行分离,避免权限证书中权限的频繁更改,增加证书机构的负担。

(2)第二部分:证书的发放

证书由CA机构发放。该地区内用户共同信任的可信点CCA(Country CA)为下面的子机构DCA(Department CA)颁发身份认证证书,使得其他机构可以信任该组织颁发的证书,并在证书中设定访问权限项(access right,简写为ar),表明上级机构授予子机构的访问权限。子机构再为它管理的读卡器(T)发放证书,并设定访问权限(sub access right,简写为sar)。在证书发放和权限设置时,必须遵循一个原则:读卡器的访问权限不能超过为它颁发证书的机构的访问权限(sar < = ar,其中安全级别1 >0)。

(3)第三部分:证书的认证

证书的认证按如下步骤进行:

①读卡器将属性证书发给智能卡,智能卡先查看证书(TCER)中的证书发行机构(SCA),然后读取该发行机构的证书(SCER),利用为SCA颁发证书的CA公钥验证该证书的合法性,读取它的访问权限(SAR)。

②然后验证读卡器的TCER的合法性,从证书(TCER)中读取访问权限(TAR),当TAR < = SAR时,则证明该权限设置是合法的。

③最后根据权限,决定是否为读卡器提供敏感数据的访问。

## 6.5 网络安全

为确保数据传输安全,一卡通中心数据库服务器、POS机、语音辅助设备和系统转账前置触摸屏等专用设备应铺设有冗余的专网线路,该专网线路和各业务部门采用虚拟专用网(VLAN)相连,从物理上与外界隔离,也可经过VLAN虚拟局域网或软硬件防火墙与其他网络隔离。对无法完成专网线路的场所,在原有网络环境的基础上,经过VLAN手段和基于源IP地址和目的IP地址的访问控制列表来完成对用户及一卡通系统中连接网络的访问限制[59]。

用户权限的划分能够杜绝非法用户的登录和访问,以免构成一卡通效劳器内的信息流失。在服务器外围出口处设立防火墙,检查进出专用网络的信息能否被准许或用户的效劳央求能否被授权,以阻止非法用户进入和对信息资源的非法访问;同时划分好用户权限和口令配置,使其得到相应的运用范畴;并且每天对效劳器、防火墙及日志认真复查,看有无异常状态,随时做好数据备份和记载。

网络病毒成了网络时期的公害,其传播速度快,伪装巧妙,毁坏力强,攻击频繁。在"城市公共交通一卡通"系统中,常常要经过其他终端设备连接互联网,因而网络病毒防备也就成了系统不可或缺的一部分。必需配置病毒隔离和检测设备,以提供稳定的网络防护。同时管理人员也要增强本身的学识储备,保证及时发现系统网络的异常状态并加以解决。

为了能有效防止网络病毒的入侵,首先用户卡在消费和充值前必须核对数据,包括终端编号、PSAM 卡号、用户卡号代码、交易类型标志、交易流水号、城市代码、卡型、交易前金额、交易金额、交易日期和交易时间等。然后,在生成消费和充值记录前必须经过黑名单、SAM 卡、卡启用标志、卡型、城市代码和行业代码的校验。其中 PSAM 卡号由住建部保证是唯一的,终端编号由厂家在出厂设置为唯一的,在终端安装时保证记录终端和 PSAM 卡号的一一对应,并在管理中心进行记录。

## 6.6　系统安全

城市公共交通一卡通系统安全是一个系统工程,不仅包括了对 IC 卡片的要求、对终端技术的要求、对应用技术的要求、对密钥系统和安全认证技术的要求等,还应从一卡通系统的物理特性、应用特性、建设标准和制度管理等方面进行安全控制和规范,全面地保障一卡通系统各方面的安全。从更宏观角度来说,系统安全一般包括硬件安全和软件安全两大方面,其中硬件安全包括设备安全、主机安全和机房管理安全等,而软件安全则包含安全建设标准、密钥管理系统和中心数据库管理等方面,以下就系统安全的两大方面作相关介绍[60]:

1)系统设备安全

由于系统运行过程中使用到的各类设备广泛分布于公共交通车辆及机房等环境中,它们面临的客观环境非常复杂和恶劣,如弯折、腐蚀、静电、辐射、尘污、温度、湿度和磁场等因素都会对 IC 卡及设备产生重大影响,严重影响系统信息的持久性和准确性。面对这些来源于外部客观环境的影响,系统在设计、IC 卡制造和机具生产等方面需要采取针对性的措施来提高系统的抗干扰、抗腐蚀的能力,确保系统设备的运转不受影响。

2)系统建设标准安全

建设标准从系统应用的安全性方面提出了重要的细化和操作指导,规定了各类安全的操作流程和安全算法,按照这个规范去建设系统,可保证所建立系统的安全性。一卡通系统的建设单位必须以此标准规范对市场上各种系统和产品进行甄选,判断各种设备是否符合安全要求。

3)系统密钥管理安全

在一卡通系统中,主要依靠密钥来对信息进行加密保护,因此系统的安全很大程度上取决于密钥的安全。密钥是所有加密系统信息安全的关键,任何疏忽导致密钥的泄露,都可能给系统带来难以估量的巨大损失。而系统密钥的安全管理是一门综合性的管理技术,它涉及密钥的生成、分配、传递、保管、使用、备份、恢复、吊销、销毁及更换等内容。

根据一卡通系统的特点,建设密钥管理子系统的原则是:

①密钥与使用人隔离;

②管理严密,使用方便;

③出现问题可追溯;

④主密钥不能出现在传输路径上或保留在未经认证的终端设备中;

⑤存放的密钥不能读出;

⑥符合住建部规范;

⑦按照中国人民银行金融规范进行设计;

⑧密钥的储存、传输等均采用国密办指定的商用产品;

⑨密钥系统的设计按照设计、生产、应用互不关联性的原则进行,不但从技术上确切保证用户的安全性,而且要保证用户的自主性,使用户在今后的系统扩展中不再受制于系统开发商;

⑩使用已经完善的算法体系。

4)主机及中心数据库安全

系统中心数据库是信息汇集的地方,更是攻击的重要目标。系统应采用流行的 C/S 或 B/S 模式,实现操作终端和数据中心严格分离,并限定只有中心管理员才有权进行数据库级的操作,客户端的操作都是通过系统内部指令进行,从而保障系统数据库运行安全可靠。

按照系统的规定及时进行数据备份,及时互换密码,在行政的规范管理上保证系统的安全。系统应建立完善的日志功能,对进入系统的各项操作都进行真实完备的记录,以便系统今后的追踪回索。

5)系统运行环境安全

系统运行环境需要考虑到稳固可靠的机房建筑、稳定可靠的电力供应、符合设备要求的温湿度环境、安全可靠的防雷措施以及故障发生时及时的恢复等安全保障措施。

## 6.7　一卡通安全面临新的挑战

### 6.7.1　一卡通安全将面临诸多新的要求

近年来,CPU 卡对于逻辑加密卡的替代正在有条不紊地进行,而一卡通的一卡多用功能也在力图打破原来卡片在兼容性上的种种缺陷。安全性以及稳定性无疑是当前一卡通类型的卡片最为迫切的需要;借助严密的系统安全验证方式,这种卡片正在以一种更加安全的姿态逐渐成为我们在未来一卡通应用的主流。[61]

在兼容性方面,通过一卡通公司与各种商业机构合作,全面对接和拓展城市公共交通一卡通应用领域;通过对消费终端的升级改造,使之可以受理各合作伙伴(实体)发行的消费类 IC 卡。城市公共交通一卡通以 IC 卡为载体,具有更加快捷、安全的特点,同时兼具了银行卡、保障卡、管理卡、消费卡以及积分卡等多重功能,未来将迎来更大发展。

随着一卡通的技术进步,在不久的将来可以看到,传统一卡通应用中的一些弊端正在通过技术升级的方式逐渐化解,有理由相信一卡通曾经的那些问题的解决将变得指日可待。不过,作为一项更新的技术,我们依然无法保障它在运行中能否顺利地实现预期的效果,就像曾经的老技术在发展中难以预计到如今的困境一样。因此,我们在应用中的安全与探索意识依然是必不可少的。

### 6.7.2　未来公共交通一卡通安全的应对机制

随着人们对一卡通系统安全性的逐步重视,可以预见未来的一卡通系统应用将面临更多、更高的要求,而一卡通系统安全领域的应对机制能够满足更广泛的应用需求。[62]

1)CPU 卡将全面取代 M1 卡,卡片安全性将得到提高

目前广泛使用的 M1 卡的安全算法已被破解,其安全漏洞已暴露无遗,不再适合继续使用。而 CPU 卡的出现正好弥补了这一缺陷。由于 CPU 卡中有微处理机和 IC 卡操作系统(COS),当 CPU 卡进行操作时,可进行加密和解密算法(算法和密码都不易破解),用户和 IC 卡系统之间需要进行多次的相互密码认证(且速度极快),提高了系统的安全性能,对于防止伪卡的产生有很好的效果[63]。

2)公共交通一卡通系统的加密技术升级

为了更好地保障公共交通一卡通系统安全,现有加密安全技术必须升级,未来将采用数字加密技术并广泛应用于系统传输领域。在智能卡系统应用方面,信息安全的保密性、完整性及可获取性等都涉及到密码技术。密码技术在有关一卡通

的安全应用主要有序列密码、分组密码及公共密钥密码等三种类型。未来数字加密技术的应用将有效解决对一卡通系统传输信息的非法截取和伪造数据的安全风险。

3)公共交通一卡通芯片安全技术升级

未来的公共交通一卡通芯片将采用多层电路设计、顶层传感器网、自毁技术、抗电磁探测密码技术、锁存电路及随机多线程设计等多种复合技术保障芯片安全。

例如,为了增加攻击者的难度,可以将电路设计为多个电路层。使微探针技术的使用受到一定限制,从而保证了一定的安全性。但同时也增加了电路设计的复杂性和提高了制造成本。顶层的传感器网在芯片的表面加上一层格状的网络能够有效地防止激光切割及探针类的探测技术。这种技术也能有效地防止对低层电路的进一步探测。还有自毁技术,在芯片的最外层沉积一层薄薄的金属膜,并在其上可加 UZ 的电压,然后在最外面用塑料封装起来。这样,芯片就好像穿了一层导电的衣服。如攻击者用精密机械探针插入芯片内企图探测里面的密码时,会引起短路而烧毁芯片。

4)公共交通一卡通系统的认证方式升级

一般的认证传输方式具有如下特点:一是传输的信息为明文,不具有保密性;二是附加的认证信息具有信息认证、检错、纠错等多种功能,但不是一般的冗余校验。这样的认证方式不利于保障系统安全性,在未来的发展中将必须考虑认证的可靠性和安全性,所以要对认证方式实行升级。升级后的技术分别有加密传输方式和混合传输方式。所谓加密传输方式就是将信息加密之后再进行传输。加密之后的信息具有保密性,但不具备检错、纠错等功能。而混合传输方式就是将认证传输方式和加密传输方式的优点结合起来,对传输的信息既认证又加密。一般在具体实施时先对信息进行认证然后再加密,因为这两种信息传输方式主要是以时间及空间换来信息传输安全的,所以在一种 IC 卡具体应用中,完全可以视不同情况交替使用。

# 第7章　城市公共交通一卡通的业务应用

本章从城市公共交通一卡通业务应用的角度出发，对公共交通、公共服务管理、小额消费、电子商务及文化产品等五大领域分别描绘其应用概况。

## 7.1　公共交通

随着区域经济一体化的发展，人们对公共交通一卡通的需求呈现快速上升的趋势。经济的融合发展促使人们的活动范围逐步扩大，迫切要求建立突破行政区域限制的跨区域公共交通体系，而公共交通一卡通系统的建设与推广适应了大交通体系的发展要求，实现了多式联运、跨区域公交、城际轨道间的无缝连接，推动了公交联网建设与信息化发展。

同时，随着城市公共交通一卡通系统的发展，显示出了其在公交出行领域的重要作用。国家也开始越来越重视公共交通一卡通的规划和部署，相继出台了保障一卡通的推广应用的相关政策。例如，国务院关于《城市优先发展公共交通的指导意见》（国发〔2012〕64号）指出[69]，要加快转变城市交通发展方式，突出城市公共交通的公益属性，将公共交通发展放在城市交通发展的首要位置，着力提升城市公共交通保障水平。公共交通一卡通正是践行公交优先发展战略，实现"绿色交通"、"低碳生活"，推进交通可持续发展的组成部分。同时还要求完善公交基础服务和先进的管理系统以及良好的城际区域接驳系统，着实解决人民群众出行难，换乘难等问题，为民众提供良好舒适的跨区域的公交服务。2013年7月26日，据交通运输部网站消息，为进一步加快推进公交都市创建工作，交通部决定对公交都市创建城市给予政策支持。继续推进公交都市创建城市实施城市公共交通智能化应用示范工程，加强对示范工程建设的指导，在总结第一批示范工程建设成果和经验的基础上，进一步明确建设思路，确定并启动新一批示范工程。

公共交通一卡通在城市公交车上的应用主要体现在一卡通车载终端机的使用，及其与一卡通后台之间的数据交换过程。公交车载终端系统（图7-1）是城市公共交通一卡通的基础组成部分之一，系统采用的是无线采集数据方式，通过GPRS无线技术和接收器来完成数据传送的过程。当班车行驶进车站有效范围内，班车记录自动上传，同时自动下载黑名单。车载POS可以实现移动支付功能，采用无线采集方式实现车载 POS 内的数据采集、黑名单下载等功能。

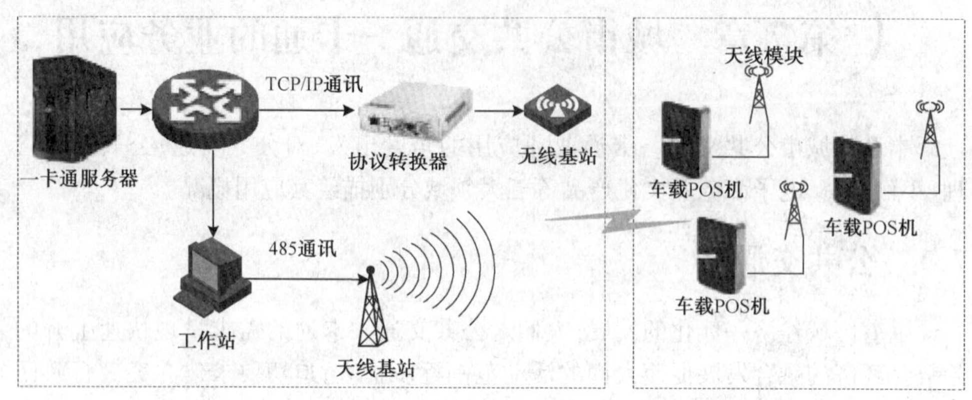


图 7-1　公交车载无线终端应用系统

同时,公共交通一卡通也应用于出租车行业,为乘客提供便捷支付的收费方式。一卡通后台既可以在线实时连接出租车的收费终端,又可以采用脱机数据下载方式实现数据的汇总和清结算。但一卡通在出租车上的应用不如公交普及,其深层的原因在于每次乘坐出租车的支出费用与公交比较相对偏高,而一卡通的可充金额有限,如果频繁使用出租车刷卡,容易导致公交卡多次充值,对乘客来说有造成了额外的麻烦,相对抵消了一卡通带来的便捷意义。

除以上两种交通工具外,轮渡公司、停车场管理公司、地铁公司及路边咪表等公共交通管理组织也纷纷通过收费系统的改造,连接上城市公共交通一卡通系统(图 7-2),形成一卡通系统在交通领域的全面覆盖;既有利于提高公共交通企业管理效率和节约人力成本,又有助于提升民众的出行体验。所以,公共交通一卡通的推广和应用是城市的"民生工程",对于政府、公交企业和市民都形成了一个多赢的局面。

城市公共交通一卡通应全面覆盖城市本地的所有基础公共交通工具(图 7-3),对加快公交通行速率、便捷支付、节约资源提供基础性保障,有利于提高道路流动性,缓解交通压力。另外,公共交通一卡通的多式联运功能将更有助于解决跨区域公交不协调、不互认的困境,为出行民众提供城际间无缝的交通接驳,实现城际交通"公交化"(图 7-4)。通过一卡通系统互联和统一结算方式,实现多种运输方式的联合服务,并利用交通卡在多种交通工具使用数据,承担多式联运优惠值测算,进一步提高公共交通使用率。

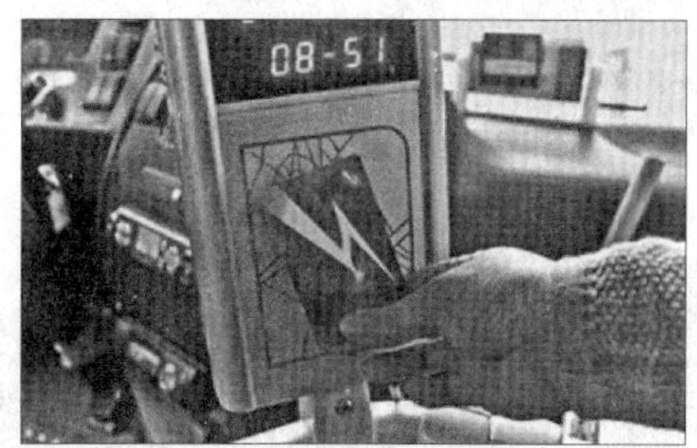

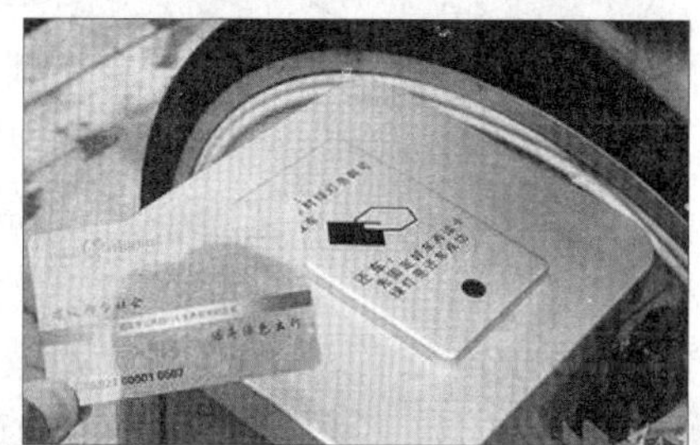

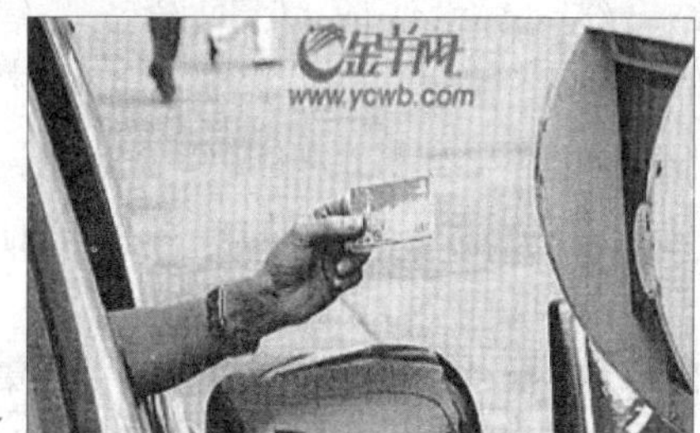

停车场　　咪表

图 7-2　城市公共交通交通一卡通应用

城市公交

地铁

农村公交

城际客运

出租车

轮渡

省际快巴

城际轨道

图 7-3　多种公共交通工具应用

## 7.2 公共服务

### 7.2.1 校园一卡通

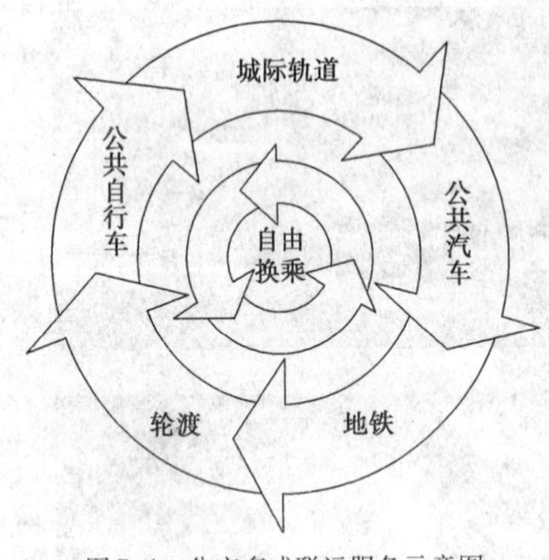


图7-4 公交多式联运服务示意图

所谓“校园一卡通”，是指在学校范围内，凡有现金、票证或需要识别身份的场合均采用IC卡通过底层网络连接终端来完成业务处理。此种管理模式为学校的管理带来了高效、方便与安全的保障。一卡通系统是数字化校园建设的重要组成部分，是为校园信息化提供信息采集的基础工程之一，具有学校管理决策支持系统的部分功能[64]。

随着校园的数字化、信息化建设的逐步深入，校园内的各种信息资源整合已经进入全面规划和实施阶段，校园一卡通结合统一身份认证、人事、学工等信息管理系统和应用系统共同建设。通过共同的身份认证机制，实现数据管理的集成与共享，使校园一卡通系统成为校园信息化建设有机的组成部分。通过这样的有机结合，可以避免重复投入，提高建设进度，为系统间的资源共享打下基础。

这里介绍以城市公共交通一卡通为基础载体，搭建城市校园互通应用的集成与综合管理系统，在现有的城市交通漫游的基础上，扩展实现校园内就餐、校园店、开水房、洗衣等商务消费功能，校门、宿舍楼出入门禁控制、教工考勤、学生考勤、考试认证等身份识别功能，同时借助城市一卡通区域互通标准实现校园图书、教学等资源的互通共享应用，助力校园数字化、网络化管理[65]。

1)校园一卡通系统框架

比较完整的校园一卡通系统是个非常庞大的系统，其建设必须要考虑到学校未来发展规划，所采用的技术、硬件设备、安全解决方案等；不仅要满足现有的需求，更应该能够保证在未来几年甚至十几年内不会因为产品的升级或更新换代而被淘汰。城市一卡通为载体搭建的校园一卡通整体结构如图7-5所示。

校园一卡通系统是以校园网为传输媒介、以智能卡片为信息载体，在学校内实现商务消费、身份识别、社会应用及查询决策等功能，实现全局数据共享，并提供扩展及兼容方案，为数字化校园建设打下基础。图7-6为校园一卡通网络结构图。

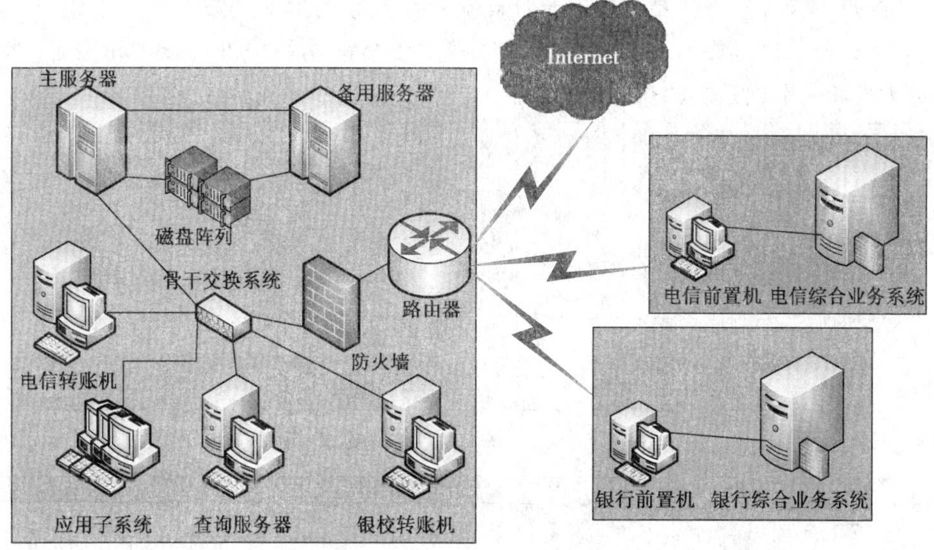


图7-5　校园一卡通系统架构

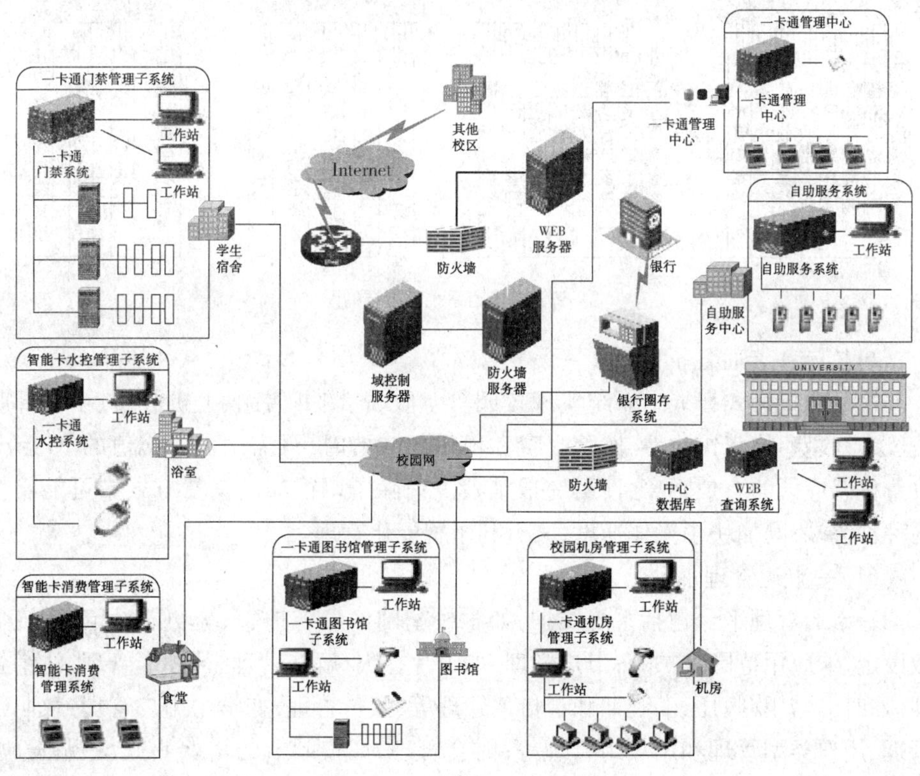


图7-6　校园一卡通网络结构图

校园一卡通系统主要由一卡通管理平台和业务应用系统两大部分组成，其中一卡通管理平台是整个系统的核心，它对整个业务应用系统进行管理和控制。图7-7为校园一卡通系统的功能结构图。

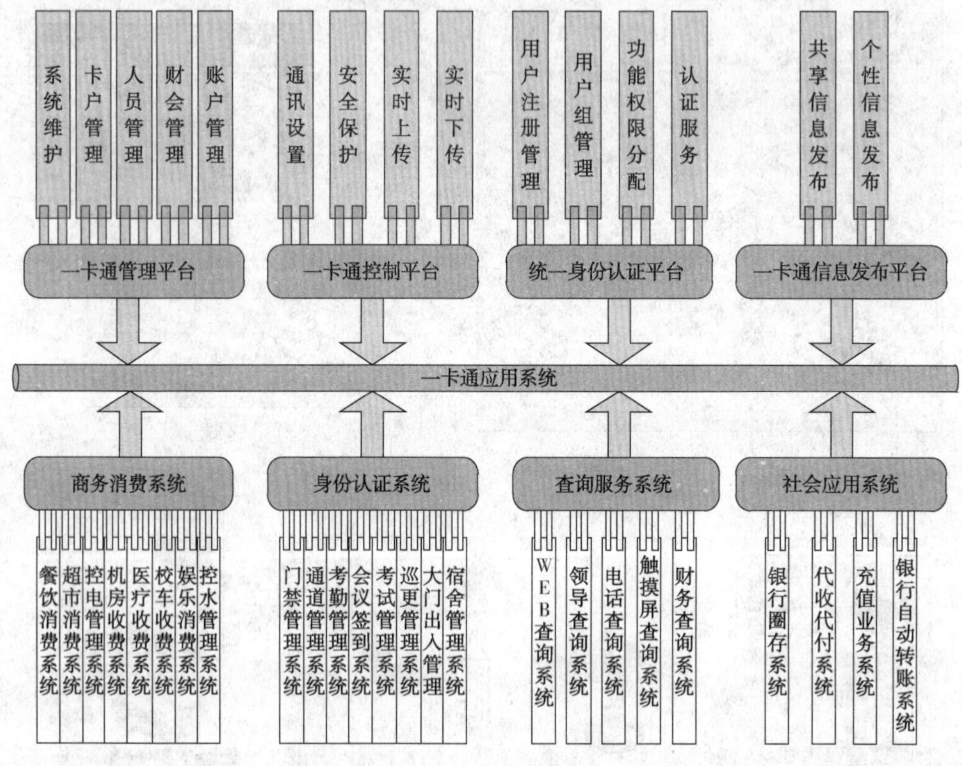


图7-7　一卡通系统功能结构图

2)校园一卡通各子系统

采用非接触式智能卡系统实现校园食堂收费、图书借阅、上机收费、小卖部收费、澡堂收费、体育馆收费、医院收费和俱乐部收费时，只需出示已充值的IC卡于收费机感应区的有效距离，便可完成消费。消除了以往旧的消费方式中可能发生的种种弊端；既加快了操作速度，又有利于智能化管理。

(1)一卡通管理平台

一卡通管理平台包括系统维护，如学校基础信息维护、系统功能设定、系统参数设定、卡应用范围维护等；卡户管理，如卡片挂失/解挂管理、补办卡管理、注销管理、临时卡借用/归还、卡延期和卡拾遗管理等；人员管理，如学生用户管理、教职工管理、用户类型管理和用户组管理等；财会管理，如校园卡的增款业务、补贴发放、校内转账、学杂费收缴、专款专用、呆帐处理和统一财务报表等;还有账户管理等。

(2)业务应用系统

其他业务系统包括商务消费系统、身份认证系统、查询服务系统和社会应用系统。一卡通的业务系统实现了校园内各种消费、各类身份认证和识别的一卡通方式,如食堂餐饮、电费水费的缴纳、校园内各处的门禁系统、考试管理系统、考勤系统和银行圈存系统等。

(3)消费系统

消费管理子系统是校园一卡通系统的重要的组成部分,它的成功应用将对校园师生的就餐和小额消费管理提供极大的方便,为数字化校园奠定良好的基础。消费系统应能实现正常扣款、消费终端机管理和维护和消费记录查询等功能。图7-8为消费系统结构。图7-9为消费应用一例。

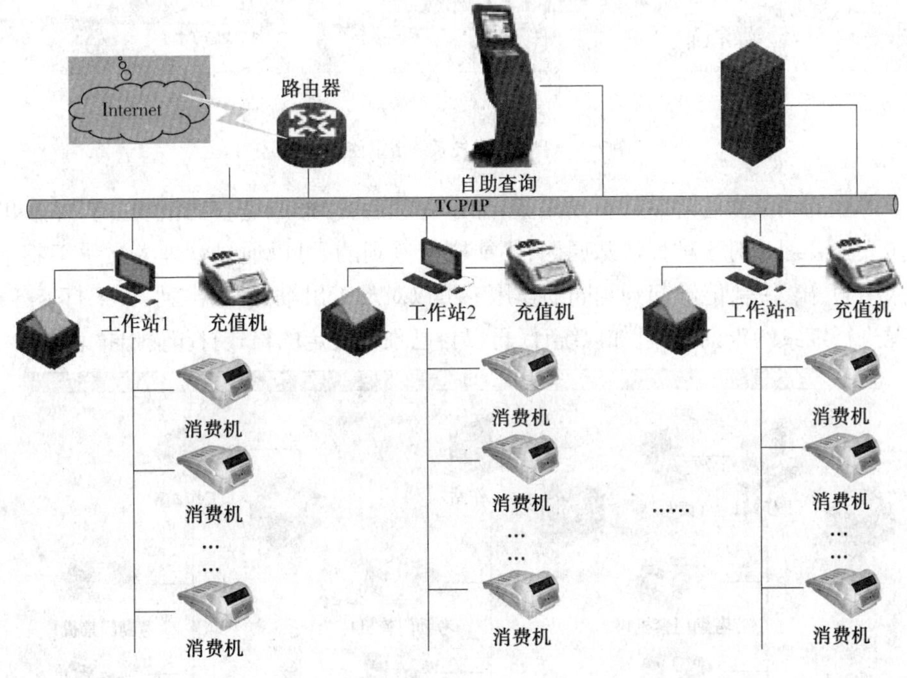


图7-8 消费系统结构

(4)考勤系统

考勤系统(图7-10)可以根据用户的需要和实际情况,设定符合自己的考勤制度以及考勤时间,例如假日串休和请假设定;对员工班次也可进行任意设置。这样可对员工的各项班次、出差、假期种种复杂情况予以自动处理,完全不用人工干预。

图 7-9　智能卡水控系统浴室使用场景

考勤的结果由管理软件自动采集，加以处理后，可形成完整的报表并打印输出，无需人工管理。对于种种特殊原因，不能刷卡签到的，可以通过管理人员手工签卡，输入请假、出差等，能够起到相同的作用。可以对员工出勤、部门出勤、员工打卡各种情况进行细致的查询、并且加以统计，再以自己预先设定的格式打印输出报表。

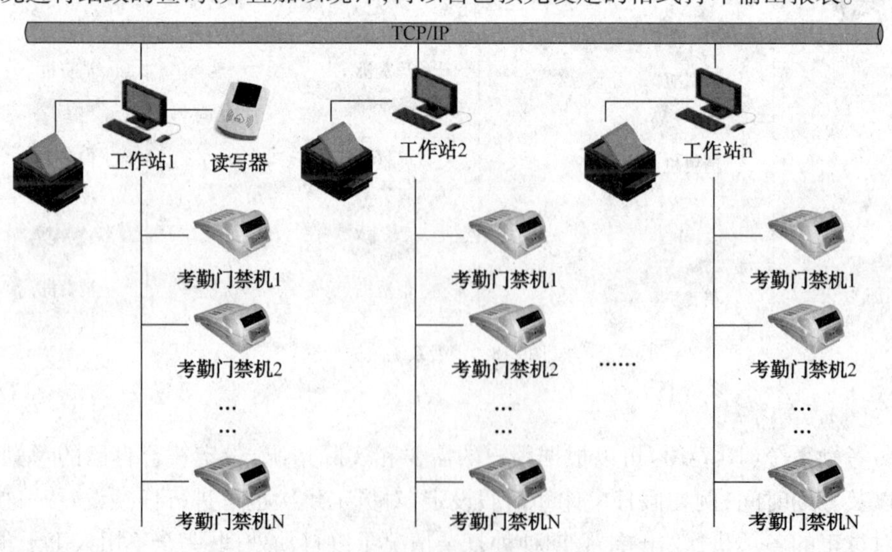


图 7-10　考勤子系统

(5)自助圈存管理系统

自动圈存管理子系统(图7-11)主要完成校园卡的圈存、缴费、查询等功能,圈存、缴费时交易数据经过加密并通过通信服务器(银行前置机)向银行发送请求,通信服务器实时以双工(文本、数据库)存储交易数据。除此之外,通信服务器还负责完成每日的校园—银行账务数据的传输及清算功能。圈存机通过校园网与一卡通圈存服务器连接,自动圈存;管理子系统可以实现自助圈存充值、代缴学杂费、代缴报名费以及校园卡的信息查询,挂失/解挂等功能。

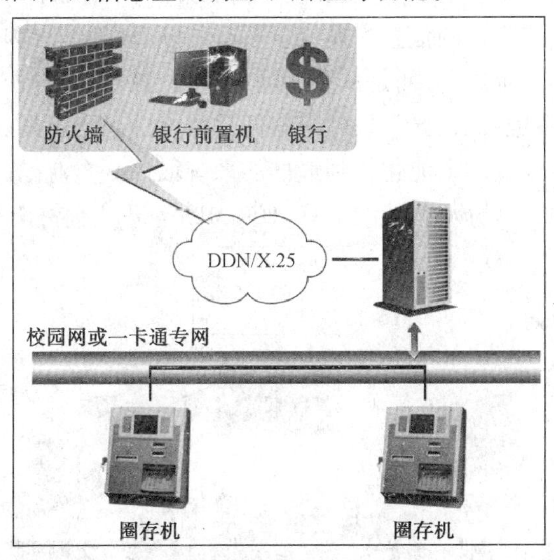


图7-11　自助银行圈存工作网络图

## 7.2.2　企业一卡通

近年来,越来越多的企业园区管理者都认识到企业的管理的核心目标是对"人"的管理。如何才能做到管理的科学化、人性化,需要每个管理者结合自身的实际情况进行大量的综合调研,选择合适的产品形成适合自己管理模式。一卡通在企业中的应用(图7-12)能有效辅助企业自身的管理。企业园区人员可凭一张卡,便可通过该系统硬件配套设备进行消费、门禁出入、考勤管理、会议签到、洗澡和宿舍用水、车辆出入,以及访客出入管理,并能扩展到企业园区巡更、电梯控制、医疗和图书借阅等"一卡通"服务,为企业员工提供电子钱包支付、联机刷卡支付等功能[66]。

所谓"企业一卡通"即以卡代证、以卡代币,在企业内,凡有现金、票证或需要识别身份的场合均采用卡来完成操作。此种管理模式代替了传统的消费管理模式,为企业的管理带来了高效、方便与安全。一卡通系统是数字化企业建设的重要组成部分,是为企业信息化提供信息采集的基础工程之一,具有企业管理决策支持系统的部分功能。

1)企业一卡通系统架构

企业一卡通系统最根本的需求是“信息共享、集中控制”,不但可以实现“一卡通”系统内部各分系统之间的信息交换、共享和统一管理,而且可以实现“一卡通”系统与其他各子系统之间的信息交换、统一管理和联动控制。因此,系统的设计不应是各单个功能的简单组合,而是从统一网络平台、数据库、身份认证体系、数据传输安全、各类管理系统接口、异常处理等软件总体设计思路出发,使各管理系统,各读卡终端设备综合性能的智能化达到最佳的系统设计。企业园区一卡通系统作为企业信息化管理的一部分与企业的ERP、OA、MIS等系统有密切联系。

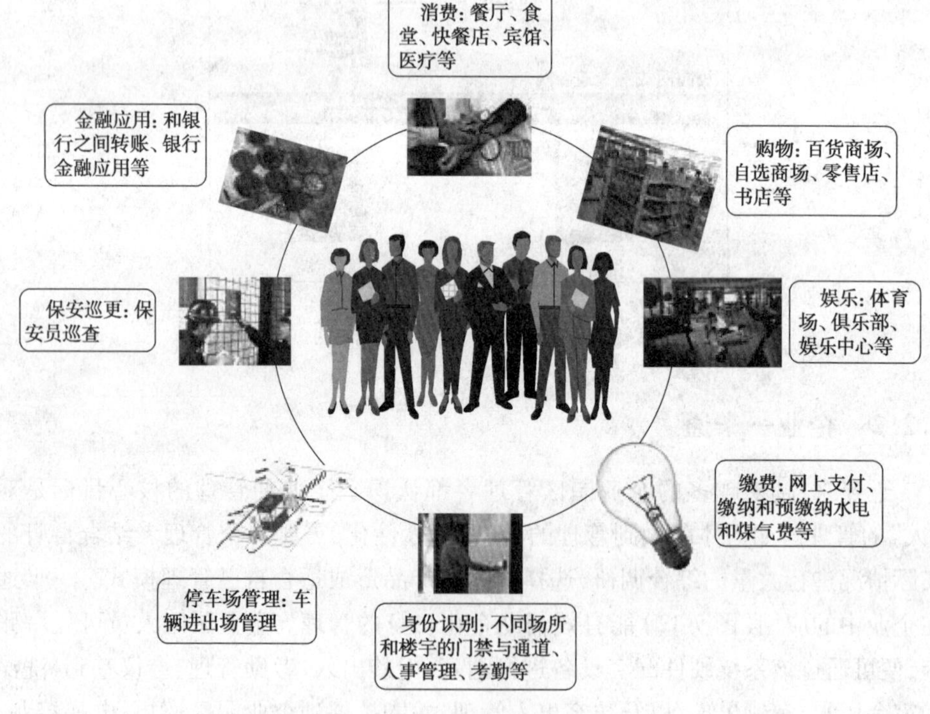


图7-12 企业一卡通系统应用

系统采用三层体系架构,将整个业务应用划分为表现层(UI)、业务逻辑层(BLL)、数据访问层(DAL)。区分层次的目的是为了体现“高内聚、低耦合”的思想,便于系统扩展和分布式应用。该系统通过与城市公共交通一卡通系统平台对接,实现与城市公共交通一卡通互联互通。如图7-13所示。

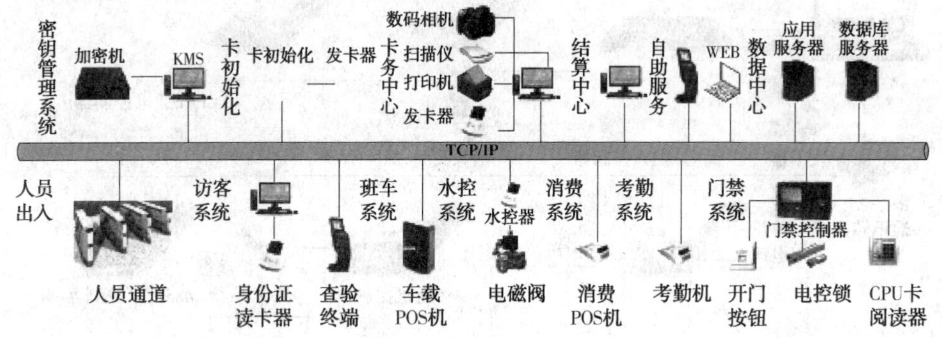


图7-13 系统组织结构图

2)企业一卡通应用子系统

(1)门禁管理系统

IC卡出入管理控制系统(简称门禁系统),具有对门户出入控制、实时监控、保安防盗报警等多种功能,它主要方便内部员工出入,杜绝外来人员随意进出,既方便了内部管理,又增强了内部的保安,从而为用户提供一个高效的工作环境。

它在功能上实现了通讯自动化(CA)、办公自动化(OA)和管理自动化(BA),以综合布线系统为基础,以计算机网络为桥梁,全面实现对通讯系统、办公自动化系统的综合管理。图7-14为门禁系统结构图。

门禁系统一般由读卡器、感应卡、门禁控制器、电锁、信号转换器、管理软件、开门按钮和电源等组成。图7-5为进/出门流程图。

(2)考勤管理系统

考勤管理系统(图7-16)的目的是为企业园区考勤提供方便、快捷和现代化的管理,从而提高工作效率和节省人工成本。系统硬件一般选择具有刷卡显示人员信息、刷卡时间、班次信息等功能的考勤机,以便于企业园区员工考勤。也可用门禁读卡器来兼做考勤设备,其原理为通过门禁控制器提取出入记录作为考勤数据根源。

企业一卡通的考勤系统由于采用了数字化的手段,包含了身份识别和信息记录的两大功能,非常适用于员工考勤记录,这样做既提高了工作效率,也使管理变得更加科学。一卡通考勤系统可以完成员工的上班签到、下班签退、迟到、早退、事假和病假的统计管理及打印各种报表。利用智能卡保密性的特点,对于某些需要特殊保密的场所,智能卡可加入个人的专用密码和进出入日记记录。

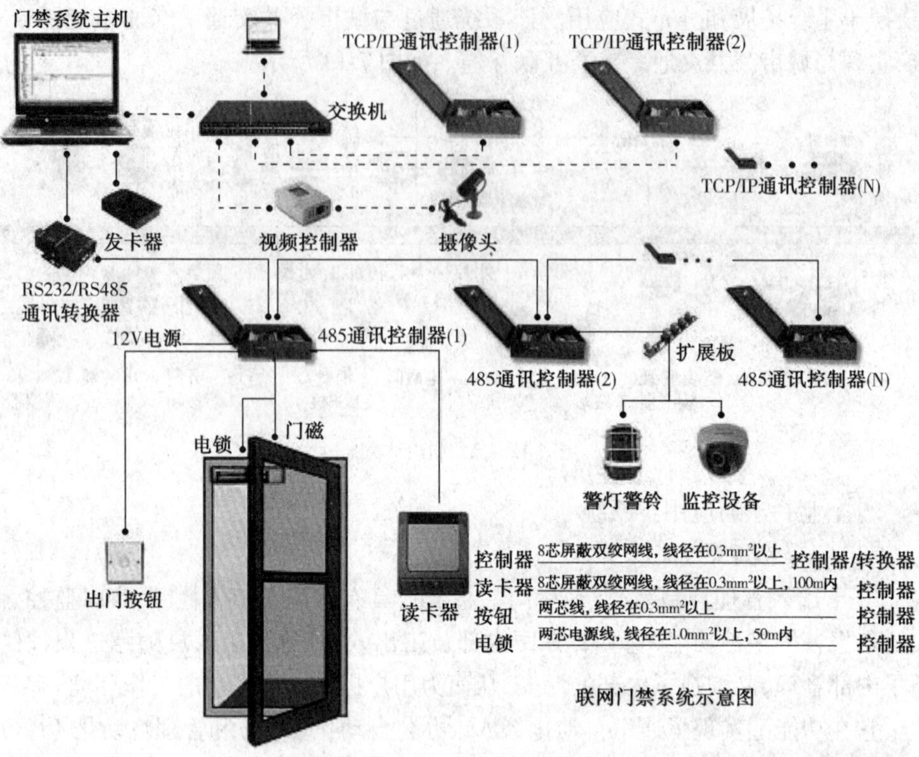


图 7-14　一卡通门禁系统结构图

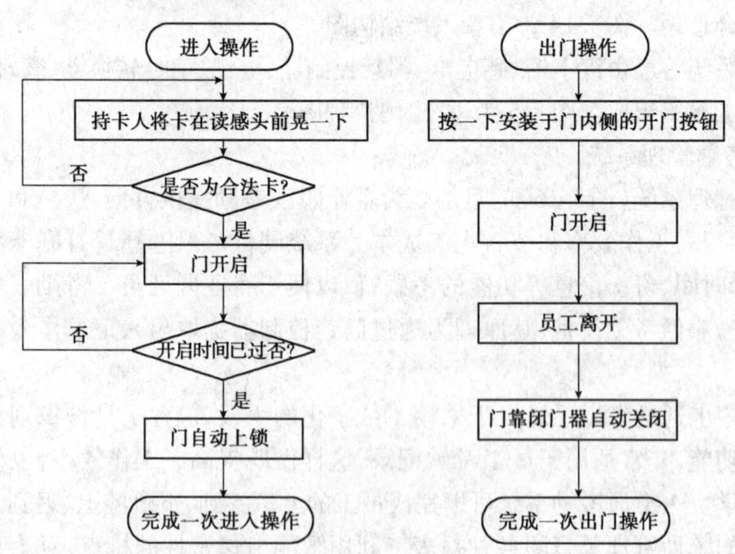


图 7-15　进/出门流程图

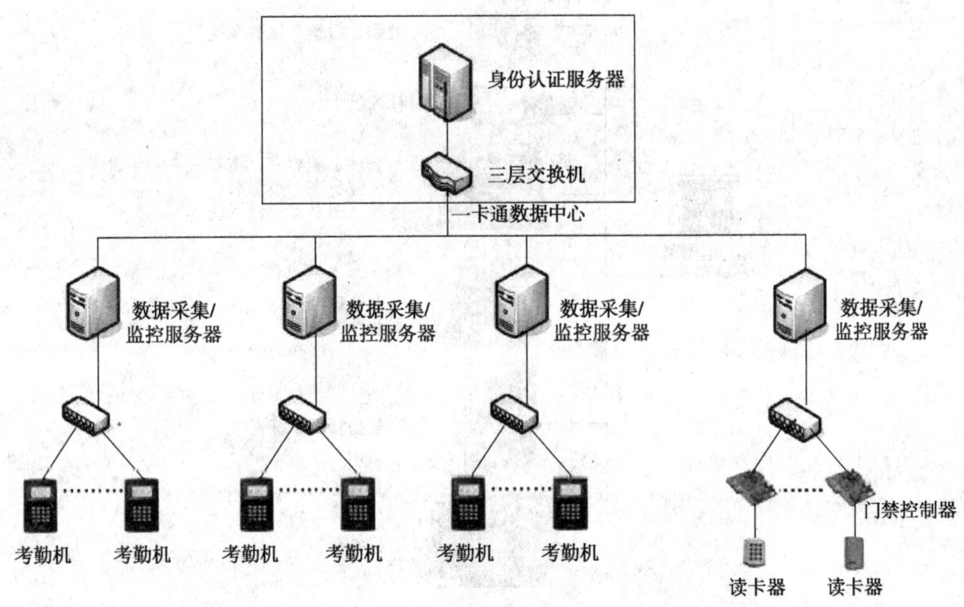


图 7-16　一卡通考勤系统结构图

### 7.2.3　社区一卡通

所谓"一卡通社区",就是指通过"4C"(计算机、通信和网络、自动控制、IC 卡)技术将管理、服务的提供者与每个住户相联结的社区,一卡通社区概念的实现,将使人们生活、居住的社区变得智能化,变得更充实、更丰富多彩。

一般来说智能一卡通社区应包括:社区机电设备自动化系统、消防报警(含煤气/天然气泄漏报警)系统、保安监控系统,可视对讲系统、停车场管理系统、三表远程计费系统、社区消费结算系统、信息网络服务系统、社区物业管理系统等,如图 7-17 所示。其中的部分系统是社区实现智能化的硬件设备和保障,但从实际的使用和对用户的便利来讲,其核心应该是数字社区的"一卡通",即用户通过一张 IC 卡便可完成资金结算和某些控制操作等。社区"一卡通"的实施将给用户带来极大的方便。一卡通社区是 IC 卡应用的一个重要领域,也是拉动 IC 卡经济发展的新的增长点。

1)社区一卡通功能架构

社区一卡通系统结构(图 7-18)主要包含三大部分,一是社区内部局域网结

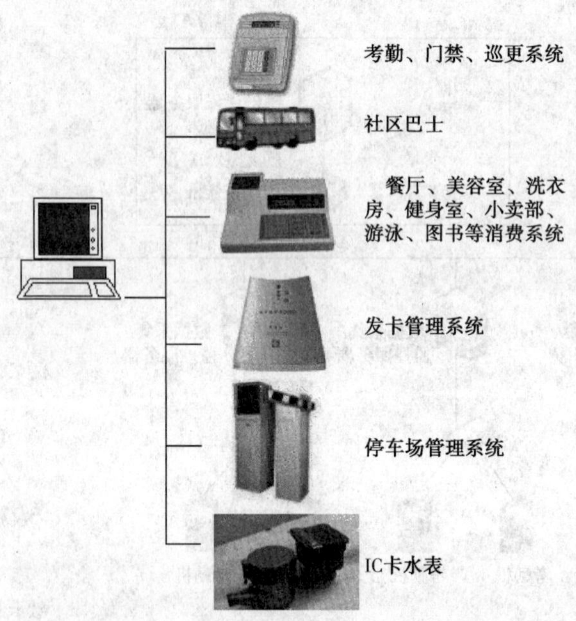


图 7-17　社区一卡通系统功能示意图

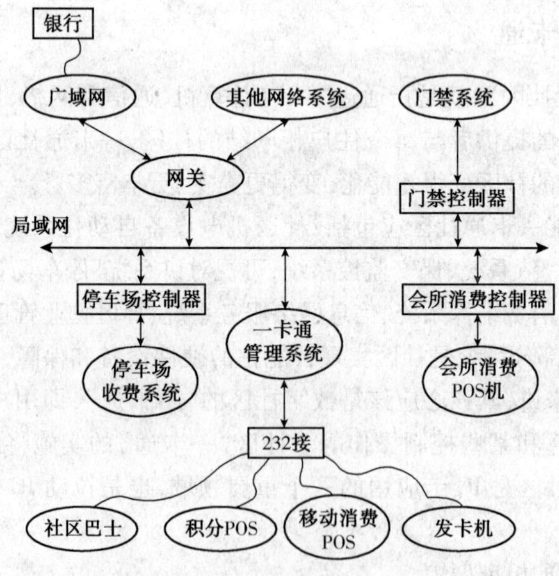


图 7-18　社区一卡通系统结构图

构,社区内部的门禁系统、停车场系统、会所消费系统等都直接由社区内部局域网进行管理,实现资源共享、数据实时传输和实时控制;二是外部网络结构,社区局域网与外部网络的连接是采用专用网关,拓展内部局域网的功能,使内部局域网与外部广域网成为一体;三是社区内部远程数据传输结构,对于社区内分布较散,数据传输量不大的功能模块,例如社区巴士、移动消费 POS 等采用了简单的 RS 485/RS 232串行数据传输结构,以满足多层次的需求。

2)社区一卡通子系统

(1)社区消费系统

用于社区内商务中心、娱乐中心、餐厅、停车场等收费场所,实现 IC 卡持有者及外来的非持卡用户的收费,减少不必要的现金流动。

社区消费系统(图 7-19)由 IC 卡消费/收费终端(POS)、管理主机、IC 卡读写器、通信网络和管理软件组成。移动 POS 机(巴士、活动积分等)采用脱机方式,通过数据采集器实现 POS 机与主机的数据上传和下载,固定 POS 机(会所消费等)采用联网方式,由管理主机实时汇总各消费点的消费数据并通过网络下传 POS 中的消费数据。

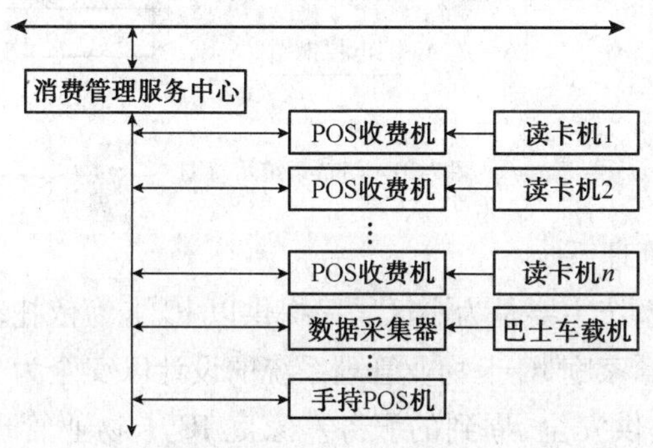


图 7-19　社区消费系统示意图

(2)IC 卡门禁系统

IC 卡门禁采用了先进的计算机技术、智能卡技术和精密机械制造技术等,并采用 IC 卡作为房门开启的钥匙,提高了房门的安全性和可靠性,是门锁控制的发展方向。与普通门锁相比,IC 卡门禁系统具有安全性高、一卡多锁、一锁多卡、一卡多用、存储刷卡记录、非法卡操作报警以及遗失补发等特点。IC 卡门禁系统采用联网工作方式。联网方式可实时监控每个单元门的状态,下发 IC 卡卡号、提取刷卡记录等功能。

门禁系统示意图如图 7-20 所示：

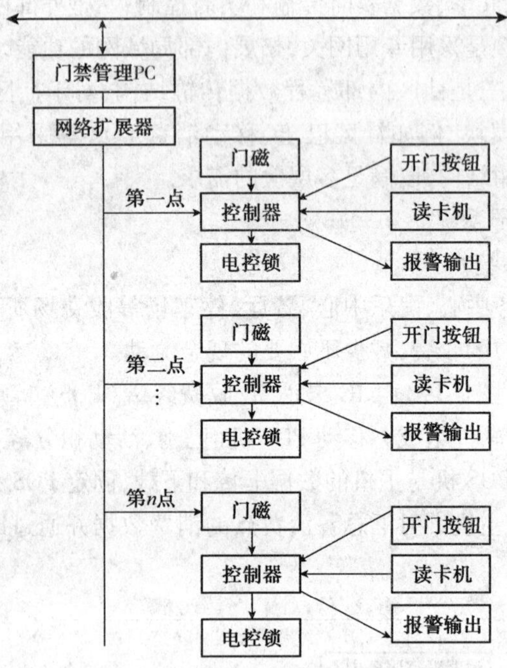


图 7-20　门禁系统示意图

(3)IC 卡家庭管理系统

家庭物业管理系统主要是为小区居民提供以 IC 卡为依托，针对家庭日常消费和保安的管理系统。家庭 IC 卡物业管理系统的设计以安全为核心，简便易用为目标，为小区的居民提供安全、周到的服务。家庭 IC 卡物业管理系统包括 IC 卡取电、IC 卡取水、IC 卡取煤气、IC 卡支付有线电视费、可视门铃和闭路电视监控等功能。

(4)停车场管理子系统

停车场管理子系统(图 7-21)实现了对进出小区车辆的门禁管理、车辆图像的采集以及停车场的管理。停车场管理系统支持租用式停车、储值卡停车和临时停车等方式的自动控制、计费和显示；随机现金核对，随机各种报表统计，并可完成误操作报表统计。对于多出口多入口的停车场实行网络管理，开放式系统结构，容易升级和系统增容。系统人性化设计，具备车场空位信息显示；采用语音及屏幕指挥调度，满位提示；噪声低、平衡好、节能。

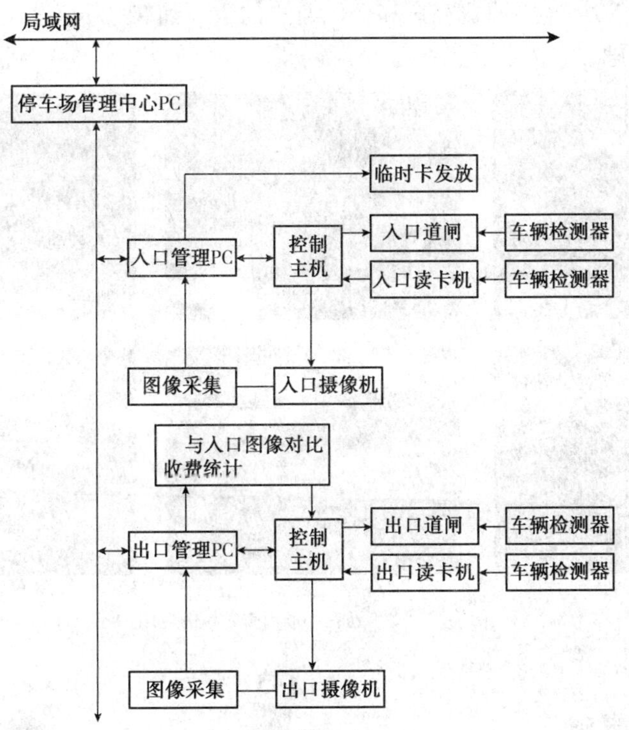


图 7-21 停车场管理系统结构图

## 7.3 小额消费

随着人们生活水平的提高,人们对消费支付的便捷性也有了更高的要求,由于公共交通一卡通的广泛应用使得持卡人可以方便利用一卡通进行日常的小额消费,解决了使用现金支付不方便的问题。公共交通一卡通可应用的小额消费领域理论上包括具有小于1000元支付需求的消费场所,如商场、便利店、药店、菜市场、物流配送以及电影院等大众消费场所。

公共交通一卡通有别于一般的银行卡(信用卡或储蓄卡),由于其存储额度有限(一般上限为1000元),在消费时并不需要输入密码等多重验证环境,减少了客户的等待时间,提升了客户的消费体验,有助于改善商业环境,此外还能给商户带来更多额外的客户,从而达到双赢的局面。

小额消费系统是未来城市公共交通一卡通系统业务拓展的重要组成部分,它的广泛应用将为持卡客户和小额消费管理服务商提供一系列的IC卡支付服务(图

7-22 和图 7-23),是连接消费客户和合作商户的重要纽带,为建设数字化消费环境奠定良好的基础。

图 7-22 一卡通在小额消费领域的应用

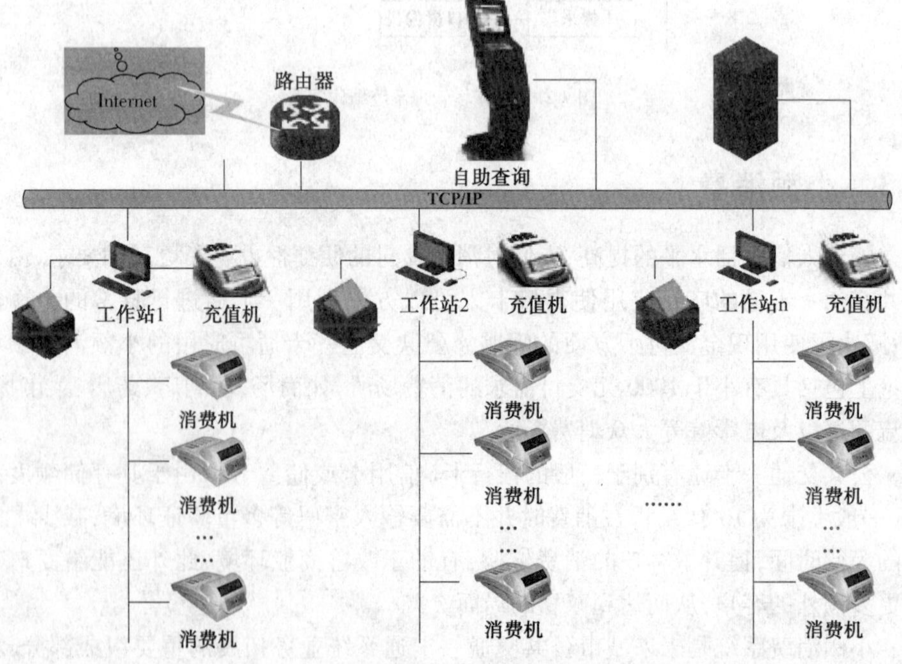


图 7-23 小额消费系统网络架构

小额消费系统功能描述

(1)读卡:通过读卡自动快速地调出人员信息,且显示当前卡上余额。

(2)发卡:用户资料建立后即可用该功能发行用户卡,可实现批量发卡和预先充值及设置卡片有效期。

(3)充值:卡片发行后通过充值功能给用户卡写入消费金额。

(4)退款:当有些用户需要办理卡片退款时使用该功能处理。

(5)挂失:当用户丢失卡片时,可通过挂失功能避免用户的损失。

(6)解挂:若用户找回丢失的卡时,可通过解挂功能,使该卡又能正常使用(没有进行过销户的用户才能使用此功能)。

(7)补卡:若用户已找寻不到丢失的卡片或使用的卡片损坏时,可通过补卡功能进行补卡。若需将原卡上的金额转存到新卡上时,必须对原卡账户进行销户。

(8)销户:若用户已不再需要使用卡片时,可通过该功能销户处理。

(9)退卡:若已销户的用户找回丢失的卡片,可通过退卡功能退还卡押金。

(10)修改:已发行卡片的卡号、卡类的修改。

(11)修卡:修复因非法操作被设备锁住的卡片。

(12)错扣补款:营业员操作失误扣错款时,可用此功能将多扣的款补充到卡。

图7-24为小额消费的一种。

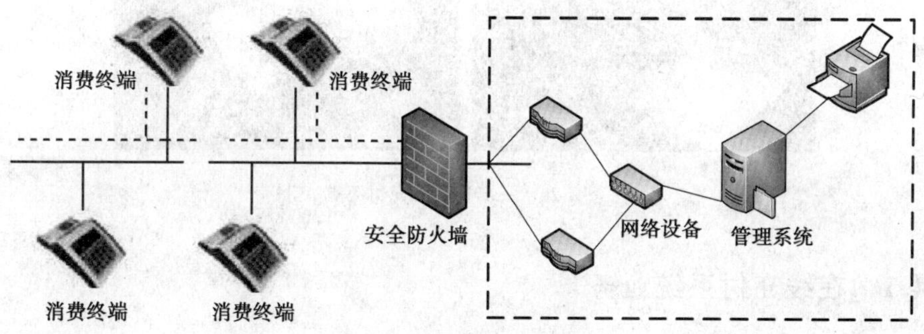


图7-24　园区消费系统网络架构

## 7.4　电子商务

随着互联网应用的普及,网络与人们的生活紧密结合在一起,网上消费已经成为了众多年轻一族的消费时尚。如今人们对公交IC卡的功能多样化及用卡便利性提出更高要求,其功能将不局限于线下支付,其应用也逐步拓展至网上消费,这是信息社会发展的必然趋势。公交IC卡向电子货币全面转换的过程是其在微支付领域应用的深入和扩展的过程，同时催生公交 IC 卡微支付产业的发展。用公交 IC 卡完成微支付，既体现了微支付在社会效益层面上的优越性，又全面拓展了公交 IC 卡的功能，实现一卡多用。未来公交一卡通的发展必然要迎合大众的需要逐步拓展至电子商务领域，实现网上在线充付平台的功能。让市民足不出户就能实现对公交卡网上余额查询、网上充值，以及网上消费等功能，进一步满足市民对用卡便利的需求。图 7-25、图 7-26 为网上充值终端。

图 7-25　移动终端和网上充值终端

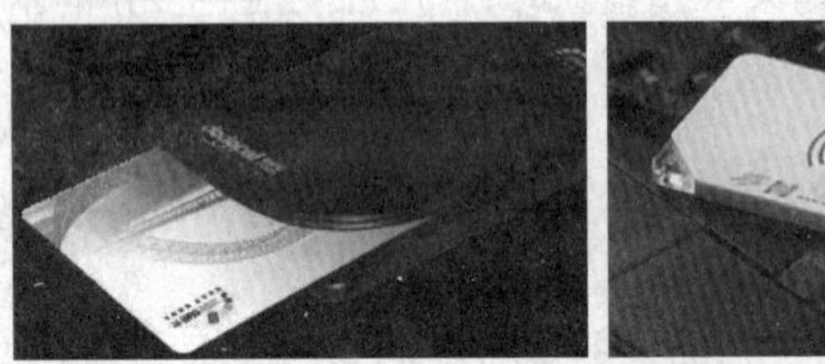

图 7-26　一卡通网上充付终端

### 7.4.1　在线充付系统业务

公交 IC 卡用于在线支付较之传统的在线支付方式更具社会效益层面上的优越性，能更好地服务民生和社会。公交 IC 卡的在线支付方式因其专业性、创新性、服务覆盖的广泛性将会不断发展，最终形成完整的产业链。

图 7-27 为一卡通网上充付架构。

1）系统组成

一卡通在线充值系统由安全系统、中间件服务、业务应用和基础软件构成。支付业务平台外部系统有 WEB 浏览器、资金合作方和充值后台，清算中心、外部系统通过网络，向在线充值平台发起查询、支付、清分结算等业务请求数据。

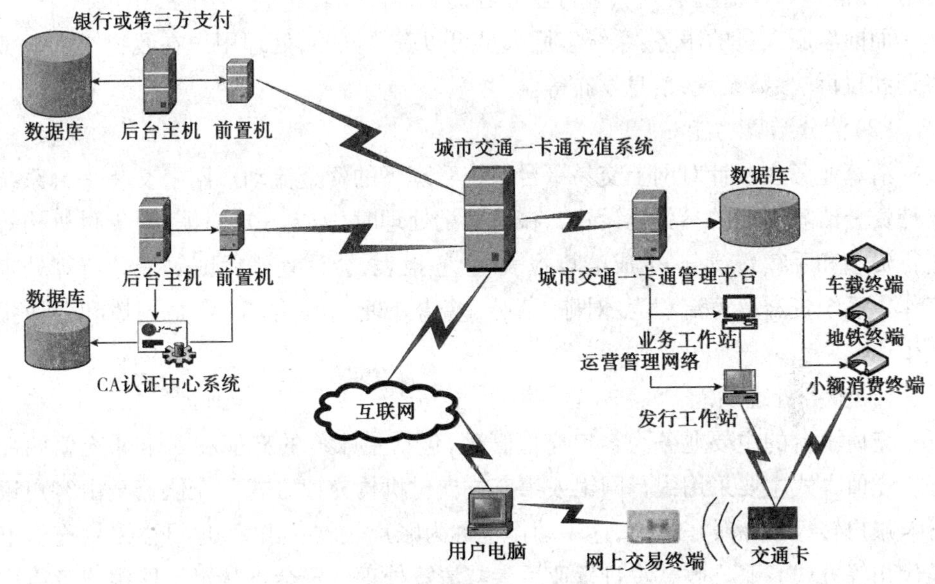


图7-27 一卡通网上充付网络架构

(1)安全系统是支付业务平台对外的安全门户,部署网络防火墙及病毒防火墙,防止网络攻击及病毒入侵。

(2)中间件平台主要完成通信接入、用户身份及数据合法性校验以及业务服务管理的功能。中间件平台作为交易型中间件,管理着在线充值平台各业务子系统的交易处理、服务调用及并发处理。通过增加或调整中间件平台的服务,可快速修改、扩展一卡通充值平台的业务功能,增加部署中间件平台的服务器可方便地提高系统处理能力。

(3)各业务子系统由中间件服务和系统进程构成,根据业务处理子系统的调度完成各项业务功能。

(4)基础软件主要有操作系统、数据库管理系统、报表分析软件及备份/恢复管理系统。

2)主要功能

(1)门户功能

门户网站向客户和商户提供常见问题解答、业务宣传及各种自助服务等功能。

面向客户的服务:一卡通用户可以通过门户网站进行自助服务,主要包括会员注册、用户个人资料的查询和变更,账户余额查询、历史交易明细查询、绑定充值银行卡、充值、修改和重置密码、进行业务咨询和投诉等。

面向客服人员的服务：系统客服人员可以登录网站，处理用户在线提交的业务咨询和投诉、参数设置，信息发布等。

(2)清分结算功能

清算业务主要针对网上交易平台系统管理下的资金流动。网上交易平台系统支持资金清算周期的参数化设置。在清算批处理时，需要完成对账、对支付机构等进行资金和手续费清分、生成清算报表、业务报表、会计登账凭证等清分清算处理工作。系统资金清算流程为：对账、清分、差错处理、争议解决、资金划拨和营业报表生成。

(3)业务处理功能

充值平台的主要业务为客户充值管理，包括主账户的充值和一卡通充值两部分。充值方式主要采用银行网银或第三方支付机构充值方式。充值资金由客户银行卡账户转入到在线账户上，这一动作也称为账户收款。当然，也可以采用充值卡或代扣等方式。账户收款每日营业后参与清算处理。资金可从银行网银或者第三方机构处划转到网上交易平台系统上。

(4)应用管理功能

该功能包括了会员管理、即插即用终端管理、机构管理等。

(5)系统接口功能

该功能主要包含了网站接入、银行通讯接入、网银接入、专网接入、一卡通现有系统接入、清算中心系统接入和财务清算系统接入等。

### 7.4.2 电子票证系统业务

一卡通电子票证业务(图7-28)应用流程包括：

(1)票证提供商在一卡通平台上提供电子票证。

(2)用户通过互联网在平台上(或者通过渠道代理商)购买电子票证(含服务凭证)，将电子票证下载到交通卡或者NFC手机上。

(3)用户凭电子票证(交通卡或者NFC手机)到一卡通服务提供商处获得服务。

(4)一卡通服务提供商向电子票证平台上传服务记录及收取的服务凭证。

(5)一卡通电子票证平台(清算系统)随后进行账务的清分、对账和结算，然后通过银行划拨资金给票证提供商、服务提供商、渠道代理商等。

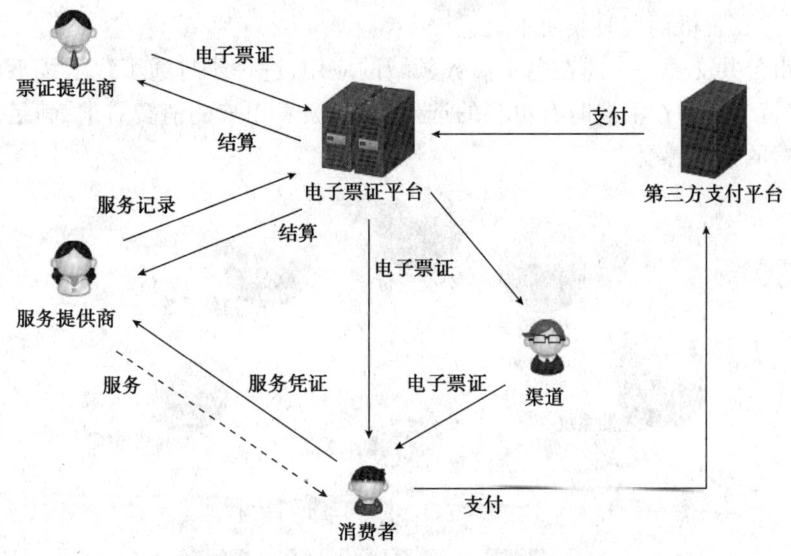


图 7-28　电子票证业务场景

### 7.4.3　移动支付系统业务

手机移动支付(图 7-29)实现用户一卡通的成本更低,一卡通与手机的结合,使一卡通系统功能更强大,使用领域更广泛。丰富的增值功能,使用户的使用体验更好。安全性高,使用金融级的加密方式。具备随身性、通用性,将传统的门禁卡、消费卡、考勤卡、优惠卡等卡片与手机融为一体。

一卡通移动支付系统实现的功能:

(1)用户管理类交易,用于实现客户端启用、用户安全载体注册、客户端密码修改、客户端登录和客户端登录退出。

(2)安全载体管理类交易,用于通过客户端实现用户注册信息更新、用户注册信息查看和载体加载应用信息查看。

(3)信息同步类交易,用于获取待同步信息的比对结果和实现信息同步。

(4)应用下载和使用类交易,用于实现应用和个人化数据的申请和下载,以及关联打开使用应用的客户端。

(5)应用管理类交易,用于通过客户端发现应用、持卡人主动锁定/解锁应用、应用提供方锁定/解锁应用、更新应用、注销应用、应用数据的更新和默认应用提供方账户设置。

(6)空中圈存,将用户后台账户或银行卡账户中的资金,圈存到卡片脱机钱包中,供用户在脱机消费时候使用。

城市公共交通一卡通在电子商务领域的应用,进一步打通了线上线下的交易环境,使持卡客户在消费时有更多的选择空间,激发用户的消费需求,满足用户在线上消费的便捷感受。

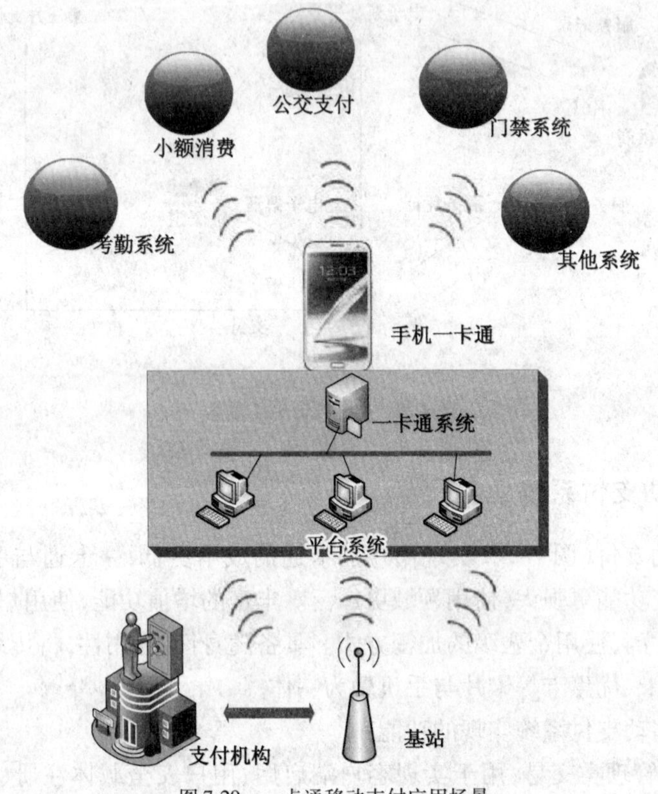


图 7-29　一卡通移动支付应用场景

## 7.5　文化产品

文化产业是以人的创造性和智慧作为主要生产要素的产业,它把人的创造力和才华提升到至关重要的地位。广义的创造力存在于技术、经济和文化艺术之中,即技术发明、企业家能力和艺术创造力。创意产业囊括了所有个人创造力才华的领域,要求人们有创意、创新和自主表达的精神,形成自主表达的个性。同时,创意产业是一个充满活力并具有巨大发展潜力的产业群。创意产业的发展,不仅能促进经济的持续快速发展,为人们创造更多的财富和就业的机会,还能在丰富物质生活的同时,让人们享受创造性的思维带给自己的满足感[67]。

文化创意能够将地域的文化资源和人们的精神观念通过现代科学技术和传播媒体展现出来,起到凝聚共识,价值导向的作用,不仅激发人们的创新力和想像力,而且能提升城市的文化品味,展现城市的良好形象。

一卡通文化产品,指的是一卡通文化发展过程中衍生出来的一系列产品。依托一卡通本身的品牌影响力,通过品牌授权的方式进行周边商品的延伸开发,经过一卡通企业的创新和经营,可以逐步形成以一卡通品牌为核心的文化产品链,它是文化产业在一卡通领域的延伸,可以衍生出更多文化亮点和经济增长点。一般来说,这类文化产品承载着地方的文化现象,有深刻的地方风俗特性,因而有利于推广地方文化,刺激市场需求。

文化产品的开发有着多种的形式,结合当地文化传统和一卡通品牌效应,可以与当地旅游、文化部门开展合作,推出具有地方文化特色的一卡通产品,推出各种形式的文化主题活动,既可以激发用户朴素的民俗情感,满足精神上享受,又可以提升一卡通品牌形象和文化底蕴[68]。

另外,承载着地方文化特色的一卡通产品也有着多种的形式(图7-30)。如根据当年的属相而生产的生肖一卡通产品;为了宣传和纪念年度盛事而专门推出的纪念一卡通产品;根据个性化定制的一卡通产品以及手表一卡通等多种多样的载体形式。

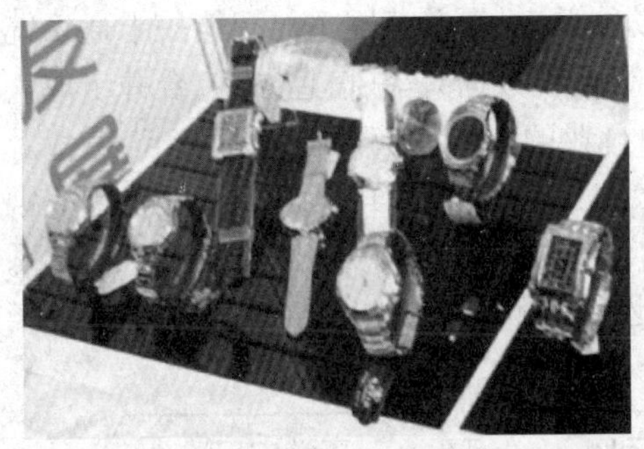

图7-30 一卡通文化产品

一卡通产品在文化领域需求的进一步释放,将成为激发一卡通创意文化产业形成的原动力,使文化产品从创意构思、设计、传统精髓融合等方面得到发展、推动一卡通文化消费市场环境的形成。

文化产业以生产和提供精神产品为主要活动,以满足人们的文化需要为目标,又是文化意义本身的创作与销售。当今时代,文化发展的一个重要特点就是文化的经济化、市场化和商业化,“经济文化”与文化经济两种趋势日益交融,与此相适应的文化产业发展在国民经济中的地位越来越重要,具有重大意义[70]。

# 第8章　城市公共交通一卡通产业链分析

## 8.1　城市公共交通一卡通产业链的组成结构与特征

### 8.1.1　一卡通产业链构成要素及其关系

什么是产业链？产业链其实是产业经济学中的一个概念，是各个产业部门之间基于一定的技术经济关联，并依据特定的逻辑关系和时空布局关系客观形成的链条式关联关系形态。产业链是一个包含价值链、企业链、供需链和空间链四个维度的概念。这四个维度在相互对接的均衡过程中形成了产业链。这种“对接机制”是产业链形成的内模式，作为一种客观规律，它像一只“无形之手”调控着产业链的形成[77]。

所谓一卡通产业链是指以一卡通系统研发和应用为中心而衍生出来的上下游供应链、一卡通研发行业、一卡通运营企业、金融机构等一系列相关企业及行业组织的关联体。城市公共交通一卡通系统主要由智能卡、智能终端机具等硬件设备及系统软件组成。硬件设备通过网络及传输设备进行连接，可实现数据交换、信息共享，数据存储和查询等相关功能。各种功能单一、覆盖范围小的智能一卡通系统通过统一协议或统一标准下的软件平台均可实现数据共享、信息同步，合并组成大型的智能一卡通系统及业务平台。一卡通行业的上游供应商包括智能卡、芯片及其他电子元器件制造企业、系统集成商、设备供应商等，而其下游的应用领域非常广泛，只要有人群集中居住、生活和工作的地方，就可能存在对公共交通一卡通系统的潜在需求，例如，社区、企业、学校、工业园区等人群集中点，均构成了一卡通产业链的重要组成部分[74]，如图8-1所示。

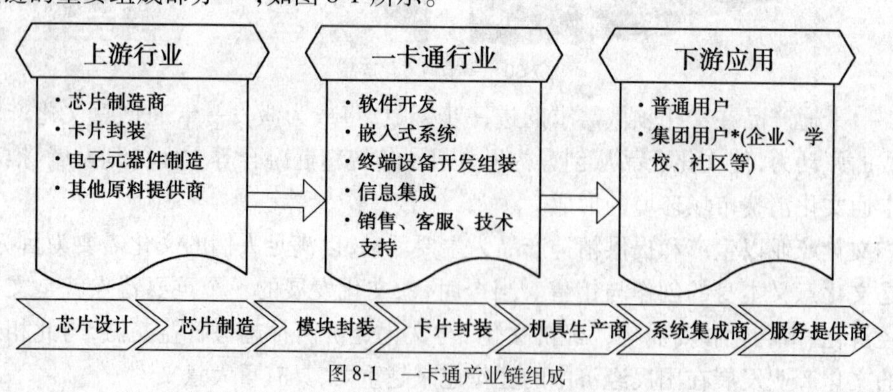


图8-1　一卡通产业链组成

城市公共交通一卡通产业链的组成要素包括了设计、研发、生产、应用、运营和标准等,这些环节相互交织,环环相扣,通过专业分工,形成了各种市场细化主体,构成了一个紧密结合的公共交通一卡通产业群:芯片制造业、卡片设计生产、终端设备制造业、集成电路研发、设备安装、软件及应用开发、系统集成商、营运商、行业联盟、标准化组织等,如图8-2所示。

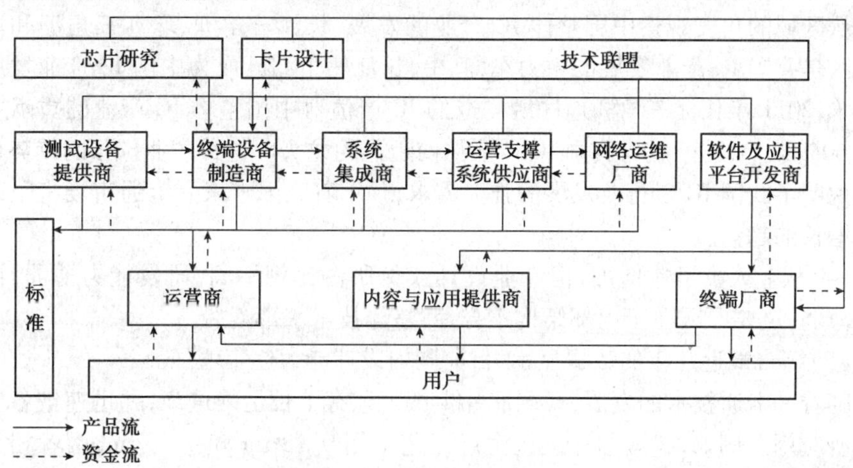


图8-2 一卡通产业链结构关系图

公共交通一卡通产业链内部的各个行业相互关联,对其的认识应该从宏观的角度来把握上下游产业的分布,而不能孤立地分析单个行业,只有这样才能对整个产业发展各个阶段有更准确、更深刻认识。

公共交通一卡通产业链上是一个以城市公共交通应用领域为主,辐射到各个应用及消费领域,以提供快捷支付、身份识别等服务为最终目标的,结合相关联的增值业务所组成的产业群。总的来看,目前国内的IC卡产业主要可以分为卡的前期生产(上游)与卡的后期应用(下游)两个重点环节,卡前阶段主要包括芯片设计、制造、模块封装、卡片封装、测试等环节,卡后阶段主要包括机具的生产、系统集成及应用服务商的应用等环节。

## 8.1.2 城市公共交通一卡通产业链特征

1)IC设计开发产业的特点

纵观目前国内IC设计产业,具有以下特点:

(1)整个IC设计开发行业的产值在IC产业链中所占的比重不高,但呈现逐年增长的态势。

IC设计、芯片制造和封装测试三业的格局也正不断优化。总体来看,IC设计业与芯片制造业所占比重呈逐年上升趋势。2011 年,IC 设计业所占比重首次超过 30%,芯片制造业比重保持在 31%,而封装测试业所占比重则已下降至 40% 以下。

(2)行业规模迅速扩大,但市场集中度低,中小企业偏多,上规模的厂家不多。

(3)行业的分布具有一定的区域性,产业之间的群聚效应明显。

从区域的角度观察中国整体 IC 产业的发展,长江三角洲、珠江三角洲和京津塘地区是我国 IC 产业发展的主力军,其中,长江三角洲已成为中国 IC 产业发展的领头羊,2011 年长江三角洲地区所创造的 IC 产值对中国整体 IC 产业的贡献度已高达 60% 以上,逐渐成为我国 IC 产业往前迈进的龙头。这种产业扩张的趋势也从侧面说明了我国 IC 卡行业发展的强大需求,预示着我国未来一卡通市场将呈现爆发性增长的趋势。

(4)从业人员迅速增加,但专业设计人员所占比例不高,研发能力薄弱;设计能力薄弱,主要原因在于内部结构不合理,整体技术水平落后。

(5)综合最近几年的数据显示,目前国内设计能力逐年增强。

随着一卡通技术的发展,我国芯片生产工艺有了长足的进步,并迅速被各生产企业所应用。例如,我国芯片主流生产工艺采用 0.18μm 和 0.13μm,两者相加所占比例为调查样本企业的 48%,比 2010 年的 50% 略有下降。另有 21% 的公司采用 65nm 以下工艺。与 2010 年的调查相比较,2011 年采用 40nm 高端工艺水平的企业有了明显的提升,占到调查样本企业的 6.5%,比 2010 年增加了 4 个百分点。如图 8-3 所示。

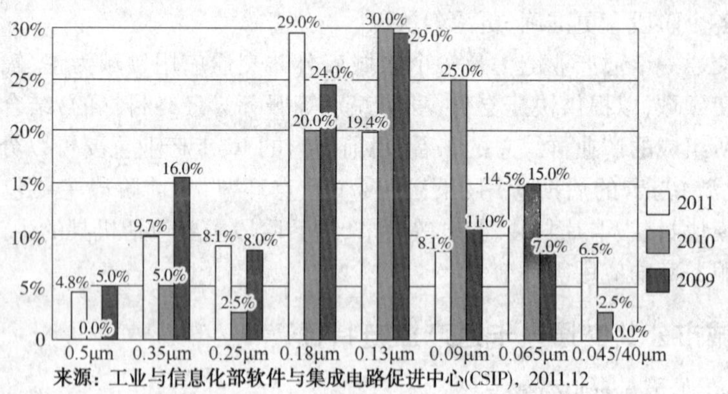


图 8-3 我国 IC 设计企业所采用的工艺形式

(6)IC 卡产品的多领域应用;

近年国内 IC 设计业的产品格局有很大改变,逐步从传统的中低价产品朝高价产品领域进军。目前IC的设计产品涵盖了消费电子、通信、计算机、工业控制、电子仪器等众多应用领域,其中各种家用电器类专用IC、计算机及外围设备芯片、通讯领域芯片等是国内IC设计产品最主要的应用领域。从国内IC设计市场的产品类型来看,2011年各类MCU和专用IC仍是市场的主流产品;此外近来发展迅速的IC卡市场所占比例大幅成长,约为16.7%,如图8-4所示。

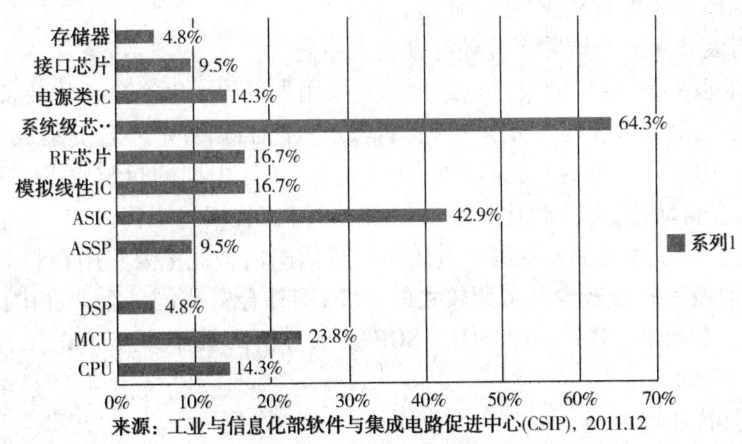


图8-4 我国IC设计企业的产品类型

(7)合资合作延伸成为了设计开发业一个新的发展趋势。

我国市场的巨大吸引力和良好的时机迅速催生了一批加盟集成电路设计的合资和合作企业,大批的"海归"人士和境外企业纷纷进入中国集成电路设计业的行列。

2)IC芯片制造业的特点

(1)我国的芯片制造业相对集中,区域性的群聚效应比较明显。

(2)市场需求量大,整体技术水平不高,与国际企业相比还存在较大差距。

(3)芯片制造业已由IDM(整合元件制造商)形式逐渐向Foundry(芯片代工厂)形式转变。

(4)企业的生产线普遍处于非负荷开工状态,资源闲置严重。

(5)市场需求大,未来发展前景广阔。

3)模块封装业的特点

行业的进入门槛高,企业数目少,竞争的激烈程度相对较低。作为IC卡产业链重要的一环,模块封装一直被认为是门槛较高的领域,与全国数量众多的卡厂相比,模块封装厂的数量全国仅有六家,由于模块封装厂家相对较少,市场竞争与卡片封装厂相比,竞争的激烈程度也相对较少。

4)卡片封装业特点

(1)现阶段我国的封装业还处于成长期。

(2)中国集成电路封装业主要由独资企业,中外合资企业与国有企业构成。其中,以独资企业与合资企业为主。

(3)集成电路封装业市场占有高达7成销售份额。

(4)国内外竞争激烈,存在行业整合趋势。

(5)封装技术上与国际企业还存在较大距离。

从技术水平看,独资的集成电路封装业采用先进的大生产自动化装备,追求与市场需求贴近的高技术难度及采用高档集成电路的封装;中外合资集成电路封装业,追求高、中档产品的封装,为国外20世纪90年代中期的封装水平。而国有封装企业,处在自动化、半自动化与手动封装并存状况,相当于国外20世纪70~80年代的封装水平,封装工艺发展严重滞后。目前国内企业主要集中在封PDU和少量的SOP以及引脚数较少和节距较大的QFP;国外合资或国外企业在中国独资的封装厂主要在封装PDIP、S0P、SOJ、TSOP及部分引脚数不多于100、节距不小于0.8mm的QFP等。

5)机具行业特点

(1)市场规模大,竞争激烈,大部分企业的综合能力有待提高。

(2)主要采用OEM(代工)生产方式,难与市场需求同步,缺乏核心的竞争能力。

(3)不少生产企业是小规模生产、小批量拼装,难以从质量上进行有效的保障。

(4)缺乏雄厚的资金和相关人才的储备,难以做大、做好机具的生产。

6)系统集成行业特点

(1)进入门槛较高,技术要求较严格,但竞争相对不太激烈。

(2)系统集成商成为IC卡项目的技术承包和技术整合服务的提供商。

(3)系统集成商不仅提供技术支持,同时还为项目提供IC卡方面的投资、规划、技术、产品、服务、管理等方案。

(4)IC卡行业的系统集成在行业应用上具有一定的延续性。

(5)IC卡行业的系统集成商与客户之间是一种紧密的合作关系,而不是传统意义上的甲乙方关系。

(6)制卡厂商、机具厂商越来越重视与系统集成商的合作。

7)应用服务行业特点

(1)IC卡的公益性决定了其应用具有政府行为的介入。

(2)具备生产企业与消费者之间的中介角色。

(3)租用设备或自购设备从事应用管理,提供服务的媒介。

由上面的分析,一卡通产业呈现以下显著特点:

(1)一卡通产业中大型政府项目持续推进,产业链条逐步完善。除了一卡通的应用(其实大部分也有政府政策支持),智能卡在中国的大规模应用基本为政府项目主导,如电信卡、二代身份证、社保、税控等领域。智能卡在这些领域的应用形成了巨大的市场需求,也直接带动了中国智能卡产业的发展。目前,中国的IC卡应用与产业发展进入了一个全新的发展阶段,完整的IC卡产业链逐步形成。

(2)产能规模快速扩大,我国地位得到显著提升。我国的一卡通产业实现了从无到有、从小到大的快速发展,2004—2008年,中国智能卡产量占全球的比例从27.2%扩大到63.3%,成为全球最大的IC卡生产基地,中国的智能卡除了满足供应国内的市场外,还有一半以上的产品出口到世界各国,并得到广泛应用。

### 8.1.3 一卡通产业发展概况

从产品和技术方面看,我国早期的IC卡产品比较单一,包括芯片、模块、卡基和机具等大部分都需要进口,随着IC卡在各行各业得到推广应用,相关的配套产业也逐渐发展起来,从事此产业的厂家也越来越多。从最初卡片的后道工序封装、印刷起步,标志着我国的IC卡产业建设正式启动。截至目前,我国的IC卡产业已初具规模,从芯片的设计、制造、测试,模块的封装,卡基的生产,卡片的封装,卡片的印刷,COS的开发,生产设备的制造,读写机具的生产,应用软件的开发及至相关的废料回收,我国都基本上可以满足市场的需要。但在技术方面尚不够成熟,例如,我国在IC卡芯片设计及制造方面还存在依赖国外进口设备,每年花费大量资金购买国外核心技术、专利等,这些问题需要依靠产业创新来加以解决[73]。

从智能IC卡应用方面看,与智能卡的发源地欧洲国家相比,我国智能卡应用领域还远不够广泛,应用深度也远不及发达国家,但我国智能卡应用领域及深度的发展速度却是惊人的。目前,我国已成为IC卡发卡量全球第一的国家。随着政策对IC智能卡行业的支持和一卡通产业成熟,IC卡在一卡通企业、银行、学校、通信、交通、公用事业等领域得到广泛使用,除此之外,医疗、餐饮、酒店、娱乐、图书、旅游等领域也相继发展起来,并呈现良好的趋势[71]。

我国智能IC卡产业起步较晚,相对于国外发展显得滞后,并受区域经济发展不平衡状况等因素影响,使我国IC卡产业呈现以下几个特点:

(1)产业发展不平衡

我国的IC智能卡产业结构分布地域差别明显,这与各地的经济发展水平是紧密相关的。总体而言,东部沿海地区产业与应用都优于中部地区;中部地区又相对好过西部地区;南部相对优于北部地区。甚至同一地区内各个省市的发展状况也有很大差距,珠江三角地区的产业主要是在卡片的封装、印刷以及机具的开发上,在已经发出的各类 IC 卡中,很大一部分是由珠江三角洲供应的。在读写设备方面,该地区也集中了众多的企业,其从事的公司数量位居全国第一;而上海地区则追求产业的完整性,该地区的产业规模也走在全国前列,无论是从芯片的设计、制造、测试、模块封装、卡片封装及印刷、软件开发、机具制造乃至规模应用等,全国其他地区无可比拟;江苏地区主要侧重卡基的生产,现已成为 IC 卡产业重要的片材生产基地;浙江则主要在配套的生产环节上下工夫,为产业提供了大量的配套产品,如卡座等;作为首都的北京,因其特殊的地理位置,在产业的研发、设计、检测等方面独树一帜,该地区集中了国家 IC 卡产业与应用的众多主管机构,也汇集了国内外众多的 IC 卡知名企业,其在 IC 卡产业中的核心位置是不可动摇的。其他地区的产业状况还没有完整形成,有的只是在产业的某道环节上有所突出。

(2)部分产业产能过剩

目前,我国 IC 卡产业的成熟度主要集中在生产环节上,无论是卡片的生产还是相关机具的制造,都呈现出一片繁荣的景象。但在这繁荣的后面凸显的是产能过剩和盲目开发。但是我国的主管部门已经清楚地意识到这些问题,并在宏观调控上出台了一系列的规定对 IC 行业进行规范,如推行 IC 卡注册管理办法、IC 卡生产许可证制度等政策法规。另外,相关的标准规范也在制定之中。

(3)产业发展的制约瓶颈

与生产环节相反,从事高端研发的企业数量偏少,不管是在芯片的设计、COS 的开发等环节都比较缺乏。在技术研发上严重依赖国外设备和核心技术,对我国发展那高端产业构成一定的障碍。国际上主要的 IC 卡供应商已经纷纷在我国设立了研发中心,争夺我国的市场已成为其全球市场的一个重要策略。跨国公司已经不满足于金融电信市场,正逐步向其他领域渗透。相反,我国的企业还在为生存壮大而竞争,由于资金等诸多因素的制约,使其短期内还不足以构成对跨国公司的威胁。而且,我国企业在高端产业方面的升级速度还不够快,市场反应较慢,走出国门的意识还不强烈,这些都制约了我国产业的发展。

(4)生产模式有待改进

机具生产方面,虽然我国可称得上是世界读写机具生产大国,但离生产强国还有很长的路要走。重复开发、规模过小、缺乏创新已经成为机具生产环节的现实。许多的厂商名义上对外生产机具,但很多的却是通过 OEM (代工)方式进行的,自己并没有生产,这种方式虽然可以在某种程度上减少成本,但可能存在脱离市场、陷入同行竞争的风险。而且,不少的生产企业依靠的是小规模生产、小批量的拼装,这种制作分散、小规模的作坊式生产,难以对质量进行有效的保障。缺乏雄厚的资金,没有相关的人才储备,是难以做大做好机具生产的。单是开发模具一项,就需要企业投入不少的费用,否则在市场跟进这一关就要落后于其他对手。

## 8.2　产业价值链分析

### 8.2.1　一卡通产业价值层分析

对一卡通产业价值链深入分析有助于一卡通产业的发展定位，理清一卡通产业结构布局，推动相关行业资源整合，提升产业内部运行效率，促进产业升级和服务形态创新。一卡通产业链可从横向价值链和纵向价值链两方面进行分析（图8-5）。

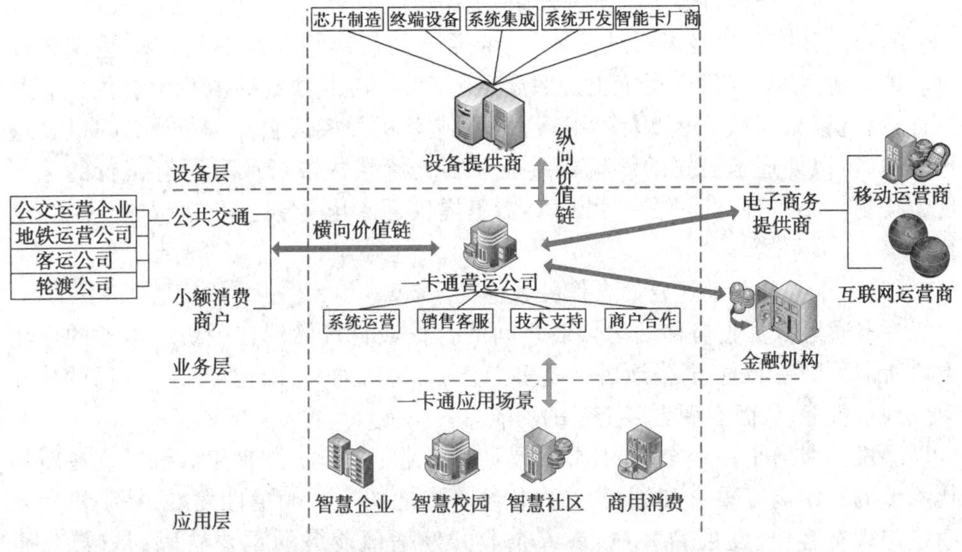


图8-5　一卡通横向、纵向价值链

1）横向价值链分析

横向价值链以一卡通运营企业为核心，与金融机构、电子商务企业、公共交通企业和小额消费商家共同开展各种业务合作，打造一卡通业务价值链，形成以一卡通为媒介，承载合作商的服务内容，为一卡通用户提供多样化的消费体验。

（1）一卡通与公交企业的合作关系链

随着城市发展的不断扩张，造成公共交通承载力不足。为了解决这个问题，引入了公共交通一卡通系统。所以说，公共交通一卡通系统最初始的领域就是公交领域，也是公共交通一卡通系统部署最为完善、运营模式最为成熟的一个基础应用领域。公共交通领域的合作关系方包括了公交公司、地铁公司、出租车公司、客运公司以及轮渡公司等。一卡通公司与公交、地铁、出租车、客运、轮渡等公司合作方式是:在约定的规则下通过合作协议,一卡通营运公司向合作方发行公交 IC 卡,合作企业同时向一卡通企业采购车载终端设备构建一卡通支付环境,最后根据终端消费额进行清结算并进行各自分账,形成包括卡片研发、初始化、发行、采购、客服和清结算等价值链环节。

(2)一卡通与消费商家的合作关系链

一卡通公司通过与消费商户达成合作协议,向消费商家发行消费 IC 卡,消费商户向一卡通运营公司采购消费及充值设备,构建小额消费环境,消费商家就消费交易额向一卡通公司支付相关的交易、清算费用及设备维护费等。

(3)一卡通与银行等金融机构合作关系链

随着信息技术的突飞猛进发展,一卡通公司与银行合作的模式也呈现多样化。第一种,银行仅仅在通卡上加载金融账户,在通卡领域的消费没有优惠。第二种,通过银行间组织(如人民银行、银联或者相关控股公司)将通卡的机具进行改造,得以使通卡公司的终端机具能兼容支持某些银行或者所有银行的电子现金交易。第三种,通过在一张 CPU 卡里提供通卡电子钱包和银行电子现金进行共享。

(4)一卡通与移动运营商合作关系链

一卡通运营企业与移动运营商之间的合作最直接体现在手机一卡通的应用上。所谓手机一卡通,通俗地讲就是多卡合一,一机通行,即把传统一卡通的功能集成到手机上,从而实现更多全新的功能。

手机一卡通是一个全新的领域,是通信产业、一卡通产业和金融产业在新的技术上的一次高度整合和创新,是对传统一卡通的一次颠覆性发展,是手机运营商稳定现有客户、发展新客户、渗入企业开发增值业务的重要砝码,是政府、企业、学校实现信息化管理的重要平台和手段,是金融业移动支付的一次深刻变革。

未来,移动支付是个人、企业、社会信息化管理的重要平台,是生活方式的一种常态,是通讯、一卡通、金融等众多领域在新技术的支撑下催生的一个兆亿级的新兴产业。

(5)一卡通与互联网电子商务的关系链

随着网上消费和网上支付业务发展的成熟,一卡通的支付消费功能完全可以延伸至互联网,与互联网的便捷性结合在一起,充分发挥两者的功能,为一卡通持卡用户的充值消费提供安全、便捷的环境。

目前,部分一卡通公司的网上充值系统已上线使用,相关的应用产品是“网上充值终端”。该终端具有刷卡感应区,通过有线或无线接口方式与电脑连接,能够使普通的公共交通一卡通实现刷卡充值、圈存和查询等网上操作的设备。

一般来说，成熟的网上充值系统一般具备如图8-6所示的功能。

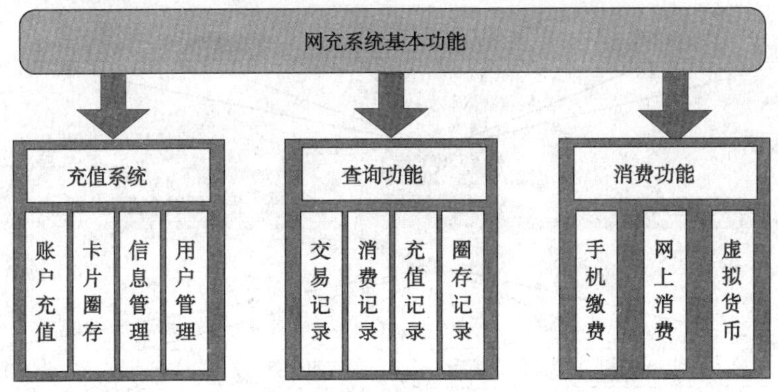


图8-6 网充系统基本功能

2）纵向价值链分析

纵向价值链以一卡通营运企业为中心，涵盖了一卡通产业的上中下游等各个环节，包括了一卡通设备的生产制造和原材料供应、一卡通运营企业和一卡通应用等三大方面。一卡通设备商或生产商依托自身的技术水平，根据一卡通公司的要求生产符合标准、规范的设备，经测试验收后交付一卡通公司使用；一卡通公司根据市场需求和政策环境，部署一卡通系统终端，为人们提供一卡通使用环境，并负责一卡通系统运营、维护、技术支持、业务咨询等。

一卡通设备制造商在一卡通产业价值链中承担着产品制造和技术研发和技术保障等功能，是一卡通产业发展的基础技术支撑力量，所以，只有在技术层面不断坚持创新，吸收和消化国外先进技术，才能更好满足人们对一卡通使用的需求。

在一卡通应用环境下，一卡通运营企业负责系统的运营，为一卡通应用和推广提供多样化服务。为了应对需要和形势的变化，一卡通公司更应不断自我突破和业务创新，为学校、企业、社区及小额消费环境提供安全、快捷的支付环境。一卡通企业提供的服务，除了一卡通充值、查询、消费等常规功能外，还承担着一卡通业务规则的制定，一卡通数据收集和分析和消费金额结算等行业性或增值性功能，如图8-7所示。

## 8.2.2 公共交通基础服务领域价值链分析

城市一卡通在公共交通基础服务领域的应用过程中，逐步形成了其自身的价值链体系。这个体系包含六大部分，即售卡、充值、消费、文化创意产品、客服及数据服务，每个部分通过一卡通的应用凸显自身的价值定位，形成一卡通企业自身的竞争优势(如图 8-8 所示)。

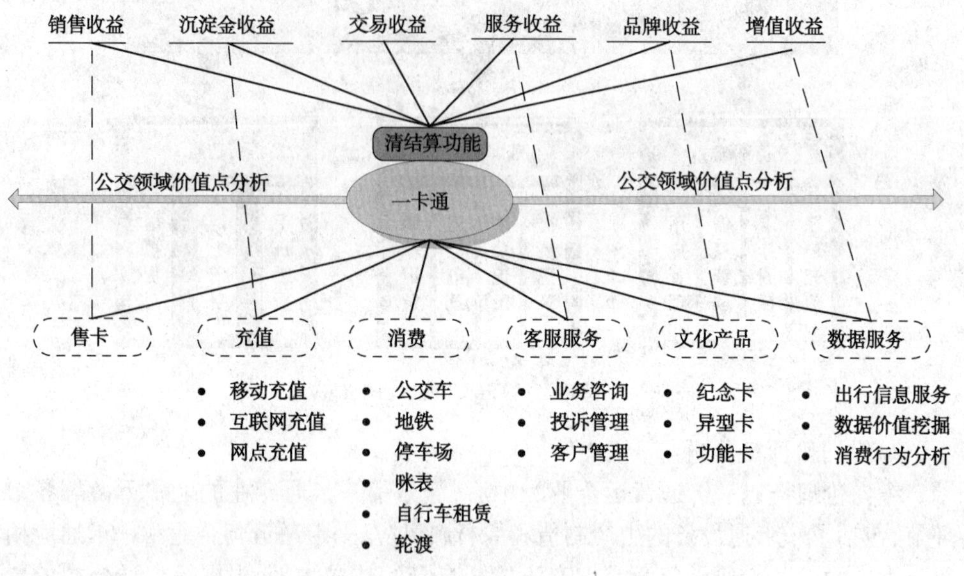


图 8-7　公共交通基础服务领域价值链分析

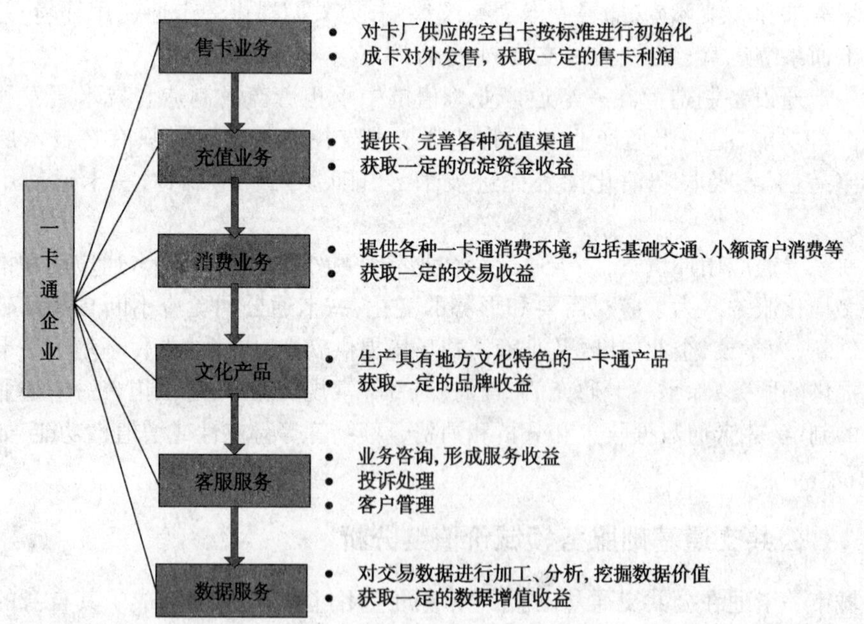


图 8-8　公共交通基础业务价值链

### 8.2.3 小额支付与电子商务领域价值链分析

城市公共交通一卡通在小额消费及电子商务领域的应用在近年来得到了快速的发展，在这过程中，逐渐形成了一些稳定的价值收益关键环节，通过对这些环节的价值点分析，便能得出完整价值链。如果能有效整合价值链上的每个部分，一卡通产业将获得更大的价值增长空间，提高一卡通行业的核心竞争力和业务拓展能力。

在小额消费及电子商务领域，城市公共交通一卡通的价值点包括：售卡、充值、消费、数据服务、企业（学校、社区）服务定制、电子商务应用、清结算及客服八大方面，如图8-9所示。以下就每个部分的功能特征进行描述说明。

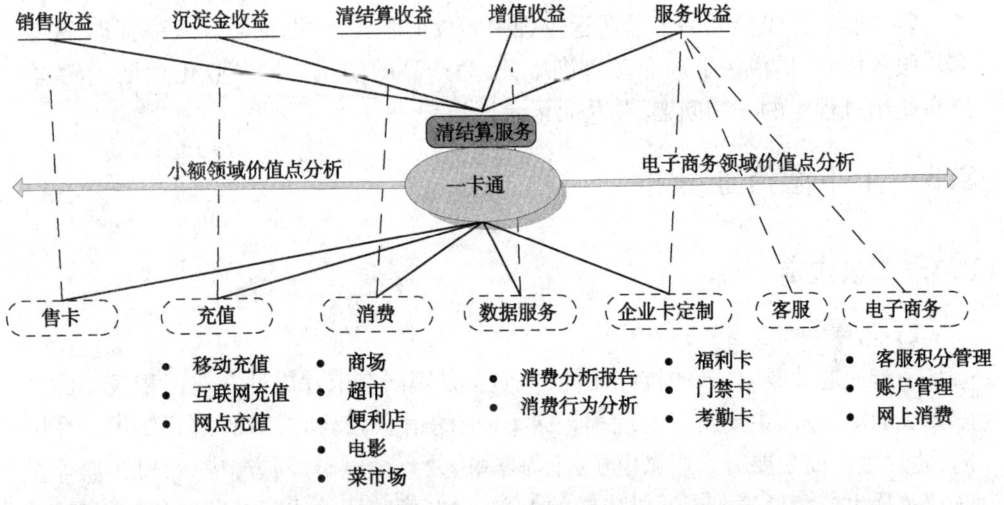


图8-9 小额消费及电子商务领域价值链分析

(1)售卡/充值服务

售卡充值业务是由一卡通运营商与网点商家商议合作，售卡/充值可以为网点商家带来顾客量及衍生业务，同时网点为一卡通公司提供售卡服务并从一卡通公司购得终端设备，为客户提供充值服务。

(2)数据服务

随着大数据时代的到来，海量数据变得越来越重要。持卡用户每刷一次都会在一卡通数据库中留下一条完整的记录。日积月累，一卡通数据库中将存有海量数据，这些数据隐藏着很多重要的信息，是一卡通公司的另一项重要的资源。

(3)企业（学校、社区）服务定制

企业、学校、社区等可以与一卡通公司签订企业一卡通服务协定，不仅可以在城市公共交通一卡通终端上得到消费充值以及其他管理服务,还可以借助 IC 卡系统对企业内部事务进行高效管理。

(4)电子商务领域

一卡通电子商务领域的应用主要是互联网充值与消费,以及与电子商务企业合作提供信息服务以及广告收益等。

(5)清结算服务

在完成交易数据统计后,一卡通管理中心定期对数据进行清分结算,按照预先的协定,把相关受益分配给参与一卡通应用的所有主体,并提供一卡通运营期间所涉及的报表、报告等,形成一套规范的清结算服务规范。

(6)客户服务:

客户服务提供涉及一卡通营运过程中的投诉服务,并设置投诉跟踪管理,完善客户服务体验;提供一卡通业务咨询服务,为产品的使用提供专业化意见;解决客户在使用过程中的一切问题,并及时记录汇报。

## 8.3 上下游行业分析

### 8.3.1 供应商

1) 芯片生产商

一卡通芯片是 IC 卡的核心元件,本质上是镶嵌在卡片内部一块面积较小的高度集成的电路板,主要负责处理和记录 IC 卡的信息,起到大脑的指挥作用。在国内,芯片生产商主要有大唐微电子,上海华虹,复旦微电子,同方,华大,恩智浦等企业。芯片生产商处于一卡通供应链的上游,生产商密切关注市场发展和应用趋势,从客户的需求和运营两个角度全盘考虑,为系统集成商提供最理想的解决方案。

随着城市公共交通一卡通经过十几年的发展,已经从最初单一的公交应用模式,延伸到目前跨行业、跨领域的多方面融合应用,这对芯片的研发提出了更高的要求。芯片制造企业一方面推出大容量芯片,提升产品扩展性能;另一方面开发与行业应用相结合的 COS,促进多卡融合应用。

芯片技术升级对一卡通产业发展产生一定的影响。大容量、双界面芯片的推出,可以支持 IC 卡在各个领域应用中保持独立空间、独立根密钥,实现互不干扰,可满足城市一卡通客户更多的升级需求,与更多行业客户进行合作,使城市一卡通"一卡多领域应用,一卡多环境使用"真正成为现实。例如,复旦微电子的 FM1216//32 双界面 CPU 卡系列芯片为例,USB - POS 产品的推出更进一步保证了 FM12 系列产品在应用扩展和升级拓展层面上的无缝链接,因此在城市公交一卡通的升级换代及互联互通上极具优势。

2)卡片封装商

由于一卡通芯片轻薄易碎,所以在把芯片嵌入到卡片上之前,必须要对芯片进行包封,成为一个具备一定强度的智能卡模块,之后再把这个模块嵌入到塑料卡基中。因此,卡片的封装成为了卡片生产产业链的重要一环。在我国,卡片封装商较为著名的有中山达华、北京握奇、深圳德诚、上海长丰、广东德生、捷德等企业。

智能卡的封装环节就是把集成电路公司提供的半导体芯片和卡基制造公司提供的塑料卡结合在一起。半导体芯片可以是颗粒状的,但是目前多数都是以硅圆片的形式提供。这些芯片上有若干可以焊接连线的焊盘点,我们看到的智能卡表面的镀金接触点就是通过引线和这些焊盘连接在一起的。图8-10示出卡片封装流程。

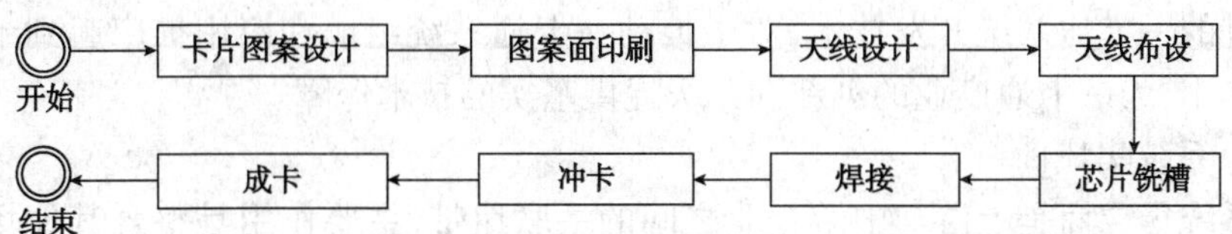


图8-10 卡片封装流程

智能卡的封装实际上可以分成两大部分:一个是模块的封装,另一个是卡片的封装。模块的封装投入成本较大,技术含量偏高,一般多数都是国资企业充当龙头,而卡片的封装相对容易,也可以采用手工作坊的模式操作,所以各种规模的封卡公司到处都是,遍地开花。

根据市场和应用的需求,卡片不断推陈出新。典型的如一些公司推出的不干胶电子标签、动物标签、多频卡、螺栓型电子标签、高性能陶瓷标签、一次性电子标签、纸质标签、皮革钥匙卡、ABS钥匙卡、手表卡和各种圆币卡等产品。

经分析我国智能卡封装企业生产和经营状况,其在一卡通产业链发展中面临以下突出的问题:无序竞争、低价竞争、新产品新技术竞争和过长的产品线。针对上述问题,要改善卡片封装过程的生产效率,促进产业发展,可以先从以下几个方面入手:

(1)精简生产工序。

(2)研发新的工艺技术。

(3)研发新材料。

(4)与材料供应商联合研发新技术及材料。

(5)采用具备先进技术的设备,增大产能。

3）系统开发商

系统开发商为客户提供端到端的解决方案，从硬件设备、安全操作系统、场景应用，到个人化、远程管理、密钥管理等服务。

系统开发商具有完整的产品软硬件开发能力，可为各类应用提供系统、全面的解决方案。产品线几乎涵盖了非接触式IC卡的全部应用设备，它包括：门禁、考勤、消费、巡更、停车场设备、电梯控制、水控，会议签到和图书管理等。已经广泛应用于政府、税务机关、银行、邮电、大型厂矿、部队、智能小区及交通等各个领域。

系统开发商位于一卡通产业的中游，从上游了解最新IC卡的行业信息，密切关注下游系统运营商主体的产品需求，通过研发各种一卡通系统软硬件以及开发一卡通系统终端核心模块以满足市场需求。

同时系统开发商处于一卡通技术发展前沿，属于系统应用的创新组织，掌握现有先进的一卡通系统开发技术，对于推动一卡通系统组成和应用推广起到十分重要的作用，为一卡通产业的创新和升级提供坚实的技术保障。

4）系统集成商

系统集成商是上游与中游企业之间的关联纽带，主要作用是整合其他场所设备，并进行系统测试、试运行，解决设备之间的电气兼容性，目的是使系统能稳定工作，对其他输入能得到快速的响应[75]。

系统集成商是软硬件开发商和使用者间的一个桥梁，一流的服务、有前景的软硬件产品是集成商赖以生存的基础。现在，用户选择产品供应商时，一方面要求其具有提供先进的、多样化的、质量稳定的终端产品和软件产品，另一方面更注重其服务质量和长远的技术支持能力。

系统集成商在城市公共交通一卡通系统建设后的作用，就是为用户提供与时俱进的技术咨询服务和及时的维护服务，保证系统持续、稳定的运行和具有合理的扩张能力。随着IC卡使用越来越广泛，系统集成商能够控制卡片和机具的选择，其在IC卡项目中和市场上的作用越来越大，在选择读写机具上的权利很大。

系统集成商的另一作用是时刻关注一卡通企业的需求，针对系统的具体应用提供人才培训，维护系统的正常运转，具体表现在以下方面：

(1)从多个途径了解客户的实际运营环境，从客户的经济效益和社会效益角度出发，为客户提供发展所需子系统的解决方案。由于大多数用户对市场变化和产品最新信息的掌握程度不及系统集成商，因此集成商必须主动根据城市的发展规模、运营商的发展战略等因素进行方案设计或变更，在发展前景方面设计具有前瞻性的方案。一般来说，集成商可以把行业内的专业会议、研讨会等内容向客户转达;把国内外优秀的运营经验向客户宣讲;向客户传递新产品信息;组织客户交流会;定期在客户所在城市了解当地城市发展状况和政府发展规划等。

(2)对用户方技术人员进行阶梯性、长期性、多面性的技术培训,使用户对系统的应用能得心应手,在各方面都具备一定的技术力量,如软件开发、硬件维修、管理和市场应用等。这是实现双赢的最基本思路。

(3)采用多种手段进行服务,如定时回访、网络远程日常管理与维护、电话咨询、分享技术资料和网上技术论坛等。集成商可通过各种途径与用户运作系统连接,在用户授权的前提下对系统软件、硬件进行远程测试和诊断等维护。实实在在的使用户方人员从系统维护工作中解脱出来而着重于开拓应用市场。

(4)在认真执行住建部颁布的行业标准的基础上,系统集成商在完成工程项目以后,对客户完全不设壁垒,将系统的应用源程序毫无保留地交给客户,并且尽可能地让客户掌握它,从而使客户更加自主地选择各类优秀的产品供应商,积极推动系统的技术发展,同时也使集成商自身获得良好的产品应用平台,实现共同发展。

5)终端生产商

(1)传统终端

一卡通系统配套终端生产商,是指完成IC卡相关配套服务的终端(硬件)生产商。终端设备制造商并不负责生产终端内部零件,而是从电子元器件生产厂商进货,经过严格测试后的电子元件进入组装环节。终端设备商负责终端的安装及性能测试。

一卡通终端生产商是位于一卡通的最前端、产业链的下游,直接面向消费者,并提供多样化的产品形态和消费形式,为一卡通用户提供便捷、安全的充值和消费环境。随着技术的进步和多样化需求,一卡通终端也呈现多形态的发展趋势,为消费者提供良好的用户体验。

我国一卡通发展初期,卡片的读写设备基本上靠进口,特别是几类专业领域基本上被国外企业所垄断,如金融、电信行业等。但随着IC卡产品和技术的广泛应用,与之相配套的读写器设备与机具市场也相继被带动起来,国内不少企业纷纷投身于IC卡机具市场,各种类型的读写设备也相继开发出来,整个机具市场呈现出百花齐放的态势。国外企业一家独大的局面已不复存在,而且其份额被国内企业大量侵蚀,甚至有些领域国内企业已经取代了国外企业的龙头地位,在中国的IC卡读写设备市场上目前基本上是国内企业、合资企业、国外企业三分天下的局面,其中国内企业处于领头的位置。

虽然近几年在IC卡的读写机具市场上国内企业取得了了比较大的进展,我国也逐渐成为世界读卡机具生产大国，但离生产强国还有很长的路要走。纵观国内的机具市场，我们可以发现国内仍然存在很多厂商名义上对外生产机具，但很多却是通过 OEM（代工生产）方式进行的，这种方式虽然可以在某种程度上减少成本，但却不能及时响应市场需求、无法与其他厂商展开竞争。其次，不少的生产企业是小规模生产，小批量的拼装，难以有效保障质量。没有雄厚的资金，没有相关的人才储备，就难以做大做好机具的生产。最后，不少企业是将 IC 卡、系统集成及读写机具同时作为自己的主要产品，单独将读写机具作为主营业务并进行专业推广的厂家并不多，目前读写设备上的销售基本上都是企业自己做 IC 卡项目自带的。采取这种方式的主要原因是目前国内的 IC 卡项目基本上采取整个项目报价的模式，将卡、系统集成、读写设备捆绑在一起进行销售，读写设备在整体项目中所占的份额不高，往往是一个几千万元大项目中机具的收入只有几百万。随着 IC 卡使用越来越广泛，系统集成商因处在 IC 卡行业的上游，而能够控制 IC 卡行业下游的卡片和机具的选择，其在 IC 卡项目中和市场上的核心作用越来越大，在选择读写机具上的权利很大。

随着整个一卡通产业的发展，位于整条产业链上游末端的终端产业将被整合进整个智能卡产业中的应用系统中，即单一的机具厂商将逐渐向综合型的厂商转型（集卡生产、系统集成、软件开发、读写机具为一体）。其次，系统集成商的重要性和地位越来越明显，机具厂商与系统集成商的关系也将越来越紧密。为了谋求规模化效应及成本优势，行业的整合、企业之间的购并将是今后的一个热点，大量小规模的企业（年销售量在千台以下）将退出市场或被实力雄厚的外资、本土的 IT 公司兼并。可以预料，实力雄厚的公司将加大产品研发的力度，企业的综合能力将得到大幅度提高，国内公司将打破国外公司在高端产品上的垄断局面，特别是在一些政府性的项目上。

（2）新型终端

目前，手机移动支付和网上充付系统等应用得到了消费者的青睐，给消费者的使用带来了极大的便利，这种新兴的创新业务应用将是未来一卡通终端发展的趋势。

①手机移动充值/消费终端

它是基于 RFID（无线射频识别）技术实现的新型移动电子商务应用，它通过在手机中内嵌集成 RFID 技术的专用 SIM 卡（双界面 SIM 卡），可使手机同时具有多张智能 IC 卡（门禁卡、内部消费卡、公交卡、校园卡等）的功能，实现身份识别、现场消费等移动电子商务服务。客户只需办理移动手机一卡通业务，开通相关业务功能，就可以通过手机在布放了识读机具的场所完成身份识别和现场刷卡消费等操作，通过手机 STK 菜单还可以实现空中充值、余额查询等功能。

根据市场调查显示,90%以上的人经常携带的三件物品为:手机、钱包、钥匙,而手机一卡通业务恰恰是三者的整合,通过手机实现钥匙和钱包的功能(图8-11、图8-12)。我国拥有世界上最大规模的手机用户,加上其他移动终端的用户,一旦与电子商务相结合,不仅大大扩展了手机应用的范围,使手机成为一种可被全社会利用的智能终端,而且将极大地方便老百姓的日常生活,实现了手机推出之时所提出的三个A"任何地点、任何时间、任何事情(ANYWHERE,ANYTIME,ANYTHING)"。

图8-11 手机一卡通公交应用

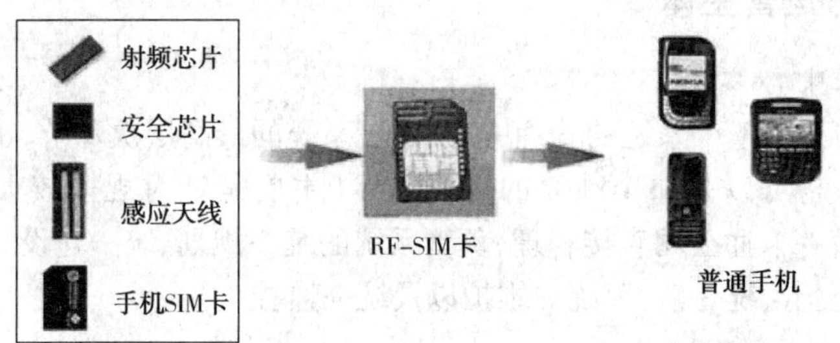


图8-12 手机一卡通应用方案

②网上充值/消费终端

城市公共交通一卡通网上充付平台突破了所有城市一卡通线下充值的传统局面,采用联机交易的安全连接方式,让用户足不出户体验网上充值服务。城市一卡通网上充付平台的操作流程是利用一台可随身携带的"USB读卡设备",通过USB接口与电脑相连接,为城市公共交通一卡通的网络充值和在线消费搭建起了桥梁。用户将卡片插入USB充值终端后,使用连接读卡器的电脑登录一卡通网站即可实现对一卡通的余额查询(图8-13)。部分网上充付平台还拓宽了其平台的应用领域,包括集团用户、网点用户、第三方支付等。通过网银及第三方支付平台对一卡通进行网上充值,以及生活缴费、网上购物等丰富功能[72]。

网上充值系统不仅可以解决传统服务网点受时间、地点和技术限制的矛盾,而且多种渠道的服务途径大大保障了用户的利益,网上充值系统还能加速资金流转,解决网点拥堵的矛盾。同时,解决了大量交通卡休眠问题,并及时了解用户需求,提高服务质量,又能掘金电子商务,发展低碳经济,大大提高了公司的竞争力,将可能成为未来一卡通发展的一个重要趋势和方向。

图 8-13　网上充付终端

### 8.3.2　业务运营主体

1)清结算中心

清结算中心是整个系统的管理中心,也是系统的最高层次环节,也是系统的数据转换中心。它可以是一个独立的运营主体(主要是针对规模较大的一卡通系统),也可以由一卡通公司直接管理,负责系统的统一规划、统一建设、统一标准、统一管理、统一发卡、统一清算、统一维护以及统一监控。

结算中心业务功能:

(1)负责落实系统的总体规划,开展方案论证,技术选型,项目建设资金筹措。

(2)负责系统的管理和维护。

(3)负责 IC 卡的发放及发卡、储值网点的建设和管理。

(4)负责 IC 卡预收资金的结算。

(5)为系统内各应用行业的交易进行网络管理和安全管理。

(6)对各应用行业终端进行初始化。

(7)该管理中心向下连接各应用行业,根据各应用行业上传的交易数据,按照交易量、费率表,以及其他相关规则为清算中心(或银行)提供应用行业的清算结果。

(8)为广大持卡人及应用行业提供一卡多用的相关服务,为发生的有关交易纠纷提供仲裁依据。

(9)为接入到管理中心的各 IC 卡应用行业的子系统提供接入原则和接入标准。

(10)为 IC 卡应用提供技术培训。

2) 一卡通运营商

一卡通运营商的职能是为出行人们提供方便快捷的出行环境,在此基础上逐步扩展一卡通功能,实现小额消费、电子商务等消费功能,为人们解决多卡缠身的困境,简化消费流程,提升一卡通服务体验。通过一卡通系统的建设,为广大消费者提供一个安全、便捷和舒适的消费环境。一卡通运营公司通过建设发卡系统、充值消费系统、清结算系统、密钥管理系统等构建良好的一卡通环境,同时各个行政区域一卡通系统通过升级兼容改造实现跨区域的互联互通。随着一卡通市场需求的发展,一卡通公司将不断扩展自身的业务应用,将一卡通从公共交通领域拓展至小额消费、公共服务、电子商务等领域。

一卡通运营商提供的功能包括一卡通系统管理、发卡系统管理、密钥管理系统、技术支持和业务咨询,还包括开拓一卡通业务,为合作商户和公交企业进行交易结算等。

一般来说,为了建设良好规范的一卡通使用环境,一卡通运营商通常提供充值、消费、结算、客服等基础业务功能。为了进一步深化一卡通业务应用,一卡通运营商还会选择与商户合作,提供一卡通小额消费业务。除此之外,一卡通运营商通过统计和分析交易数据,充分挖掘一卡通数据价值,为人们提供出行信息及出行建议,同时为政府部门决策提供可靠的数据支持。

### 8.3.3　业务代理商

1)小额商家

便利店、超市、菜市场、影院等小额商家与一卡通运营公司合作,目的是使一卡通能在以上消费场所实现刷卡消费,开创一卡通与商户的合作新模式。图8-14示出小额商家合作业务。

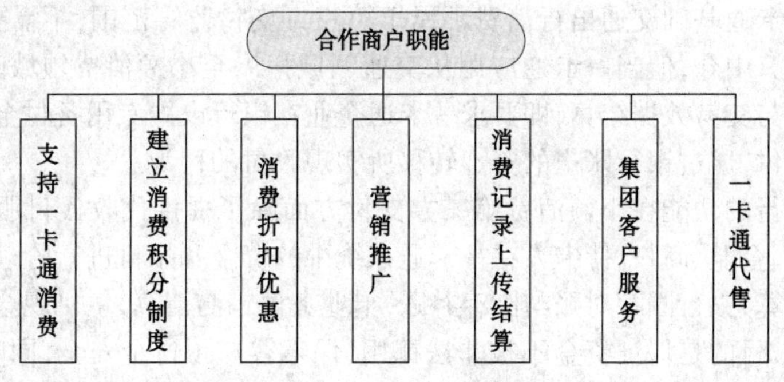


图8-14　小额商家合作业务

2)通讯服务商

通讯服务商为整个公交一卡通系统提供无缝连接的通讯网络,如中国移动、中国联通以及中国电信等运营商可以与一卡通企业共同就一卡通应用创新业务展开合作。最典型的是,手机一卡通便是通信服务商与一卡通企业共同合作的惠民业务,这个业务提供多种一卡通移动终端功能,为市民出行和小额支付提供极大的便利,如图 8-15 所示。

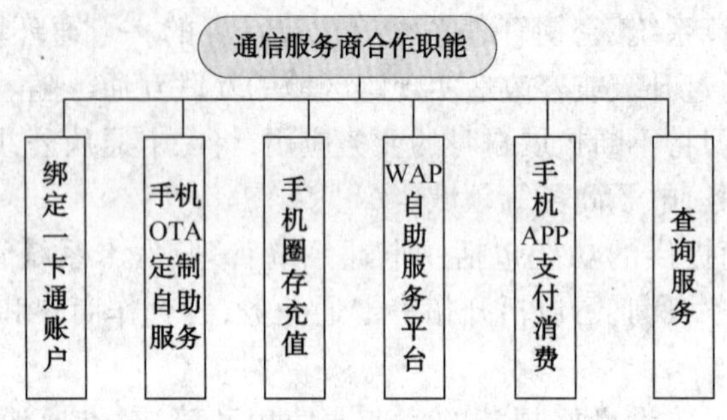


图 8-15　通信服务商合作业务

3)互联网服务商

随着互联网广泛的应用,一卡通公司与互联网企业之间的业务合作内容将呈现多样化趋势。目前,根据人们的出行需求和一卡通技术的应用发展,一卡通可通过互联网实现合作的业务包括:在线网上充付业务,依靠简单网络操作可以实现一卡通网上充值和消费;开展网上道路联网电子票证业务,实现城际或长途客运票证电子化等。

## 8.3.4　其他参与方

1)结算银行

由于一卡通基础交通出行消费不属于第三方支付监管范围,不需要涉及结算银行作为结算中介,但当一卡通应用从交通领域拓展至小额消费领域时则按规定需要银行参与交易数据结算,即要求一卡通企业在银行设立专用备付金账户,委托银行代收代付,通过银行账户的资金转移所实现收付的行为。

结算银行的功能在小额消费第三方支付方面除了提供代收代付服务以外,还负责对银行、企业、商户、持卡人在一卡通系统中的资金和账目进行管理,可分为商户管理与结算,银行圈存对账与圈存补账,卡业务注销与清算,主机现金充值,分类明细报表等,目的是保证资金不被非法挪用,保障客户预付金安全,同时维护金融市场秩序,保障金融交易安全。

2)持卡用户

持卡用户作为一卡通产业的最终使用者,是一卡通产业发展根本需求所在,是推动一卡通技术进步的根本动力,因此,一卡通行业必须重视用户的需求,并结合世界一卡通的发展趋势和最新技术,打造良好的一卡通用户体验环境。

一卡通产业的发展逐步改变了用户的消费习惯,为用户提供便捷安全的消费环境,当用户习惯持卡消费时反过来推动一卡通的应用,所以,持卡群体作为一卡通产业的重要组成主体,与一卡通行业的关系是相互推动,相互依赖。

3)行业技术联盟

通过一卡通行业间的交流与合作,逐步建立以一卡通应用为中心的行业技术联盟,相关企业通过该平台整合资源,优势互补,推动技术创新。为了进一步规范一卡通行业的生产和制造,为一卡通互联互通提供条件,通过协商建立适应新形势发展的行业标准组织,为统一管理、统一服务、统一规范一卡通行业奠定基础。

4)政府部门

基于城市公共交通一卡通的“便民利民”的公益性,政府相关部门应适时出台相关政策支持公共交通一卡通发展,扶持一卡通企业的应用推广,在政策上、资金上协助一卡通行业建立产业联盟,扶持一批新兴的一卡通企业,推动一卡通行业规范和制度建设。

# 第9章　城市公共交通一卡通的发展趋势

经过十余年的建设，城市公共交通一卡通进入了一个快速发展阶段，随着小额支付功能的不断完善和覆盖面的扩大，手机支付、金融 IC 卡等一批新技术、新应用的兴起，城市公共交通一卡通的发展将呈现全面发展的态势。本章在分析市场需求的基础上进一步探讨城市公共交通一卡通未来的发展趋势。

## 9.1　趋势一：城市公共交通一卡通跨地区互联互通

城市公共交通一卡通系统的建立和发展给城市居民的出行带来了极大便利，但另一方面，跨区域出行人员却难以享受当地一卡通的便利。这部分人群出差或旅游到达新城市后，由于不熟悉售卡充资点的分布，存在购卡困难。当经短暂停留后离开该城市时，同样面临不熟悉退卡流程，无法实现轻松退卡。另外，到不同的城市都需要购买当地交通卡，会给跨区域流动的人群带来“多卡管理”的麻烦，并且明显增加购卡人的成本，造成资源浪费。针对以上的种种问题，为了更好地满足跨域出行人群需求，将各地的城市公共交通一卡通系统在遵循一定的业务规则基础上互联互通已成为新的发展趋势，这样可以实现交通卡跨地区无障碍消费。近年来，随着经济文化的进一步融合，城市公共交通一卡通跨地区互联互通已得到各城市或地区一卡通公司的充分重视。而人们对一卡通跨地区互联互通也存在较高的期待，逐步释放巨大的市场需求。

### 9.1.1　城市公共交通一卡通标准和规范的统一

迄今为止，国内城市公共交通 IC 卡应用尚没有一致遵循的标准，导致城市之间公交一卡通无法实现直接的互联互通，从而无法做到跨区域统一管理，统一规划，造成公共交通资源浪费，同时亦会给互联互通双方的系统在数据交换、数据清算、资金清分等方面都带来不必要的麻烦。在这种标准不统一的情况下，多个城市公共交通一卡通一旦参与互通工程，则无论在资金投入，还是在技术改造、业务管理等方面都存在较大的困难，甚至会出现不可跨越的障碍，造成互通工程难以推进的不良局面。

为了进一步促进全国城市公共交通一卡通实现互通，2013 年 1 月初，《国务院关于城市优先发展公共交通的指导意见》[78]正式下发，要求在“十二五”期间，全面推广普及城市公共交通“一卡通”，加快在城市不同交通方式中的应用；加快完善标准体系，逐步实现跨市域公共交通“一卡通”的互联互通。此前，2012 年 12 月，由交通运输部公路科学研究院拟定的交通运输行业标准《公共交通 IC 卡技术要求》和《公共交通IC卡读写终端技术要求》两项行业标准已经面向社会公开征求意见。近日,为了规范城市公交IC卡的快速发展,主管部门就《城市公共交通IC卡业务及技术应用规范》征求意见[79]。

统一的标准和流程规范不但明确了终端技术及应用技术要求,而且对终端所支持的交易类型和交易流程也作了相应的规定。标准规范的制定在于满足城市公共交通IC卡在公共汽电车、轨道交通、出租等公共交通领域的支付需求,并具备向其他小额支付领域的扩展能力,形成统一的指导性规范,保障联网通用。也就是说,IC卡或将在停车场、地铁、高速公路等多种公共领域通用,真正实现"一卡通"[80]。

### 9.1.2 一卡通技术的互联互通

1)"一卡双钱包"技术

为了实现不同标准下的跨地区的互联互通,一卡通公司采用联名卡的发行模式,根据业务需求可分为"一卡双钱包"与"一卡单钱包"两种形式。例如2013年由广东岭南通股份有限公司与澳门通股份有限公司携手推出的"岭南通·澳门通"联名卡正式发售,该卡采用"一芯双钱包"技术,卡内设有两个独立的电子货币钱包:一个为人民币钱包,另一个为澳门币钱包。持卡人在广东省可使用卡内的人民币电子货币钱包消费,而在澳门境内,联名卡则自动转换成澳门钱包消费,两个钱包互不影响。

2)单芯片漫游卡技术

为了更好地适应公共交通一卡通在不同城市的消费需求和应用,一卡通行业研发单芯片漫游卡技术,该技术利用不同协议的切换方式,可将支持TYPEA协议与支持TYPEB协议集成到一张卡片上,实现交通卡的城市漫游(图9-1)。例如,当持卡人到外地城市后,持卡人可以根据自身的需要,由发卡城市远程加载程序至卡上以实现当地的一些特殊应用,当离开该城市时,可选择通过漫游技术卸载卡上应用。这样既可以满足交通卡实现应有功能,又不至于使卡内应用过多,挤占空间造成浪费。

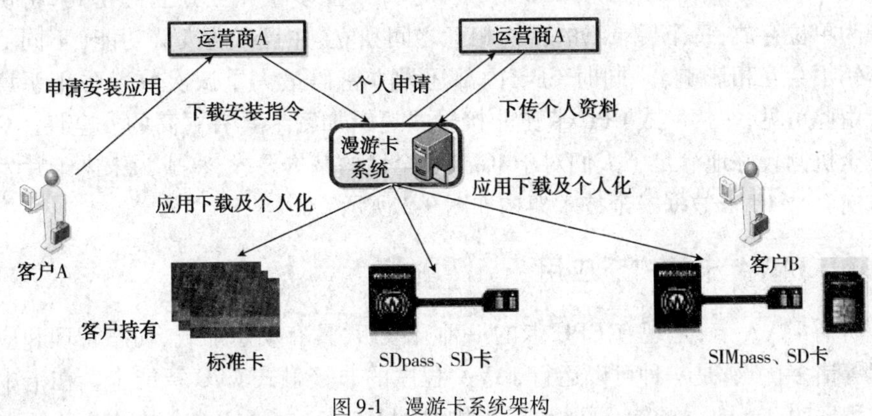


图9-1 漫游卡系统架构

## 9.2 趋势二:城市公共交通一卡通跨行业多领域应用

城市公共交通一卡通系统原本的目的是为了解决公共交通支付不便、管理困难而建设的,但随着系统的不断完善和应用规模的不断扩大,基于交通卡使用便利的特点和持卡民众的需求变化,系统应用将逐渐延伸到部分非公共交通行业,形成跨行业多领域发展的趋势。

### 9.2.1 城市公共交通一卡通安全性和 CPU 卡

随着城市公共交通一卡通跨行业的多领域应用的发展,甚至近些年许多地区的一卡通公司正在努力把自己的业务拓展到电子商务领域,因此城市公共交通一卡通的安全性显得尤为重要。

IC 智能卡的使用为人们带来了很多方便的同时,也隐藏着不少的潜在风险。由于 IC 卡里记录着大量个人信息和资金账户信息,随着 IC 卡"一卡多用"功能扩展,这种隐私信息被泄露的机会将会增多,时刻威胁着持卡用户的财产安全。因此,进一步加强和发展 IC 卡数据安全技术是未来一卡通系统发展的必然趋势。

鉴于人们对于 IC 卡安全性的重视,CPU 卡将成为未来 IC 卡发展的趋势。因为 CPU 卡芯片内部拥有双重安全机制:第一重是芯片本身集成的加密算法模块,一般会将经实践检验最安全的几种加密算法集成入芯片。目前比较常见的安全算法有 RSA,3DES 等。除此之外,CPU 卡还会引入国密算法(SSF33,SCB2,SM2,SM3 等)来加强芯片的安全性。国密算法是不对外公开的,因此国密算法一般比其他公开算法的加密算法具有更高的安全性。第二重保护则是 CPU 卡芯片特有的 COS(Card Operation System)系统,COS 可以为芯片设立多个相互独立的密码,密钥以目录为单位存放,每个目录下的密钥相互之间独立,并且有防火墙功能(不同目录下密钥不会互相影响)。同时 COS 内部还设立密码最大重试次数以防止恶意攻击。由此可见,非接触式 CPU 卡比非接触式逻辑加密卡具有更高的安全性。CPU 卡安全机制较好地满足了人们对于 IC 卡安全性的基本要求,将成为未来卡片发展的方向[82]。IC 卡数据安全技术架构如图 9-2 所示。

### 9.2.2 JAVA 卡的广泛应用

所谓 JAVA 卡,是现有 CPU 卡的一种升级版,具有动态加载、动态管理和应用编程等诸多优点,是一种可以运行 JAVA 程序的非接触式 CPU 智能卡。在卡中运行的程序叫 Applet,Applet 可以动态装载到 JAVA 卡上。JAVA 卡的 API 使智能卡编程变得非常简单,JAVA 程序的这种跨平台运行特性更容易得到智能卡厂商的支持[81]。

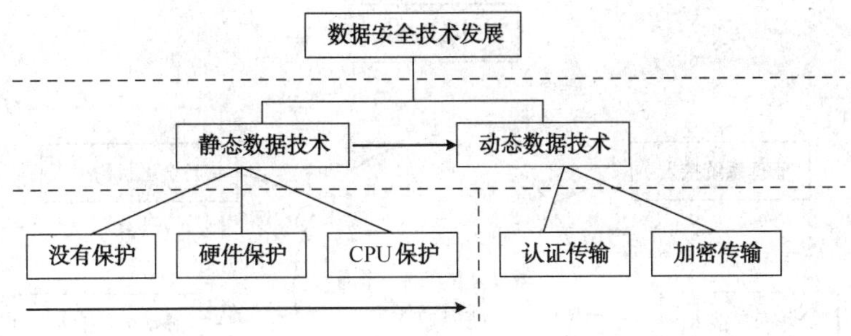


图 9-2 IC 卡数据安全技术架构

随着一卡通跨领域业务的发展和承载越来越多的功能,将有力推动 JAVA 卡进入一卡通市场并发挥重要作用。JAVA 卡有两个明显的优点:支持一卡多用途和重用。支持一卡多用途是指 JAVA 卡上可以同时存在多个不同的应用。这些应用可以来自相同或不同的卡供应商。这样一张 JAVA 卡不但可以有电子钱包功能,同时也可以有身份鉴别功能。重用是指 JAVA 卡上的应用可以根据需要进行删除或重新添加新的应用,而无需更换新的智能卡,这样大大增强智能卡的灵活性。

总之,JAVA 卡的出现统一了智能卡的编程接口(API)及编程语言(JAVA 语言),为智能卡的更大范围的使用提供了基础,真正使智能卡行业成为一个统一标准的产业。

### 9.2.3 可信服务平台——后台管理系统的发展趋势

经过十多年的建设和应用,城市公共交通一卡通已进入了快速发展的阶段。随着一卡通覆盖领域的逐步扩大和附加功能的不断完善,手机支付、互联网支付等新技术、新应用的兴起,出现了一卡通的充值和消费与移动终端和互联网支付相互融合,现行的城市公共交通一卡通后台管理系统越来越不能满足当今一卡通跨行业多领域应用的趋势。

可信服务管理平台(Trusted Service Manager,简称 TSM)是一个兼具公信力和开放性等特点,提供应用发行管理和安全模块管理等功能的系统,如图 9-3 所示。一卡通 TSM 是基于“一卡多用”技术建立的一套完整的“空中发卡”和应用管理体系。通过 TSM 平台,发卡机构可安全、高效地将多张金融智能卡信息集中在手机或 IC 卡上,既方便用户携带、使用,又便于自身发卡和管理。

可信服务管理平台的运营机构除负责运营 TSM 和提供基本功能服务外,还负责标准制定、市场拓展、机构间关系协调和其他延伸服务。

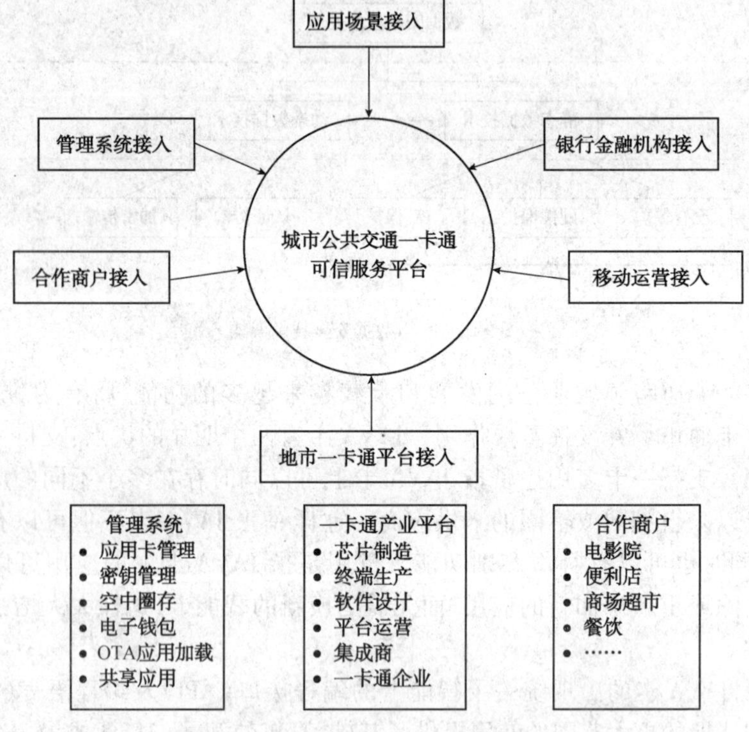


图 9-3　城市公共交通一卡通可信服务平台

### 9.2.4　城市公共交通一卡通电子票证

社会大众在享受城际间公共交通一卡通所带来便利的同时,对于城际间的一卡通行也提出了更高的要求。为此,一卡通运营公司考虑其未来服务形态中引入了道路客运电子票证服务,为一卡通持卡人提供涵盖公交地铁、城际交通等与跨区域出行相关的电子票证服务。

电子票证在本质上是用信息化手段解决日常生活中各种票证的产生、推送、保存、使用之类的问题。如公路客票则是目前纸质票证典型的代表,亟待改革。目前国内很多省已经实现了公路客运的联网售票,极大地方便了广大旅客的出行。若能借助电子票证,可望进一步提高联网售票的效率,比如无需再到车站换票、退票、改签等一系列繁琐手续。为了更快更有效地落实电子票证使用,可以考虑设计并实现与公路客运联网售票相关的电子票证业务模式,建成一个可以实际运行的城市公共交通一卡通电子票证系统(图9-4)。该系统包括购票、退票、改票、查询等各种业务功能中各方的参与方式,还包括各业务在税务方面的处理方式等。该系统在规划时就应该考虑性能、安全性、可靠性,以便能够顺利扩展到将来的正式系统。

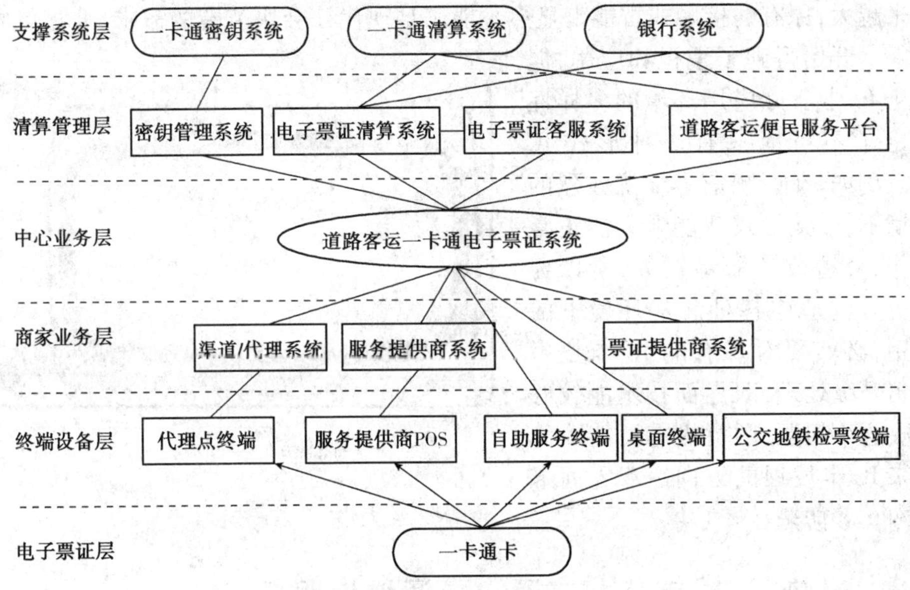


图9-4 道路客运一卡通电子票证系统框架

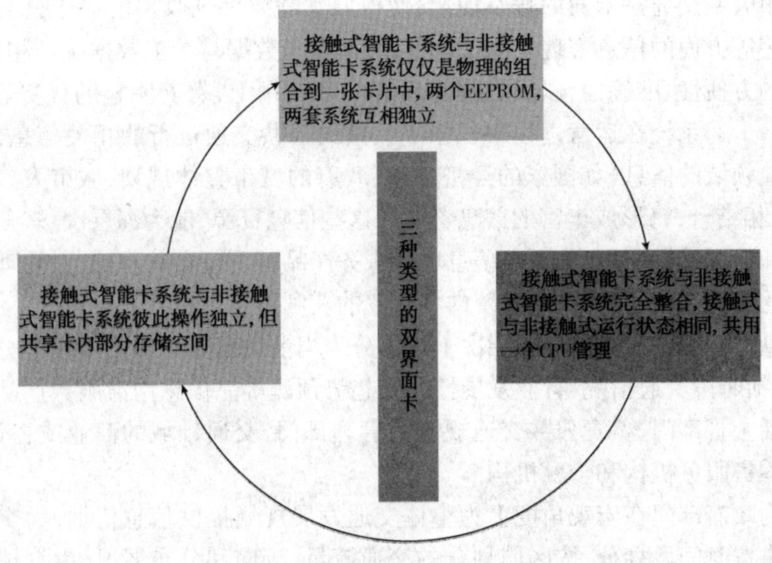


图9-5 双界面卡的三种类型

### 9.2.5 双界面卡技术的发展

随着经济和技术的飞速发展,城市之间的经济、信息交流越发频繁,信息量越来越大,原有的接触式智能卡显然不能满足现代社会快节奏的需求,非接触式智能卡开始得到了重视和应用,但由于IC卡实际应用环境的多样性决定了不可能只有一种形式IC卡。例如,在射频信号干扰强烈的环境下,非接触式智能卡无法正常工作,会造成读取错误等,所以为了更好的适应各种恶劣环境下的应用,必然要对现有的IC卡技术做出升级处理,双界面技术能较好解决这个问题,因此极有可能成为未来IC卡发展的方向。双界面卡如图9-6所示。

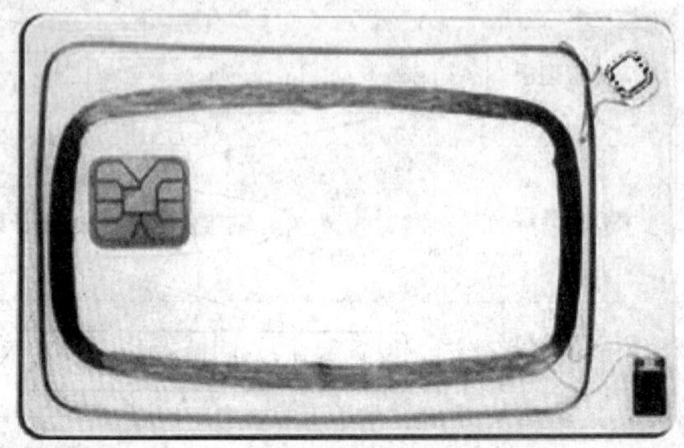

图9-6 双界面卡

## 9.3 趋势三:城市公共交通一卡通增值服务

城市公共交通一卡通的普及使用,使得原来需要手工收集的关于公共交通管理或使用等方面的信息实现了电子化存储,而电子数据与手工数据统计相比,在数据采集的方便性、准确性,以及数据深度开发和利用上,有着明显的优势。城市公共交通一卡通系统在运营过程中积累了大量的公共交通运行的相关信息,这些信息与其他领域的信息(如国家的经济政策、政府的城市整体规划、城市人口的统计信息等)相结合,将形成丰富的信息资源。这些信息资源,能为深层次、多角度的数据分析和数据挖掘所用,为开发信息增值服务产品打下坚实的基础,对管理决策起到辅助的支持作用,提高交通系统内各行业的获利能力[18]。

信息增值服务产品从分析层次上可以分为当前情况分析和发展趋势分析两个部分,包括时段交通情况、行业发展情况和趋势预测等。信息增值服务产品的服务对象包括主管部门、负责公共交通规划的管理部门、交通领域的商业或咨询机构、相关的零售服务机构和金融机构。

它为政府部门在宏观角度上为整体交通发展规划提供信息依据,为交通管理部门提供按时间段划分、按区域划分的交通流量、流向和分布情况,为管理部门了解和调整交通工具和线路设置,进行公共交通的规划提供信息依据。例如当交通管理部门需要增加新的交通线路或者工具时,利用公共交通一卡通系统的历史数据,就可以对这条线路或者交通工具未来的使用情况、投资回报等信息做出分析,比较采用不同的交通工具优势和缺点,辅助做出决策。还可根据不同城市的公交政策,针对特殊人群出行的数量进行财政补贴。只有政府部门通过IC卡数据的汇总分析,才能较好地保证公交财政补贴政策的科学性和合理性;还有,通过IC卡数据可以大致计算出公交油耗量,为公交油耗补贴提供合理的依据。同时,交通领域内的其他商业机构也可以从面向他们的需求的数据分析结果寻找商业机会。

## 9.3.1 IC公交数据分析及其增值应用

通过刷卡终端与调度终端的改造以及客流视频检测设备的布设获取实时公交客流数据及运营数据,分析不同时空尺度下公共交通一卡通海量消费数据所蕴藏的消费行为、特征及规律,研究反映公交客流总体状况、特点的评价指标体系,建立公交运行趋势时空演化规律的评估模型,构建公交客流采集与运行态势动态评估系统,实现客流规律分析及运营里程的审核和分析,以及时掌握公交客流规律,合理调配高峰运力和安排日常发班运营,同时为政府部门制定工作方案和实施效果评价提供决策支持。

(1)公交客流数据实时采集:进行公交客流数据采集,建立公交客流数据库,并实现公交客流数据在行业主管部门、各公交企业的高度共享。

(2)建立公交客流共享数据库:对采集到的数据进行清洗、处理分析后,将结果数据入库,行业主管部门和各公交企业可登录系统查询任意时段、任意维度的公交客流数据。其中公交企业不可查询其他企业细颗粒度的公交客流数据。

(3)公交客流规律分析:对公交客流进行多维度的分析,按企业、线路组合、道路、站点等进行周规律、日规律分析以及多日对比分析等,为公交企业及行业主管部门提供现代化、精细化的管理手段和辅助决策支持。

(4)公交里程审核监管:建立公交里程的统计、检索、申诉和审核的在线管理流程,统一公交线路站点里程管理,为监管提供丰富的数据支持。

## 9.3.2 一卡通商家会员数据管理

通过研究建立商户和公众互动沟通的开放系统,建立离线消费匿名会员向互联网记名会员分级、分类开发和转化机制,实现商家会员管理、商家优惠券、商家积分、商家营销、品牌传播、会员消费智能分析和会员诚信度管理等功能,从而使得每个商家账户可以拥有属于其集合的会员信息,同时每个持卡会员可以选择成为多个商家账户的会员,建立一卡通统一的增值服务,提供和需求对接沟通的开放通道。图9-7示出一卡通会员增值服务管理系统。

通过这种一卡通商家会员数据的集中管理与价值挖掘,可以为商家提供更有价值的消费数据,利用大量数据进行商品与消费金额关联度分析,进一步掌握客户的消费习惯,为商家的精准营销提供合理化的建议。同时,通过数据的分析,也有利于商家为持卡用户提供更有针对性的服务,提升用户消费体验,满足用户的消费需求。

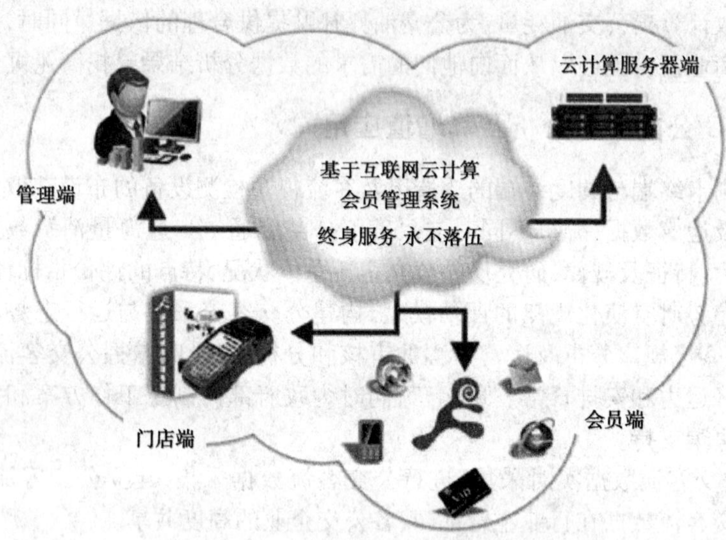


图 9-7 一卡通会员增值服务管理系统

## 9.4 趋势四:城市公共交通一卡通文化产业

文化产业是以发挥人的设计能力和创造性思维作为主要生产要素的产业,它把企业的产品与企业文化内涵结合并提升至重要的地位。文化产业是一个充满活力并具有巨大发展潜力的产业群,包括了产品设计、主题活动、文化演出、电影娱乐等各个文化消费热点。文化产业的发展,不仅能促进经济的持续快速发展,为人们创造更多的精神财富和参与的机会,还能在丰富物质生活的同时,更让人们享受文化产品给自己带来精神上的满足感,促进社会文化多元化的发展。[84]

文化产品是将地域的文化资源和人们的精神观念通过现代科学技术和传播媒体充分融合并体现出来而形成的产品,能起到凝聚共识、价值导向、身份认同等内在作用,不仅激发市民的创新性和想像力,而且能提升城市的文化品味,展现城市的良好形象。

所谓一卡通文化产品,指的是一卡通文化发展过程中衍生出来的一系列有形或无形的产品;一般是依托一卡通本身的品牌影响力,通过品牌授权的方式进行周边商品的延伸开发出来的。这类文化产品蕴含固有文化特征，具备文化延伸，富有纪念价值。是在某种已有的品牌里，挖掘或者延伸文化意义，给人启发。所以，它承载着原有的文化现象，具有收藏价值，并能刺激市场需求，扩大企业品牌知名度。

1）文化产品展示

图9-8　企业文化符号（广州地铁）－吉祥物

（1）吉祥物

如图9-8所示，该吉祥物演绎了广州地铁的科技领先优势，以车头为模版，高科技的电子脸屏，动感俏皮的表情形态，营造悦动随行的乘坐体验；类似的吉祥物同样可以应用在城市一卡通的应用中，以体现一卡通互联互通的便捷支付、轻松出行的主题特色。

（2）纪念卡

为了纪念当年的重大事件或历史事件而推出的IC卡限量版，一般来说，这种产品存在一定的时间和产量限制，具有一定稀缺性和纪念性。由于这种纪念性，所以有一定的收藏价值，同时体现当地的特色文化，如图9-9、图9-10所示。

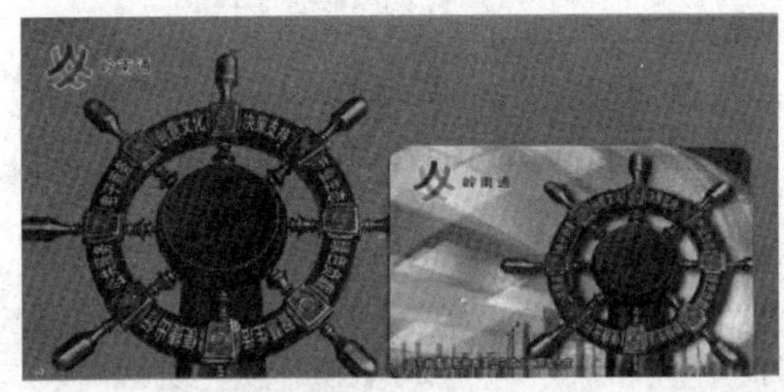

图9-9　周年纪念卡

图9-10　广州亚运纪念套卡

（3）异型卡

根据用户的使用习惯或个人性化方式定制而推出的异形IC卡（图9-11），一方面可作为交通卡功能使用，另一方面也可作为一种个人配饰，使得交通卡外形呈现多样化，避免单调呆板的设计，同时也可以体现文化特色，满足部分用户的使用要求。

2）一卡通文化产品发展的意义

一卡通文化产业是以一卡通支付功能为核心主体，生产和提供精神产品为主要活动，以满足人们的文化需要作为目标，对文化本身的创作与销售。当今时代，一卡通文化产业发展的一个重要方面就是将一卡通文化性、经济性的特点结合起来,并具备与此相适应的文化产业作为支撑,具有重大意义。

(1)发展一卡通文化创意产业,有利于提高一卡通企业的软实力。

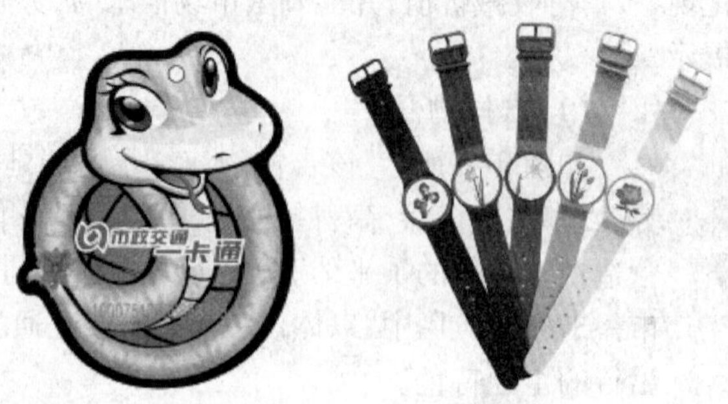


图 9-11　各式各样的异型卡片

(2)发展一卡通文化产业,有利于培养一卡通行业新的经济增长点,提升经济发展总量,创造更多的经济效益。

(3)发展一卡通文化产业,能够更好地满足人们的文化消费需求。

(4)发展文化创意产品,有利于保护和传承文化传统,提升企业品牌,从而推动一卡通产业升级。

## 9.5　趋势五:城市公共交通一卡通新型充付方式

城市公共交通一卡通的灵魂——方便快捷,也是一卡通人为之不懈努力的目标。随着互联网以及信息技术、通信技术的发展,一卡通为广大群众提供更加便利的充值及支付方式。

### 9.5.1　互联网充付发展趋势

互联网充付终端的发展成为了一卡通互联网在线支付的重要入口,通过使用城市一卡通公司发行的 IC 卡在网络上完成充值业务或者消费业务。此种在线一卡通支付方式将使持卡人足不出户即可完成一卡通卡的充值并完成各种网上小额支付,为持卡人节约大量时间和出行成本,并享受安全、快速、便捷的服务。

一卡通网上充付平台是一卡通行业在互联网电子商务发展成熟的环境下顺势推出的新的合作模式,这种模式如果能够得到推广应用的话,相当于将业务充值点分散转移到每个用户家中,实现持卡人足不出户即可完成 IC 卡充值过程,既可以解决目前网点分布不合理,网点建设成本较高,与商家结算不灵活的问题,也可大量节省使用者排队充值的麻烦。与网上充付相关联的消费行为同样可以成为充付系统的一项重要的关联业务。

### 9.5.2　移动支付新方向

所谓移动充付终端,是指能够辅助一卡通完成移动充付功能的设备,基本上指的是手机终端。移动充付一般包括了两种业务结合模式:一是与手机卡相互融合的一卡通,即手机一卡通,通过将手机卡账户钱包资金转移至IC卡账户内,随即完成一卡通内部资金更新;二是采用手机卡与IC卡账号绑定的方式,将手机卡内的资金通过空中移资的方式存至IC卡账户,IC卡需在查询终端上与系统交换最新账户数据,从而更新IC卡内的账户资金,达到移动充值的目的。

目前在我国,一卡通移动充付的领域和消费群体较窄,主要应用领域为商业应用,行业应用以及娱乐应用,针对的客户群体主要为商务客户、企业以及时尚的青年客户。所以,对于移动支付应用的发展来说,要培养用户的使用习惯、增加用户的可接受程度。而要做到这一点,则必须要为使用移动支付的用户提供更加简单、方便的支付环境和服务。所以,需要加强移动运营商、一卡通运营商、应用提供商、芯片、互联网、安全等多个领域的高度整合,采用合作方式来实现资源的共享,达到优势互补,更快更好地创建更优越的支付环境,从而促进整个产业链的成长。

# 附录A 术语说明

1. 城市公交一卡通/城市公共交通一卡通/城市一卡通/市政一卡通

以上四个名词是随着智能IC卡系统应用领域的扩大而随之改变的。最初,IC卡系统首先在公交上应用,实现了公共汽/电车电子支付,我们称之为“城市公交一卡通”;随着公交一卡通的发展,其应用领域慢慢扩展到出租汽车、地铁、轮渡、城轨等综合公共交通领域,“城市公交一卡通”就演变成了“城市公共交通一卡通”;随着近年来,城市公共交通一卡通的应用慢慢扩展到小额消费(如便利店、菜市场)、电子商务、水、电费缴费、市政管理等领域,“城市公共交通一卡通”就变成了“城市一卡通”或者“市政一卡通”。在本书中主要介绍智能IC卡系统在综合交通领域以及小额消费领域的应用。

2. 智能交通系统(Intelligent Transportation System)

智能交通系统就是将先进的信息技术、计算机技术、数据通信技术、传感器技术、电子控制技术、自动控制理论、运筹学、人工智能等有效的综合运用于交通运输、服务控制和车辆制造,加强了车辆、道路、使用者三者之间的联系,从而形成一种定时、准确、高效的综合运输系统。智能交通系统是以缓和道路堵塞和减少交通事故,提高交通利用者的方便、舒适为目的,利用交通信息系统、通讯网络、定位系统和智能化分析与选线的交通系统的总称。它通过传播实时的交通信息使出行者对即将面对的交通环境有足够的了解,并据此作出正确选择;通过消除道路堵塞等交通隐患,建设良好的交通管制系统,减轻对环 境的污染;通过对智能交叉路口和自动驾驶技术的开发,提高行车安全,减少行驶时间。

3. 物联网

物联网(The Internet of Things)是新一代信息技术的重要组成部分。物联网就是物物相连的互联网。这有两层意思:第一,物联网的核心和基础仍然是互联网,是在互联网基础上的延伸和扩展的网络;第二,其用户端延伸和扩展到了任何物品与物品之间,进行信息交换和通信。

4. 智慧城市

智慧城市是把新一代信息技术充分运用在城市的各行各业之中的基于知识社会下一代创新(创新2.0)的城市信息化高级形态。智慧城市基于物联网、云计算等新一代信息技术以及维基、社交网络、Fab Lab、Living Lab、综合集成法等工具和方法的应用,营造有利于创新涌现的生态,实现全面透彻的感知、宽带泛在的互联、智能融合的应用以及以用户创新、开放创新、大众创新、协同创新为特征的可持续创新。

21世纪的"智慧城市"能够充分运用信息和通信技术手段感测、分析、整合城市运行核心系统的各项关键信息，从而对于包括民生、环保、公共安全、城市服务、工商业活动在内的各种需求做出智能的响应，为人类创造更美好的城市生活。

5. 数字城市

"数字城市(Digital City)"以计算机技术、多媒体技术和大规模存储技术为基础，以宽带网络为纽带，运用遥感、全球定位系统、地理信息系统、遥测、仿真—虚拟等技术，对城市进行多分辨率、多尺度、多时空和多种类的三维描述，即利用信息技术手段把城市的过去、现状和未来的全部内容在网络上进行数字化虚拟实现。

6. 电子钱包

一种方便持卡人进行小额消费而设计的IC卡应用，它支持充值、消费等交易。

7. 电子票证

使用射频识别标签实现非现金结算，解决现金交易既不方便也不安全的问题。同时，射频识别标签可以用作各种票证以及人员管理等，达到方便、快捷。如奥运会门票和世博会门票等。

8. 可信服务管理平台(Trusted Service Manager)

可信服务管理平台是一个专门提供移动支付应用程序下载的共享平台，其功能类似苹果、安卓手机上的应用商店，这个平台提供了各式各样的移动支付应用服务，例如银行、公交等应用，移动支付手机可以透过空中下载技术，将可信服务管理平台上的服务下载到手机的安全模块(卡片)模块中，从而用户在安全模块(卡片)上安装多个应用，例如银行卡、公交卡、会员卡、积分卡等。

9. 接口(Interface)

接口泛指实体把自己提供给外界的一种抽象化物(可以为另一实体)，用以由内部操作分离出外部沟通方法，使其能被修改内部而不影响外界其他实体与其交互的方式，就如面向对象程序设计提供的多重抽象化。接口可能也提供某种意义上的不同语言的实体之间的翻译，诸如人类与电脑之间。因为接口是一种间接手段，所以相比起直接沟通，会引致些额外负担。

人类与电脑等信息机器或人类与程序之间的接口称为用户界面。电脑等信息机器硬件组件间的接口叫硬件接口。电脑等信息机器软件组件间的接口叫软件接口。

10. IC卡读写器(IC Card Reader)

安装非现金支付系统中的IC卡读写终端内安装的读写设备，是与IC卡进行交互的主要模块

11. 机具

本书中机具指各类用于消费或者充值的IC卡系统终端。

12. 车载终端(Terminal)

安装在城市公共交通车辆上用于IC卡刷卡的终端机具，硬件由IC卡读写器、显示模块、语音模块等多种功能模块构成，可以用来实现IC卡查询、消费等功能。

13. POS机

POS(Pointofsales)的中文意思是“销售点”，全称为销售点情报管理系统，是一种配有条码或OCR码(Opticalcharacterrecognition光字符码)终端阅读器，有现金或易货额度出纳功能

14. 咪表

咪表一词源于香港，即电子计时表，可分为电子泊车咪表和凭票泊车咪表。所谓“咪表”泊车管理，就是采取国际通行的“咪表”计时刷卡收费的方式，提示车主在占用道路停放车辆时，应有时间观念和缴费意识，以减少机动车对道路的占用时间和空间，提高道路的通行功能。

15. IC卡(Integrated Circuit Card)

IC卡是指集成电路卡，内部封装一个或多个集成电路用于执行处理和存储功能，根据卡与外界数据交换的界面不同划分为接触式IC卡和非接触式IC卡。

16. 非接触式IC卡(Contactless IC Card)

无触点的集成电路卡

17. 接触式IC卡(Contact IC Card)

带触点的集成电路卡

18. 双界面卡

集接触式与非接触式接口为一体的智能卡，它有两个操作界面，对芯片的访问，可以通过接触方式的触点，也可以通过相隔一定距离，以射频方式来访问芯片。

19. 安全访问模块(SAM)

IC卡读写器中负责安全控制管理的模块。SAM的类型依赖于IC卡读写器的交易类型，如用于支持消费交易的SAM称为PSAM，用于支持充值交易的SAM称为ISAM。

20. CPU卡(CPU Card)

含有中央处理单元(CPU)的IC卡，按通讯界面分为接触式CPU卡、非接触式CPU卡和双界面CPU卡，按使用功能可分为用户卡、PSAM卡、ISAM卡等，在本书中如无其他说明特指用户卡。

21. CPU用户卡(CPU Subscriber Card)

由地区公共交通系统主管部门或委托单位发行、普通用户持有，用于公共交

通、小额消费等领域非现金支付系统的卡片。

22. PSAM 卡(PSAM Card)

存放消费安全控制密钥并具有计算功能的特殊接触式 CPU 卡。此卡放置在车载终端设备中,用于完成消费过程中用户卡和 IC 卡读写终端之间的安全认证功能。

23. ISAM 卡(ISAM Card)

存放充值安全控制密钥并具有计算功能的特殊接触式 CPU 卡。此卡放置在充值终端设备中,用于完成充值过程中用户卡和 IC 卡读写终端之间的安全认证功能。

24. PKI 卡

PKI(Public Key Infrastructure)是一种遵循标准的利用公钥加密技术为电子商务的开展提供一套安全基础平台的技术和规范。

25. TM 卡

TM (Touch Memory)卡是美国 DALLAS 公司的专利产品(如今已非达拉斯独有了,国内的 LIY 等品牌正不断崛起),它采用单线协议通讯,通过瞬间碰触完成数据读写,既具有非接触式 IC 卡的易操作性,又具有接触式 IC 卡的廉价性,是当前性价比最优秀的 IC 卡之一。TM 卡集成电路芯片密封在不锈钢壳中,防水、防震、防腐,坚固耐用,无需布线且 TM 卡是无源器件,靠读写设备供电读取信息。

26. SIM 卡

SIM 卡(Subscriber Identity Module 客户识别模块)也称为智能卡、用户身份识别卡,GSM 数字移动电话机必须装上此卡方能使用。它在一电脑芯片上存储了数字移动电话客户的信息,加密的密钥以及用户的电话簿等内容,可供 GSM 网络客户身份进行鉴别,并对客户通话时的语音信息进行加密。

27. 活跃卡

在一定时期内被使用次数超过一定数量时,则可称为活跃卡,反之称为休眠卡或僵尸卡。

28. TYPE A

TYPE A 型卡在读写机上向卡传送信号时,是通过 13.56MHz 的射频载波传送信号。采用方案为同步、改进的 Miller 编码方式,通过 100% ASK 传送,这是一种间断是调制方式,即当表示信息“1”时,有信号传到卡,当表示信息“0”时没有信号传到卡,间隔相当短不影响卡正常工作。

29. TYPE B

TYPE B 型卡采用的是异步、NRZ 编码方式,通过用 10% ASK 传送;在卡向读写机具传送信号时,则是采用的 BPSK 编码进行调制。即信息“1”和信息“0”的区别在于信息“1”的信号幅度大,即信号强,信息“0”的信号幅度小,即信号弱。

30. 圈存

圈存即是将消费者平时从银行户头中提领现金放在口袋里进行消费付款的方式变成将消费者银行户头中的钱直接圈存(存入)电子钱包(IC卡)。

31. 圈提

通过圈提交易,持卡人可以把电子钱包中的部分或全部资金划回到其在银行的相应账户上。

32. 命令(Command)

终端向IC卡发出的一条信息,该信息启动一个操作或请求一个应答。

33. 响应(Response)

IC卡处理完成收到的命令报文后,回送给终端的报文。

34. 报文(Message)

由终端向卡或卡向终端发出的,不含传输控制字符的字节串。

35. 报文鉴别代码(Message Authentication Code)

对业务数据及其相关参数进行运算后产生的代码。主要用于验证报文的完整性。

36. 密钥(Key)

控制加密转换操作的符号序列。

37. 私钥(Private Key)

一个实体的非对称密钥对中含有的供实体自身使用的密钥,在数字签名方案中,私钥用于签名。

38. 公钥(Public Key)

在一个实体使用的非对称密钥对中可以公开的密钥。在数字签名方案中,公钥用于验证。

39. 加密算法(Cryptographic Algorithm)

为了隐藏或揭露信息内容而变换数据的算法。

40. 非对称加密技术(Asymmetric Cryptographic Technique)

采用两种相关变换进行加密的技术,一种是公开变换(由公钥定义);另一种是私有变换(由私钥定义)。这两种变换具有以下属性,即私有变换不能通过给定的公开变换导出。

41. 对称加密技术(Symmetric Cryptographic Technique)

发送方和接收方使用相同保密密钥进行数据变换的加密技术。在不掌握保密密钥的情况下,不可能推导出发送方或接收方的数据变换。

42. VISA

VISA 又译为维萨、维信，是一个信用卡品牌，由位于美国加利福尼亚州圣弗朗西斯科市的 Visa 国际组织负责经营和管理。VISA 卡于 1976 年开始发行，它的前身是由美洲银行所发行的 Bank America。当地时间 2012 年 8 月 31 日，世界贸易组织(WTO)发布信息，中国放弃就 WTO 银联案上诉，VISA 将获准在中国国内发卡。

43. MasterCard

万事达卡(MasterCard)(纽约证券交易所股票交易代码：MA)成立于 1966 年，全球总部设在美国东部的纽约。作为全球领先的支付公司，万事达卡致力于提供全球消费者一个更便利与更有效率的金融支付环境。透过针对支付行业的支付加盟、处理中心及顾问服务，万事达卡为全球金融机构、政府、企业、商户和持卡人提供领导全球性的商务链接。借助旗下的 MasterCard ®、Maestro ®、Cirrus ® 品牌和作为核心产品的信用卡、借记卡和预付卡，以及创新多功能性平台。

44. EuroPay

Europay，即欧陆卡，是国际三大银行卡组织之一，现已被万事达收购。

45. 数据完整性(Data Integrity)

数据不受未经许可的方法变更或破坏的属性。

46. 物理卡号

将 IC 卡初始化 REQB/WUPB 指令返回的 ATQB 中的 4 字节 PUPI，称为物理卡号。

47. 厂商标识

厂商标识是指由交通运输部统一向各 IC 卡厂商分配的唯一标识，长度为 1 个字节。

48. 黑名单(Lawless List)

由于结算、对账不符、非法交易、非法卡交易等产生的非法列表清单。

# 附录B 缩 略 语

| 缩略语 | 英文全称 | 中文 |
| --- | --- | --- |
| ADF | Application Definition File | 应用数据文件 |
| AFC | Auto Fare Collection | 自动售检票系统 |
| AID | Application Identifier | 应用标识符 |
| API | Application Programming Interface | 应用程序编程接口 |
| ATM | Automatic Teller Machine | 自动取款机 |
| COS | Card Operation System | 卡片操作系统 |
| DDN | Digital Data Network | 数字数据网络/专线上网方式 |
| FTP | File Transfer Protocol | 文件传输协议 |
| IC | Integrated Circuit | 集成电路 |
| IEC | International Electrotechnical Commission | 国际电工委员会 |
| I/O | Input/Output | 计算机接口/输入输出端口 |
| ISO | International Organization for Standardization | 国际标准化组织 |
| ISAM | Input Secure Access Module | 充值安全存取模块 |
| KMS | Key Management System | 密钥管理系统 |
| MAC | Message Authentication Code | 报文鉴别代码 |
| MF | Master File | 主控文件 |
| PBOC | The People's Bank of China | 中国人民银行 |
| PIN | Personal Identification Number | SIM 卡的个人识别密码 |
| PKI | Public Key Infrastructure | 公钥基础设施 |
| PSAM | Purchase Secure Access Module | 消费安全存取模块 |
| TAC | Transaction Authorization Code | 交易验证码 |
| TCP/IP | Transmission Control Protocol/Internet Protocol | 传输控制协议/因特网互联协议 |
| RFC | Radio Frequency Card | 射频卡 |
| RFID | Radio Frequency Identification | 射频识别 |
| UPS | Uninterruptible Power System | 不间断电源 |
| VLAN | Virtual Local Area Network | 虚拟局域网 |
| VPN | Virtual Private Network | 虚拟专用网 |

# 附录 C　IC 卡相关标准

1. GB 50918—2013《城镇建设智能卡系统工程技术规范》

2. GB/T 16649.12—2010《识别卡集成电路卡第 12 部分》

3. ISO7816 -1 接触式 IC 卡物理特性

4. ISO7816 -2 接触式 IC 卡的触点尺寸和位置

5. ISO7816 -4 行业间交换用命令

6. ISO/IEC 7816 非接触式 IC 卡国际标准

7. ISO/IEC 10536 电信号和传输协议

8. ISO/IEC 14443 行业间交换用命令

9. ISO/IEC 15693 应用标识符号系统

10. ISO/IEC 7816 -3:1989《识别卡带触点的集成电路卡第 3 部分:电信号和传输协议》

11. ISO/IEC 7816 -4:1995《识别卡带触点的集成电路卡第 4 部分:行业间交换用指令》

12. ISO/IEC 7816 -5:1987《识别卡带触点的集成电路卡第 5 部分:应用标识符的编号体系和注册程序》

13. ISO/IEC 10536 -1:1992《识别卡无触点的集成电路卡第 1 部分:物理特性》

14. ISO/IEC 10536 -2:1995《识别卡无触点的集成电路卡第 2 部分:耦合区的尺寸和位置》

15. ISO/IEC 10536 -3:1996《识别卡无触点的集成电路卡第 3 部分:电信号和复位规程》

16. IEC 10536 -4:1996《识别卡无触点的集成电路卡第 4 部分:互操作规程》

17. IEC 11693:1994《识别卡光存储卡第 1 部分:一般特性》

18. IEC 11694 -1:1994《识别卡光存储卡线性记录方式第 1 部分:物理特性》

19. ISO/IEC 11694 -2:1994《识别卡光存储卡线性记录方式第 2 部分:可访问光区的尺寸和位置》

20. ISO/IEC 11694 -3:1994《识别卡光存储卡线性记录方式第 3 部分:光学性能和特性》

21. PBOC2.0《中国金融集成电路(IC)卡规范 2.0 版》

# 参考文献


[1] 百度百科.公共运输系统[DB/OL]. http://baike. baidu. com/link? url = wQv5ibDRw4T6u6fcLHxQqYU3kHpndabGRFiMPnyC0S83CFl94gdbwPd6Kp7Z8jJ9hAcEmr3vXIAzOn9gmxfABK.

[2] 刘宁.城市公共交通 IC 卡跨行业跨地区应用的模式研究[D].北京:中国科学技术信息研究所,2006.

[3] 谢振东.城市公共交通一卡通的发展与展望[DB/OL]. http://wenku. baidu. com/link? url = IsdGHqpHBkBgwahMu3nPndpk01v5 _ cUqXZu94XwVq6ZS5KdMQK1IEwV - cHycCkDr7cDb8SBDnn9ailiUzWZMf6DCsQj5JDJhr5nhe_BKsy_.

[4] 谢振东,谭丹丹.粤港澳公共交通一卡通发展展望[J],物联网·智慧城市,2011.

[5] 广东岭南通股份有限公司.珠三角区域城市公共交通一卡通项目(一期)[DB/OL]. http://jtkj. gdcd. gov. cn/net/projectprocess/detail. action? projectprocessId = 12626856433626544&mainType = 12.

[6] 深圳市现代计算机有限公司.城市公共交通"一卡通"系统[EB/OL]. http://solution. yktchina. com/2006 - 12/200612121111532724. html.

[7] 陆毅.关于城市公共交通信息化建设的思考[J].江苏交通科技,2011,(3).

[8] 佚名.研究:北京市政交通一卡通的应用情况[EB/OL]. http://info. secu. hc360. com/2009/03/311412153807. shtml.

[9] 佚名. 2010 年上半年一卡通市场现状与发展报告[DB/OL]. http://wenku. baidu. com/view/936e651e650e52ea5518982a. html.

[10] 解敏.体制、机制、票制"三制"全面改革[EB/OL]. http://sh. eastday. com/qtmt/20081029/u1a492591. html.

[11] 360 个人图书馆.广州公交月票[EB/OL]. http://news. dayoo. com/history/201007/19/88667_13335851. htm.

[12] 新华网.北京公交地铁月票历史[DB/OL]. http://news. qq. com/a/20071101/002321. htm.

[13] 百度文库.公交车发展历史[DB/OL]. http://wenku. baidu. com/view/e5c7776c7e21af45b307a881. html.

[14] 张奎福. IC 卡在城市公共交通的应用与展望[EB/OL]. http://www. chinahighway. com/news/2003/32873. php.

[15] 中国行业咨询网.智能一卡通行业产业链及技术发展情况研究分析[DB/OL]. http://www. china - consulting. cn/article/html/2011/1129/367434. php.

[16] 百度文库.一卡通应用系统行业现状分析[DB/OL]. http://wenku. baidu.

com/link? url = OPEDu7RaY2xcPSlB8GpLb5J86E1M - 7jgLNIHLC2AjGfwvXjUWEfVxd189ufahcnWEGgUoH3SBsAop8a3hCyH_O6ZX_rlzqIeQnu0UhtInge.

[17] 柴洪峰. 关于我国金融 IC 卡标准推进的思考与探索[J]. 金融电子化,2003,(12).

[18] 交通运输部公路科学研究院. 交通运输行业标准《公交 IC 卡技术要求》编制说明[DB/OL]. http://www.rioh.cn/newsfile.

[19] 高雪峰,徐亦书. 论城市公共交通一卡通系统应用发展趋势[EB/OL]. http://tech.yktchina.com/2006-12/200612121123228549.html.

[20] 深圳市超伦飞智能科技有限公司. 公共交通一卡通管理系统[EB/OL]. http://www.szchaolun.com/news/588.html.

[21] 北京金木雨电子有限公司. 智能卡生产发行过程[EB/OL]. http://www.jinmuyu.com.cn/news/79.html.

[22] 王正阳. IC 卡应用中密钥管理机制的设计与实现[J]. 计算机安全,2012,(01).

[23] 住房和城乡建设部 IC 卡应用服务中心. 探讨城市一卡通在线支付[EB/OL]. http://tech.rfidworld.com.cn/2010_07/40cc7ca119ed6578.html.

[24] 广州市科启奥科技有限公司. 一卡通门禁、消费及节水管理系统解决方案[DB/OL]. http://www.docin.com/p-49522447.html.

[25] 南昌铭亚科技发展有限公司. 校园、企业一卡通 IC 卡(消费)管理系统方案书[DB/OL]. http://wenku.baidu.com/link? url = yxeLHBOckMZIwveib7n03U72y - dLLL6RXRRzyxjI7 - GTsIIqyasy5pYNvwQX46H6mdxW9sA_lQE8cq - BktLsqq9znht_umrYFzQCFX_j4Ia.

[26] 王众托. 系统工程[M]. 北京:北京大学出版社,2010.

[27] 百度文库. GL 市"一卡通"系统总体设计方案建议书[DB/OL]. http://wenku.baidu.com/link? url = qliLCFw_5P - 9_GQnS_TfLakWM2VQeBNfnH - FPyME6qAJcUD5EPLBpEHzefapye9IhG1eQoJIu0cFBBQ5oDEuHIp7IT - fYCfkM3FX5nTiBae.

[28] 佚名. 浅谈城市一卡通的发卡与密钥管理[EB/OL]. http://tech.yktchina.com/2012-10/511f1f67251644c6b7381230809dd538.html.

[29] 百度文库. 密钥[DB/OL]. http://baike.baidu.com/link? url = yx0w XP - Om0eqLTEvl_HJsf0ccK3_NDKoE5TimdEP8mikQnprxP5waZPGZ3Kywd1j.

[30] 中华人民共和国行业标准. CJ/T 166—2006 建设事业集成电路(IC)卡应用技术[S].

[31] 郑州新开普电子股份有限公司. 城市一卡通解决方案[DB/OL]. http://wen-

ku. baidu. com/link? url = 9xRb0lLPP3m9wKzO - AUa7q9tfUps G1hF8uI WgLiGbC1NNjoOfqusj2fWpWrXpgR5Gk1gFy _ a1vJtoqy1NOJSR5VC9 _ KipT-ZA75H366S8 - tG.

[32] 百度文库. IC 卡的产生和发展及国内外目前的应用状况(图)[DB/OL]. 95EaE7yHjA02XrbRP2VEEt96naYI4n9zPnyNiWZP9rryYKYCgQ _ YLNTJAiV1tR98WkrW.

[33] 百度文库. IC 卡应用(完整版)[DB/OL]. 7xhWbICo942ZqduGIxI3vwp DM-Noflp5k _ 2NWiQ2reyGLZ2V _ k8xhcI8A7nrBGQmWdKO _ FROLbQaiHlALkb-WohyoLr5jGmHjJz1CmsEDq.

[34] 百度文库. IC 卡行业应用分析[DB/OL]. http://wenku. baidu. com/link? url = EZ4J - Wv93wX61dPkQCSh4AVdpAFMlz4ER68hkZZLe TRuQ3mMB9Y7 Fx-NXcALUmKskb7DpObpgbhE2RUjBRTBztifvmlhfB75YROPlpb3B5RC.

[35] 杨振野. IC 卡技术及其应用[M]. 北京:科学出版社,2006.

[36] 百度文库. 智能卡[DB/OL]. http://wenku. baidu. com/view/9a9dfac66137ee06eff91897. html.

[37] 刘守义. 智能卡技术[M]. 西安:西安电子科技大学出版社,2004.

[38] 闵昊. 智能卡领域的一大技术进步——双界面卡[J]. 安防科技 ,2003,(6).

[39] 李彦超,吕丽民,胡新建. Java 卡关键技术的研究及实现[J]. 计算机应用,2006,(3).

[40] 中国一卡通网. Java 卡概述[DB/OL]. http://tech. yktchina. com/2006 - 11/2006112017067637. html.

[41] 卡市场信息网. 中国 IC 卡应用的现状及发展趋势[DB/OL]. http://www. smartcard. org. cn/date1/page1000. html.

[42] 龙杰科技. IC 卡读写器[DB/OL]. http://wenku. baidu. com/link? url = FUl0SyJAY_K7TYVLSXWMlnMrDN0SUcfXYUc_m3 - A_c7dmXnciX0UxF448 A_VoVT64H_qMOV7nywAodbkBpR4qSuf0 - VmWoRVE_ywPEKyqn_.

[43] 杨柳. 浅析 RFID 技术及其应用发展[EB/OL]. http://tech. rfidworld. com. cn/2009_7/20097231456556701. html.

[44] 百度文库. 公交 IC 卡射频识别技术原理[DB/OL]. http://wenku. baidu. com/view/0fceee80680203d8ce2f2437. html.

[45] 赵军辉. 射频技术与应用[M]. 北京:机械工业出版社,2008.

[46] 中华人民共和国行业标准 . CJ/T 166—2006 建设事业集成电路(IC)卡应用技术[S].

[47] 百度百科. 巡更系统[DB/OL]. http://baike. baidu. com/link? url =

8vAIDDBYxAYBCtOHalVz_emsALRBhvsHEr_jOZXztdtV4IjYM6aD_pdWPB6H_GeTKl2LwrSgzF - LmdAPYJa9q.

[48] 吴美娥.对公交IC卡处理分析及应用的探索[D].北京:北京交通大学,2010.

[49] 唐勇,李庆.Wi - Fi在公交收费系统数据采集中的应用[EB/OL].http://smartcard.org.cn/date1/page8962.html.

[50] 杨盛华.基于现代信息技术的公交客流数据采集方法及应用研究[D].长春:吉林大学,2009.

[51] 戴霄,陈学武,李文勇.公交IC卡信息处理的数据挖掘技术研究[J].交通与计算机,2006,(01).

[52] 陈学武,戴霄,陈茜.公交IC卡信息采集、分析与应用研究[J].土木工程学报,2004,(02).

[53] 戴霄.基于公交IC信息的公交数据分析方法研究[D].南京:东南大学,2006.

[54] 张横云,曹学民.城市一卡通系统安全体系设计与实现[J].中国西部科技,2008,7(15):21 - 23.

[55] 黄先刚.城市公交IC卡收费系统的安全保障体系[J].计算机应用,2003,(S1).

[56] 张横云,曹学民.城市一卡通系统安全体系设计与实现[EB/OL].http://tech.yktchina.com/2008_12/20081231150 2018151.html.

[57] 吴晟.IC卡及卡的安全技术[J].昆明理工大学学报,1997(03).

[58] 百度文库.智能卡的攻击技术分析及安全设计策略[DB/OL].http://wenku.baidu.com/view/051b16370b4c2e3f57276303.html.

[59] 岳佩,孙冬梅,张大伟.智能卡数据交互安全性的研究[EB/OL].http://tech.yktchina.com/2009 - 12/7e821ba887a74219916825989ef62c2b.html.

[60] 余小高.IC卡网络安全认证研究[J].武汉理工大学学报(信息与管理工程版,2003,(02):24 - 27.

[61] 方秋水,杨敬锋,李勇,常振廷.在线导航模式随机参数插入加密算法应用研究[J].交通信息与安全,2013(4).

[62] 王海洋,章云,谢振东.非接触式IC卡读写器程序安全认证的方法及研究[J].电子技术与软件工程,2013(17).

[63] 易智君,方秋水,杨敬锋.关于城市道路交通管理限速的初探[J].交通与运输(学术版),2013(01).

[64] 何大可,李晓航.饶伟.多功能IC卡系统设计与系统安全性[J].计算机应用,

1999,(09).

[65] 物联网世界.智能卡安全机制、攻击方法及防范策略[EB/OL]. http://www.iotworld.com.cn/html/ImportLib/201201/c69be874e30e73ad.shtml.

[66] 罗洪元.从信息安全等级保护谈IC卡数据安全防护[J].信息网络安全,2009,(06).

[67] 语馨.CPU卡及认证方法[EB/OL]. http://tech.yktchina.com/2008_4/200804290912552462.html.

[68] 郑州新开普电子技术有限公司.校园一卡通系统简介[EB/OL]. http://solution.rfidworld.com.cn/2007_8/20078141034239882.html.

[69] 百度文库.企业园区一卡通系统技术方案

[70] 谢振东,方秋水,常振廷,谭丹丹.广东省公共交通一卡通发展政策研究[J].金卡工程,2012(12).

[71] 方秋水,谢振东,常振廷.广东省交通一卡通互联互通发展模式解析[C],中国安徽合肥:中国智能交通协会,2013.

[72] 百度文库.企业园区一卡通方案[DB/OL]. http://wenku.baidu.com/link? url = GZla4Gh _ vVn4rFve9ROqHXzialeysjn5qgEcDPo8iW1ls8KXrnMosMk3 E-5kCkgEj_CZewQCfa98m8aSMgXI37izxLYfJ1I4kgjdNq0apQFe.

[73] 百度文库.数字社区一卡通解决方案[DB/OL]. http://wenku.baidu.com/link? url = AHdls5Q3R9ICV5AB8Nm9ZF7ww1Hiu - 03t9BAqev0rnMI068r Uzx-bMR43PEM4PfJf42EA03RsDyc9aybO8M5H9wtSkjIAGyexgtVqqFcO1OG.

[74] 新华网发展论坛.何为文化产业[EB/OL]. http://forum.home.news.cn/thread/129711867/1.html.

[75] 刘月轩,王振宇.中国创意产业发展策略研究[J].特区经济,2012,(05).

[76] 中央政府门户网站.国务院关于城市优先发展公共交通的指导意见(国发〔2012〕64号)[EB/OL]. http://www.gov.cn/zwgk/2013 - 01/05/content_2304962.htm.

[77] 新华财经网.交通运输部出台政策支持公交都市创建[EB/OL]. http://news.xinhuanet.com/city/2013 - 07/26/c_125070456.htm.

[78] 佚名.浅析我国智能IC卡封装企业的竞争战略[EB/OL]. http://www.cmr.com.cn/plus/view.php? aid = 5153.

[79] 张寅.都都宝城市一卡通网上充付平台[N].宁波晚报,2012 - 12 - 23(A06).

[80] 谢振东.交通智能卡在智慧城市中的地位和作用[J].物联网.智慧城市,2013.4.

[81] 中国电子工业科学技术交流中心. 2011 中国集成电路设计发展报告[DB/OL]. http://wenku. baidu. com/link? url = _2ewHvW1NT7QeHi7dzRIkZKP51xBPT3QjqZ820rukZwg5eMbva18oGC - x_1MTEuPgsvD2ZoUWQsoB - iPo7_nr3CmOKP1i9r8X_ldsrTaM7G.

[82] 佚名. 中国IC卡市场调研报告[R]. 广州:赛立信市场研究公司,2003.

[83] 陈旭冲. 浅谈系统集成商在城市公交一卡通系统建设后的作用[EB/OL]. http://www. smartcard. org. cn/date1/page5207. html.

[84] 方喜中,游峰,胡虎. 点燃电子商务的星星之火——湖南移动研发推广手机一卡通新业务纪实[EB/OL]. http://www. cnii. com. cn/20071008/ca445968. htm.

[85] 苏东水. 产业经济学[M]. 北京:高等教育出版社,2010.

[86] 京华时报. 交通部或将IC卡形成统一规范[N]. 福建:东南快报,2013 - 8 - 28(A4).

[87] 交通运输部办公厅.《城市公共交通IC卡业务及技术应用规范》征求意见[EB/OL]. http://www. moc. gov. cn/zfxxgk/bnssj/dlyss/201308/t20130823_1470522. html.

[88] 新华网. 交通部就城市公共交通IC卡业务征求意见[EB/OL]. http://news. xinhuanet. com/fortune/2013 - 08/23/c_125236228. htm.

[89] RFID世界网. Java卡概述[EB/OL]. http://tech. rfidworld. com. cn/jswk/news/200561221935. htm.

[90] 张纲. 浅谈非接触式IC卡芯片技术的发展趋势[EB/OL]. http://news. yktchina. com/2009 - 10/8695bb1c728f4fa5be1622e506e9d5ba. html.

[91] 中国金融. 详解TSM平台应用及平台业务功能[EB/OL]. http://www. mpaypass. com. cn/news/201312/23111519. html.

[92] 徐迅. 创意产业理论和观点综述[EB/OL]. http://tech. sina. com. cn/it/2006 - 06 - 21/17471001780. shtml.

[93] 中华人民共和国国家标准. GB 50918—2013 城镇建设智能卡系统工程技术规范[S].

[94] 方秋水,谢振东,常振廷. 广东省交通一卡通运行特征分析[J],中国交通信息化,2013(03).

[95] 刘杨义,谢振东,李之明,方秋水. 基于电子商务的粤港澳公共交通一卡通支付[J]. 体系构建研究,物联网·智慧城市,2012.

[96] 谢振东,谭丹丹. 粤港澳公共交通一卡通发展展望[J],物联网·智慧城市,2011.

[97] 刘杨义,谢振东,李之明,方秋水. 基于电子商务的粤港澳公共交通一卡通支付体系的研究[J],智能建筑科技,2012.

[98] 谢振东,吴金成,谭丹丹. 基于粤港澳公共交通一卡通互联互通平台构建研究[J]. 金卡工程.

[99] IC卡国家标准. GB/T 16649.12 识别卡集成电路卡. 第12部分:带触点的卡-USB电气接口和操作规程[S],2010.

[100] IC卡国家标准. GB/T 16649.1 识别卡带触点的集成电路卡. 第1部分:物理特性[S],2006.

[101] IC卡国家标准. GB/T 16649.2 识别卡带触点的集成电路卡. 第2部分:触点的尺寸和位置[S],2006.

[102] IC卡国家标准. GB/T 16649.8 识别卡带触点的集成电路卡. 第8部分:与安全相关的行业间命令[S],2002.

[103] IC卡国际标准. ISO/IEC 14443—2 识别卡无触点的集成电路卡. 感应卡. 第2部分:射频功率和信号接口[S],2010.

[104] IC卡国际标准. ISO/IEC 14443—1 识别卡无触点的集成电路卡. 感应卡. 第1部分:物理特性[S],2008.

[105] IC卡国际标准. ISO/IEC 14443—3 识别卡无触点的集成电路卡. 感应卡. 第3部分:初始化和防碰撞算法[S],2011.